무엇이 지능을 깨우는가

INTELLIGENCE AND HOW TO GET IT
by Richard E. Nisbett

무엇이 지능을 깨우는가

리처드 니스벳

설선혜 옮김 | 최인철 감수

INTELLIGENCE
AND HOW TO GET IT

김영사

무엇이 지능을 깨우는가

2판 1쇄 발행 2015. 5. 19.
2판 6쇄 발행 2023. 12. 29.

지음 리처드 니스벳
옮김 설선혜
감수 최인철

발행인 고세규
책임 편집 임지숙
책임 디자인 임현주

발행처 김영사
등록 1979년 5월 17일 (제406-2003-036호)
주소 경기도 파주시 문발로 197(문발동) 우편번호 10881
전화 마케팅부 031)955-3100, 편집부 031)955-3200
팩스 031)955-3111

값은 뒤표지에 있습니다.
ISBN 978-89-349-7099-6 03300

홈페이지 www.gimmyoung.com   블로그 blog.naver.com/gybook
인스타그램 instagram.com/gimmyoung 이메일 bestbook@gimmyoung.com

좋은 독자가 좋은 책을 만듭니다.
김영사는 독자 여러분의 의견에 항상 귀 기울이고 있습니다.

* 이 책은 2010년 2월 16일 발행한《인텔리전스》를 새롭게 펴낸 것입니다(1판 5쇄 발행 2010년 6월 27일).

지능을 바라보는 관점의 힘

인간에게는 '사실'보다는 사실에 대한 '신념'이 더 중요한 영역들이 있다. 예를 들면, 많은 사람들은 외모가 자신의 행복을 결정짓는 중요한 요소라고 생각하지만, 사실은 자신의 외모에 대한 스스로의 생각이 행복에 더 큰 영향을 준다. 이처럼 사실보다는 사실에 대한 신념이 더 중요한 대표적인 영역이 바로 IQ로 대변되는 '지능Intelligence'이다. 예를 들어, 지능은 변하는 것인가라는 질문에 대한 과학적 사실보다는 지능은 변하는가에 대한 우리 자신의 답이 우리의 성취 행동에 더 중요하다.

지능의 본질에 관한 가장 중요한 사실 논쟁은 'Nature' 대 'Nurture'이다. 지능은 전적으로 유전에 의해 결정되기 때문에 후천적인 노력이나 환경의 변화를 통하여 바꿀 수 없다는 유전론자들과, 지능은 환경에 의해 크게 좌우되기 때문에 노력과 환경의 변화를 통해서 변화가 가능하다는 환경론자들의 뜨거운 논쟁은 더 이상 새로운 것이 아니다. 오히려 더 중요한 점은 지능의 본질 자체가 아니라 지능의 본질에 대한 우리의 신념이다. 우리 자신이 유전론자인지, 아니면 환경론자인지의 여부가 놀랍게도 우리 자신의 지능 자체에 영향을 줄 수 있다.

지능에 대한 우리의 신념은 상당 부분 과학적 연구 결과에 근거하고 있기 때문에, 이러한 과학적 사실들에 대한 이해는 매우 중요하다. 그런 의미에서《무엇이 지능을 깨우는가》는 지능에 대한 사실과 신념을 동시에 다루고 있는 독보적인 저서다. 한 마디로 '지능 대백과사전'이라 해도 과언이 아니다. 베스트셀러 작가 말콤 글래드웰이 자신의 저서《아웃라이어》의 서문에서 이 책에 가장 큰 영향을 준 사람으로《무엇이 지능을 깨우는가》의 저자 리처드 니스벳을 든 이유가 바로 여기에 있다.《아웃라이어》가 사례에 근거한 흥미 있는 스토리라면《무엇이 지능을 깨우는가》는 방대한 데이터에 근거한 백과사전인 것이다.

자, 이제《무엇이 지능을 깨우는가》가 전하는 중요한 메시지들을 살펴보도록 하자.

뇌에는 색깔이 없다

1962년 노벨 생리의학상을 수상한 제임스 왓슨은 '멍청함'도 유전으로 결정되는 질병의 일종이며, 정말로 멍청한 하위 10퍼센트의 사람들은 치료 대상이라는 극단적인 주장을 한 적이 있다. 그는 흑인들이 백인들보다 열등하다는 발언을 해서 논란에 휩싸였고, 결국 자신이 책임을 맡고 있던 연구소 감독직을 사임하기에 이르렀다. IQ에 대한 오해에 있어서는 노벨상 수상자도 자유롭지 못하다는 것을 보여주는 사례다.

IQ가 위험한 무기로 사용될 수 있다는 점을 가장 잘 보여준 최근의 사례는 1994년에 발행된 《벨 곡선The Bell Curve》이라는 책이다. 이 책의 저자인 헌스타인과 머리는 인종 간에 존재하는 IQ 점수의 차이는 전적으로 생물학적 기원을 갖는다고 주장했다. 이 주장은 인종 간의 IQ 차이가 환경이 아닌 생물학적 요인에서 기인하기 때문에, IQ 격차를 줄이기 위한 특별한 대책은 없다는 비관론의 기초를 제공하게 된다.

그러나 저자 리처드 니스벳은 그러한 주장이 전혀 근거가 없음을 명확한 데이터와 정확한 해석을 통해 밝히고 있다. IQ 점수의 인종 간 차이의 주된 부분이 환경적 요인에 의한 것이라는 점을 방대한 연구 결과들을 통하여 반복해서 보여주고 있다.

생물학적 결정론자들이 자신들의 주장을 합리화하기 위하여 데이터를 편파적으로 수집하고 해석했으며, 환경의 힘을 보여주는 데이터들을 고의로 누락했다는 점을 설득력 있게 보여준다. 예를 들어, 흑인 아이들이라 할지라도 흑인 가정에 입양된 경우보다는 백인 가정에 입양된 경우에 IQ 점수가 평균 13점이나 높다. '플린 효과The Flynn effect'에 따르면 서구 사회에서 1947년부터 2002년까지 IQ 점수가 눈에 띄게 증가하였는데, 미국의 경우만 보더라도 이 기간 동안 평균 18점이 상승했다. 우리의 유전자가 그 짧은 시간에 바뀌었을 가능성은 거의 없다.

지능을 바라보는 관점의 힘: 동양 VS 서양

동일한 IQ 점수를 가지고 있더라도 지능에 대한 신념에 따라 개인의 성취가 달라짐을 보여주는 가장 대표적인 예가 서양 문화와 동양 문화의 차이에서 발견된다.

아래의 통계는 지능에 대한 유전론적 견해로는 설명하기 어려운 현상들이다.

- 하버드 대학생의 약 20퍼센트, 버클리 대학생의 약 45퍼센트가 동양계 미국인이다.
- 미국에서 가장 권위 있는 과학경시 대회 중 하나인 Westinghouse Science Fair의 2008년 우승자는 다섯 명 모두가 동양계 미국인이었다(참고로 미국 내 동양계 미국인의 비율은 2퍼센트 정도다!).

동양계 학생의 IQ가 높기 때문일까? 결코 아니다. 같은 IQ 점수를 가졌다 하더라도 백인 미국 학생보다 동양계 미국 학생이 학교에서, 그리고 직업에서 훨씬 뛰어난 성취를 이룬다. IQ가 아닌 동양 문화의 독특한 요소들이 유전자를 뛰어넘는 성취를 가능하게 하는 것이다.

그 첫째 요소는 '노력'이다. 서양인들은 한 사람의 지적 능력은 생물학적으로 결정되기 때문에 노력이나 교육에 의해서 변화될 수 없다는 유전론적인 신념을 강하게 가지고 있다. 반면에 동양인들은 노력과 교육을 통해 지적 능력을 변화시킬 수 있다고 믿는다. 뿐만 아니라 동양인들은 개인의 성취 여부가 가족의 성공에 직결된다고 보지만, 서양인들은 개인의 성취는 순전히 개인적인 것으로 간주한다. 성취를 가족의 것, 공동체의 것으로 확장하기 때문에 동양인들은 서양인들에 비해 더 강한 성취 욕구를 가질 수 있었다. 미국 내에서 발견되는 서양인과 동양인의 차이는 지능 자체보다는 지능을 바라보는 문화적 신념이 더 중요하다는 점을 잘 보여준다.

자녀의 지능을 향상시키는 길: 인지 문화

《무엇이 지능을 깨우는가》는 계층 간, 인종 간 IQ 차이의 원인을 밝히는 과정에서 지능, 더 중요하게는 지적 성취를 높이는 가장 중요한 원칙들을 제시한다. 그중 우리 사회에 가장 중요한 것이 바로 가정의 '인지 문화 Cognitive culture'다.

- 전문직 부모는 시간당 2,000개의 단어를 아이들에게 구사하

지만, 노동계층 부모는 고작 1,300개의 단어를 사용한다. 아이가 세 살이 되면 전문직 가정의 아이는 3,000만개의 단어를 듣게 되지만 노동계층에서는 2,000만개 이상은 듣지 못한다.

- 전문직 부모들은 아이들의 지적 호기심을 자극하는 말을 하지만 노동계층 부모들은 일방적으로 지시한다. 뿐만 아니라, 전문직 부모들은 아이에게 칭찬과 격려의 말을 꾸짖는 말보다 여섯 배나 더 많이 한다. 그러나 그 비율이 노동계층 부모에게서는 고작 두 배에 지나지 않는다.

아이의 지적 성취는 부모가 가정에서 만드는 인지 문화에 크게 좌우된다. 우리 아이들을 무조건 학원으로 내몰면서, 가정의 식탁에서의 대화가 일방적인 지시와 제한된 어휘, 그리고 인색한 칭찬만이 가득하다면, 아이들의 성적이 잠시 오를 수는 있겠지만 평생을 좌우할 지적 성취는 힘겨운 과제로 남을 수밖에 없다.

《무엇이 지능을 깨우는가》는 매우 도전적인 책이다. 이 책에 제시된 지능에 대한 전문적인 지식과 데이터들은 유전론을 뒷받침하는 강력한 근거들의 오류를 바로잡고, 환경에 의해 지능이 바뀔 수 있음을 설득력 있게 증명한다. 이것을 이해하는 과정은 그 자체로, 당신의 지성에 큰 도전이 될 것이다.

유전론은 우리의 평범함을 정당화한다. 그러나 《무엇이 지능을 깨우는가》는 분명하게 보여준다. IQ 점수 자체가 아니라 IQ에 대한 우리의 신념과 노력이 유전자를 넘어서는 힘을 가지고 있다는 점을 분명하게 보여준다.

《무엇이 지능을 깨우는가》는 우리 가정의 빈약한 인지 문화를 깨닫게 하는 불편한 진실을 담고 있다. 그렇지만 자녀의 교육과 성취에 관심 있는 사람들, 이제 새롭게 부모가 되는 사람들, 이제 막 교사로 출발하는 사람들, 그리고 학교 교육을 책임지고 있는 모든 선생님들은 반드시 읽어야 하는 책이다.

이 책을 통해 부모들은 식탁 대화에서 주고받는 어휘의 중요성을 깨닫게 될 것이고, 선생님들은 학생들의 지적 성취를 도와주기 위한 효과적인 방법을 치열하게 고민하게 될 것이다. 그런 점에서 《무엇이 지능을 깨우는가》는 우리 사회의 아주 특별한 사람들에게 'MUST'다.

서울대 심리학과 교수

최인철

프롤로그

지능과 학업 성취에 관해 우리가 배운 것들

강경파 유전론자의 관점에서 지능은 대부분 유전의 문제다. 당신은 유전자가 허락하는 만큼만 똑똑해질 것이고, 양육 방식과 학교 같은 환경 요인에는 타고난 지능을 변화시킬 만한 요소가 별로 없다. 미국에서는 지능을 연구하는 많은 과학자와 일반 시민이 이런 주장을 믿는다. 이는 어떤 이에게는 정말 불행한 일이다. 열심히 노력해봐야 '진짜' 지능은 향상시킬 수 없다는 의미이기 때문이다. 공공정책 분야에도 재앙이라고 할 수 있다. 교육 개입은 실패할 수밖에 없기 때문이다. 다행히도 강경파 유전론자의 주장은 대부분 틀렸으며 그 이유는 다음과 같다.

지능의 유전율은 일정하지 않다. 특정 환경에서 살아가는 특정 인구집단의 유전율과 이들과 다른 환경에 사는 다른 인구집단의 유전율에는 차이가 있다. 지능발달에 매우 유리한 환경에서는 지능의 유전율이 상당히 높아서 70퍼센트에 달한다. 선진국 중상계층의 상황이 그렇다. 이들의 환경은 지능발달을 촉진한다는 점에서 가족 간 차이가 거의 없다. 한 집단 내에서 모든 사람이 동일한 환경에 놓여 있다고 가정하면 유전이 지능 차이를 낳는 유일한 요인이다. 이런 상황과 유사한 중상계층의 환경에서는 유전이 지능을 결정하는 매우 중요한 요인이 될 수 있다.

그러나 환경이 매우 변화무쌍해서 가족 간 차이가 매우 크다면 환경은 지능의 개인 차에서 주요한 역할을 한다. 빈곤층의 상황이 그렇다. 빈곤층에서는 지능의 변산 중 겨우 10퍼센트만이 유전으로 설명된다. 따라서 빈곤층 아이들의 환경을 개선하면 상당한 지능 향상을 기대할 수 있다. 실제로 빈곤층 아동을 중상계층 가정에서 양육하는 경우, IQ 향상의 기대값은 12~18점이다. 학업 성취에 미치는 영향 또한 매우 크다. 효과의 크기는 적어도 .5 표준편차인데 어떤 환경에서는 1 표준편차에 이른다.

유전의 중요성이 집단에 따라 달라진다는 사실과는 별개로, 유전은 그 변화 가능성^{modifiability}에 **한계가 없다.** 선진국 사람들의 평균 키는 최근 한 세기 동안 급격히 커졌는데, 이 현상은 유전과 아무런 관련이 없다.

이와 비슷하게 IQ 또한 놀라운 향상을 보였다. IQ는 지난 60년간 18점 이상 향상되었고 지난 100년간 거의 2 표준편차(30점) 향상되었다. 레이번 누진 행렬 검사는 지난 수십 년간 문화의 영향을 받지 않는 지능 측정 도구로 알려졌지만, 점수는 60년이 채 못 되는 기간에 2 표준편차나 증가했다.

이러한 IQ 향상의 원인은 무엇일까? 답은 간단하다. 바로 **학교**

와 문화가 IQ 검사의 여러 하위 검사 점수를 향상시키는 방향으로 변해왔기 때문이다. 과거에 비해 현재의 부모와 학교는 아이들에게 사물과 사건을 분류학적 기준에 따라 과학적 분석에 적합한 방식으로 범주화하는 방법을 더 많이 가르친다. 미디어는 세상이 돌아가는 방식, 왜 경찰이 유니폼을 입고, 왜 주소에 번호가 매겨지고, 왜 사람들이 세금을 내는지를 가르쳐준다. 이러한 변화는 이해력 하위 검사 점수를 향상시킨다. 레이번 검사 수행의 향상과 여기서 측정되는 유동지능 향상의 일부 원인은 최근 몇십 년간 산수 교육에서 기하학적이고 분석적인 방법을 이용하는 교육이 증가했다는 사실과 컴퓨터 게임의 성행에서 찾을 수 있다. 몇 년 전 맥도날드 해피밀 세트에는 영재들을 위한 IQ 검사에 나오는 미로 찾기보다 더 어려운 미로 찾기가 들어 있었다!

사람들이 과거에 비해 훨씬 더 많은 교육을 받는다는 사실도 들 수 있다. 한 세기 동안 평균 교육 기간은 7년에서 14년으로 증가했다. 학교교육을 1년 더 받을 때마다 IQ 점수는 연령 기준으로 2년만큼 증가하므로, 학교교육이 7년이나 증가했는데도 IQ가 급격히 변화하지 않았다면 그게 더 놀라운 일일 것이다.

IQ 향상에서 어디까지를 '진짜' 지능의 향상이라고 할 수 있을까? 여기에 대해서는 다음 몇 가지를 이야기할 수 있다. 먼저, 지능을 '추론, 계획, 문제해결, 추상적 사고, 복잡한 생각의 이해, 경험에서 배우는 능력'이라고 정의한다면, 1910년에 10세이던 사람들의 증손자들이 2 표준편차만큼 더 똑똑하다는 점에 의심의 여지가 없다. 한편, 실용적인 면에서도 현대인들이 조상들보다 지적으로 더 우수하다. 주소에 번호가 붙어 있는 이유를 아는 아이들이 그 이유를 모르는 아이들보다 더 똑똑하다. 사물과 사건의 분류학적 유사성을 생각할 수 있는 능력 또한 중요하다. 추론 기법, 예를 들어 가설을 검증하는 과정은 모든 수준의 교과과정에서 다루며, 이러한 기법은 일상생활의 문제해결에도 적용할 수 있다. 계획하는 능력과 선택하는 능력은 확률이론과 비용 대비 효과 추론에 관한 지식을 학습하면서 향상된 지능의 두 측면이라고 할 수 있다.

학교는 아이들을 똑똑하게 만든다. 따라서 더 나은 학교는 아이들을 더욱더 똑똑하게 해줄 것이다. 비록 교육비 지불 보증제도와 협약학교, 전 학교 개입, 교사 자격증이나 높은 학위가 교육의 질을 향상시키지는 않지만 도움이 되는 다른 요인들이 있다. 그중 일부는 정말 중요하다. 교사의 자질에는 큰 차이가 있으며, 수업의 질을 향상시키는 방법을 찾는다면 큰 변화를 기대할 수 있을 것이다. 우리가 매년 하위 5퍼센트의 교사들을 평균 수준의 교사들로 대체할 수 있다면, 아이들의 학업 수행은 몇 년 안에 크게 향상될 것이다. 또한 베네수엘라에서 평범한 중학생의 문제해결 능력을 급격히 향상시킨 헌스타인의 집중 프로그램을 떠올려보자. 이 프로그램은 무시할 수 없는 수준의 IQ 향상을 가져왔다. 다양한 문제해결 능력 검사 점수가 5점이나 향상되었다.

사람들은 지능이 상당 부분 유전되며 사회계층을 결정한다고 말한다. 똑똑한 사람은 좋은 유전자를 갖고 있어서 더 높은 계층으로 올라갈 운명을 타고난 반면, 똑똑치 않은 사람은 나쁜 유전자를 갖고 있어서 아래로 떨어질 운명을 타고났다. 지능이 부분적으로 유전될 뿐 아니라, 높은 지능을 타고난 사람이 대개 더 높은 사회계층에 자리 잡는다. 그러나 나는 사회계층을 결정하는 데에서 유전이 담당하는 역할이 매우 적다고 생각한다. SES(사회경제적 지위)의 하위 3분의 1에 해당하는 아이들과 상위 3분의 1에 해당하는 아이들 간의 평균 IQ 차이는 10점이다. 이 차이 중 일부는 운동, 모유 수유, 알코올과 흡연, 위험한 화학물질이나 오염에 노출 같은, 유전과 무관한 생물학적 요인에 따른 것이다. SES가 낮은 아이들이 다니는 학교에서의 학업 방해 요인과 부정적 영향을 주는 또래집단도 지능을 떨어뜨린다. SES가 낮은 가정에서의 사회화 또한 IQ 발달이나 취학 준비에 적합하지 않다. 뿐만 아니라 SES 하위 6분의 1에 해당하는 가정에서 태어난 아이가 상위 4분의 1에 해당하는 가정에서 양육되면 IQ가 12~18점 더 높아진다. 이 모든 사실은 유전자가 사회계층을 결정한다는 공식을 받아들일 여지를 주지 않는다. 나는 유전자의 역할을 의심하지 않는다. 하지만 사회계층에 따라 타고난 잠재력에 매우 큰 차이가 있다는 주장은 믿을 수 없다. 사회계층의 하위 3분의 1에 해당하는 아이들과 상위 3분의 1에 해당하는 아이들 간의 IQ 차이 10점은, 대부분 환경에서 비롯된 것이다.

IQ의 인종 간 차이에서도 유전자가 아무런 역할을 하지 않는다. 이에 관한 유전론자들의 주장은 직간접적으로 반박할 수 있다. 사실상 모든 직접적 증거는 IQ에 유전적 차이가 전혀 없음을 보여준다. 이러한 증거는 미국 흑인이 완전한 아프리카 혈통에서 상당 부분 유럽계 혈통을 지닌 사람들까지 다양하다는 사실에 근거한 자연실험에서 찾아볼 수 있다. IQ와 학업 성취에서의 인종 간 차이는 한 세대당 3분의 1 표준편차씩 감소해왔다. 현재 흑인의 평균 IQ는 1950년대 백인의 평균 IQ보다 더 높다.

아동낙제방지법은 학교교육만으로 계층과 인종에 따른 학업 성취 격차를 15년 안에 완전히 없앨 것을 요구한다. 이러한 요구는 터무니없다. 아동낙제방지법의 요구는 계층과 인종에 따른 차이가 유아기 초기에서 시작되며 경제적 요인과 거주지, 문화적 차이 또한 학교만큼이나 중요한 요인임을 간과한 결과다.

계층과 인종 간 격차가 일찍부터 벌어지고, 학교 이외의 많은 요인이 관여한다는 사실은 격차를 줄이기 위해 노력하는 사람들에게는 반갑지 않은 소식일 것이다. 그러나 반가운 소식도 있다. 바로 SES가 낮은 계층이나 소수집단 아이들의 IQ와 학업 성취를 크게 향상시키는 방법이 있다는 것이다. 우리는 적어도 이러한 개선 작업을 어떻게 진행해야 하는지 큰 윤곽을 그릴 수 있다. 그간 불완전한 시도들은 효과를 거두지 못했다. 빈곤층 아동을 위한 집중적인 취학 전 교육과 부모에게 지적 발달을 돕는 방법을 알려주는 가정방문 프로그램이 필요하다. 이러한 노력은 즉각적 IQ 향상과 더불어 학업 성취와 직업적 성취에 수많은 이득을 가져다줄 것이다. 야심차게 추진되는 개입 프로그램도 학업 능력 향상에 큰 도움이 된다. 간단하고 비용이 들지 않는 다양한 개입 또한 학업을 향상시킬 수 있다. 이러한 개입의 대표적 사례로, **노력으로 지능을 높일 수 있다는 믿음**을 학생에게 심어주는 방법을 들 수 있다.

노력하면 지능이 향상된다는 믿음과 그것을 기대하는 부모의 존재는 놀라운 효과를 발휘한다. 아시아인과 유대인의 경우를 보면 잘 알 수 있다. 동아시아계와 유럽계의 지능에 유전적 차이가 있다는 증거는 없다. 이 두 집단은 IQ 검사로 측정된 지능에서 차이가 거의 없다. 오히려 학교에 입학하는 시점에는 동아시아인이 백인보다 IQ가 낮다는 증거도 있지만 입학 후 몇 년이 지나면 이러한 차이는 사라진다. 한편 동아시아인의 학업 성취, 특히 노력에 의해 좌우되는 수학과 과학에서의 성취는 유럽계 미국인을 압도한다. 동아시아계 미국인도 유럽계 미국인과 IQ에서는 거의 차이가 안 난다. 그러나 아시아계 미국인의 학업 성취와 직업에서의 성공은 그들의 IQ를 감안했을 때 기대되는 수준을 훨씬 넘어선다. 이러한 아시아인의 성취는 고된 노력과 인내력의 결과다.

유대문화는 아시아 문화와 비슷한 장점을 가지고 있다. 유대인은 성취와 학식을 중시한다. 가장 높은 수준의 지적 성취를 비교해보면 유대인과 비유대인의 차이는 매우 크다. 이 현상을 유전에 입각해 설명할 수는 없다. 왜냐하면 중세에는 유럽계 미국인에 비해 아랍인과 중국인이 더 뛰어났는데 그 차이는 비유대인과 유대인의 차이보다 훨씬 더 컸기 때문이다. 더불어 중세 이후 유럽 국가들 간에도 각기 차이를 보였으며(이탈리아와 영국은 입장이 바뀌었고 스코틀랜드는 야만의 시대에서 학문의 시대로 이행했다), 미국 내에서도 지역 간 격차가 있음을 지적할 수 있다. 지금은 유대인의 IQ가 비유대인보다 3분의 2 표준편차 더 높다. 이러한 차이는 대부분 문화적 요인 때문이다.

마지막으로, 우리 자신과 아이들의 지능과 학업을 향상시킬 수 있는 여러 방법이 있다. 임신 중 운동, 흡연과 음주 피하기, 모유수유 같은 생물학적 방법에서부터 범주화 가르치기, 좋은 개인 교습 원칙 지키기 등의 교육적 방법에 이르기까지 다양한 방법으로 지능을 향상시킬 수 있다.

이제 우리는 유전론자들이 씌워놓은 굴레에서 벗어날 수 있다. 지능을 변화시킬 수 있다는 믿음 그 자체가 우리를 더 똑똑하게 만들어주지는 않을지도 모른다. 하지만 이러한 믿음은 지능 향상을 위한 노력의 훌륭한 출발점이 될 것이다.

리처드 니스벳

차 례

INTELLIGENCE
AND HOW TO GET IT

1장

지능이란 무엇인가

심리학자들이 말하는 지능이란
타고난 지적 능력 전반을 의미한다.
이는 유전되는 것으로 교육이나 훈련에 의해 얻을 수 없으며
근면함이나 열의의 영향도 받지 않는다.

시릴 버트 경 외(1934)

초등학교 5학년 때부터 나는 산수를 어려워했다. 마침 분수를 배울 때 일주일간 학교를 결석했는데, 그 이후 뒤처지기 시작해 초등학교를 졸업할 때까지 진도를 따라잡지 못했다. 부모님은 나를 안쓰럽게 여기면서, 우리 집안 사람들은 원래 수학을 잘 못한다고 위로하셨다. 부모님은 수학 실력이란 타고나는 거라고 생각하신 것이다.

  부모님은 지능에 관한 심리학 연구를 몰랐지만, 심리학자와 상당히 비슷하게 생각하고 계셨다. 20세기 후반, 지능 전문가들은 지능과 학업 능력이 유전의 영향을 크게 받는다고 믿었다. 즉 지능과 학업 능력은 유전자에 이미 새겨져 있어서 정상적인 환경에서라면 유전자의 설계대로 발현된다고 생각했다. 이런 시각을 가진 전문가들은 지능을 향상시키려는 노력에 회의적이었고, 조기교육 같은 노력이 지속적인 효과를 보지 못한다는 결과에도 별로 놀라지 않았으며, 교육 개선이나 사회 변화로 사람들이 더 똑똑해질 수 있을 거라는 생각도 받아들이지 않았다.

그러나 최근의 심리학, 유전학, 신경과학 연구 결과와 교육 개입 효과로 이런 강경파 유전론자들의 주장이 뒤집혔다. 지능은 환경에 따라 변한다는 점이 명백해진 것이다. 예를 들어 정규 교육의 혜택을 받지 않은 사람은 당연히 IQ 검사를 비롯한 어떤 검사 도구를 사용하더라도 똑똑하다는 평가를 받을 수 없다. 또한 사람의 IQ, 학업 성취, 직장에서의 성공은 많은 부분 유전과 무관한 환경에 의해 결정된다.

이러한 새로운 환경결정론environmentalism은 다음 세 가지 원칙으로 요약할 수 있다.

1. 적절한 개입으로 사람은 더 똑똑해질 수 있다. 학교는 지금보다 더 나아질 수 있다.
2. 사회에는 그 어느 때보다 지능이 뛰어난 인재가 필요하다. 문화와 교육 환경은 사회구성원을 더 똑똑하게 만드는 방향으로 변화해왔다.
3. 고소득층과 저소득층, 백인과 소수집단 간의 IQ와 학업 성취도의 격차는 줄일 수 있다.

이 책의 기본 메시지는 단순하다. 이 책은 지적 잠재력에 영향을 미치는 **환경의 힘**, 구체적으로 **학교와 문화**의 역할을 탐구한다. 최근 연구를 포함한 지금까지의 연구 결과를 볼 때, 불과 몇 년 전에 전문가들이 기대했던 것보다 훨씬 더 미래를 낙관할 수 있을 것 같다. 개인, 집단, 사회 전체의 지능을 실제로 향상시킬 수 있는 것이다.

한편, 지능이 대부분 유전의 문제라고 확신하는 사람들만큼이나 지능과 학업 수행이 노력으로 향상될 수 있다고 지나치게 낙관하는 사람들도 많다. 이 책의 목표 중 하나는 어떤 개입이 가장 효과적인지 그 근거를 제시하는 것이다.

2장부터 이어지는 내용에서는 집단 간 사회문화적 차이가 지능과 학업 성취에 큰 영향을 미친다는 점을 강조한다. 사회경제적 지위가 낮은 사람들은 대체로 IQ와 학업 성취도가 낮다. 이는 부분적으로 환경의 영향 때문인데, 그중에는 문화적 요인도 있다. 흑인과 소수집단의 IQ와 학업 성취도가 낮은 까닭은 전적으로 환경 때문이다. 이는 대부분 역사적 상황과 관련이 있지만, 일부는 사회의 관습과 연관돼 있으며 이런 요인은 변화 가능하다.

지능발달과 학업 성취에 유리한 문화도 있다. 어떤 문화는 백인 주류 문화보다 많은 장점을 가지고 있는데, 동아시아계와 더불어 중부유럽이나 동유럽에 뿌리를 둔 아슈케나지 유대인이 여기에 해당한다. 이들 문화의 장점이 어디에서 비롯되고, 지능과 학업 성취도 향상을 위해 이들의 어떤 점을 받아들이는 것이 좋을지에 관해서도 논의할 것이다.

마지막으로, 새로운 과학적 연구를 통해 밝혀진 지능 향상법을 제시하고자 한다.

이 책은 전문 지식 없이도 쉽게 이해할 수 있도록 되어 있다. 그러나 통계학적 지식이 있으면 도움이 될 것이므로 통계학 용어들을 부록에 정리해두었다. 독자들 중에서 통계학을 복습하고 싶은 사람이 있다면 부록을 보면 된다. 부록에서 논의하는 개념들은 정규분포, 표준편차, 통계적 유의도, 표준편차로 표시된 효과의 크기, 상관계수, 자기선택, 다중회귀분석법이다.

미리 밝혀두는데, 나는 다중회귀분석법을 별로 신뢰하지 않는다. 다중회귀분석법이란 몇 가지 변수를 측정한 뒤 이 변수들과 종속변인의 관계를 검증하는 방법인데, 이는 인과관계에 대해 잘못된 인상을 심어줄 수 있다. 따라서 이 방법을 사용한 연구를 아주 드물게 인용할 것이며, 인용한다 하더라도 회의적인 입장을 견지한다. 내 편견의 근거를 알고 싶은 독자들은 이 내용을 다루고 있는 부록을 읽어보기 바란다.

이 장에서는 지능을 정의하고, 지능이 어떻게 측정되는지 설명한 뒤, IQ 검사가 측정하는 분석적 지능 두 종류를 논의할 것이다. 또한 IQ가 학업 성취와 직장에서의 성공을 얼마나 잘 예측하는지를 검토해보고, IQ로 측정할 수 없는 다른 종류의 지능과 동기 및 성격의 중요한 측면을 알아볼 것이다.

지능이란 무엇이고 어떻게 측정하나

린다 고트프레드슨Linda Gottfredson이 정의한 지능에서부터 시작해보자.

지능이란 매우 일반적인 정신 능력으로 추론, 계획, 문제해결, 추상적 사고, 복잡한 생각의 이해, 빠른 학습, 경험에서 배우는 능력을 포함한다. 지능은 단순히 책을 통한 학습 능력이나 좁은 의미의 학업 능력, 혹은 시험을 잘 보는 능력이 아니다. 지능은 좀 더 광범위하고 깊이 있는 차원에서 주변환경을 파악하는 능력을 말한다. 즉 무슨 일이 일어나는지 알아차리고, 대상을 이해하며, 어떻게 행동해야 할지 알아내는 능력이다.

전문가들은 지능이 추상적 사고, 문제해결 능력, 지식을 습득하는 능력을 포함한다는 데 모두 동의한다. 대체로 기억과 사고의 속도도 지능의 일부라고 믿으며, 일부는 상식과 창의성을 지능의 정의에 포함하기도 한다.

그러나 이러한 정의는 미국이 아닌 다른 문화권 사람들이 지능이라고 생각하는 측면들은 잘 반영하지 못한다. 발달심리학자 로버트 스턴버그 Robert Sternberg는 여러 문화권 사람들이 지능으로 여기는 측면을 연구했다. 그는 많은 사람이 타인을 이해하고 공감하는 능력 같은 사회적 속성을 지능의 한 측면으로 생각한다는 것을 알아냈다. 특히 동아시아와 아프리카 문화권에서 이런 점이 두드러졌다. 서양인들이 실용성과 무관하게, 지식 그 자체의 탐구에 가치를 두는 데 반해 동아시아인들은 지능의 실용적·공리적 측면을 강조한다.

지능은 주로 지능지수 IQ 검사로 측정하는데, 여기에서 Q는 영어로 quotient(비율, 나눗셈에서 몫—옮긴이)를 의미한다. 본래 IQ 검사는 학령기 아동을 위해 개발한 것으로, 여기서 지능은 정신연령을 신체연령으로 나눈 값이다. 이 정의에 따르면 10세 아동이 12세 아동 수준으로 과업을 수행할 경우, 이 아동의 IQ는 120이다. 만약 10세 아동이 8세 아동 수준으로 과업을 수행했다면 이 아동의 IQ는 80이다. 그러나 현대의 IQ 검사에서는 해당 연령의 평균을 임의로 100으로 정의한 뒤, 이 평균을 중심으로 표준편차가 15인 분포를 만들어낸다. 따라서 어떤 사람의 수행이 소속 연령 집단의 평균보다 1 표준편차 높다면 이 사람의 IQ는 115가 된다.

IQ 15의 차이가 무엇을 의미하는지 실감하기 위해 예를 들어보자. IQ가 100인 사람은 고등학교를 무난히 졸업하고 1년이나 2년제 전문대학을 다닐 것으로 예상할 수 있는 반면, IQ가 115인 사람들은 4년제 대학을 졸업하고 전문직에 종사하거나 기업에서 상당히 높은 직위에 오를 것으로 기대할 수 있다. 반대로, 정상 이하의 범위에 속하는 IQ 85인 사람은 고등학교를 중퇴하고 숙련 노동자가 될 가능성이 높다.

본래 IQ 검사는 학업 성취를 예측하기 위해 고안된 것이나, 얼마 지나지 않아 사람들이 지능이라고 여기는 것과 비슷한 무언가를 측정한다는 점이 분명해졌다. 사람들에게 다른 이의 지능을 평가하라고 한 결과와 IQ가 비슷했던 것이다. 지능이 높다는 평가를 받은 사람은 IQ 검사에서도 높은 점수를 받았다.

IQ 검사의 종류는 굉장히 많지만, 잘 만들어진 종합 검사들은

상식 Information	적도 아래에 있는 대륙은 무엇입니까?
어휘 Vocabulary	경멸의 뜻이 무엇입니까?
이해 Comprehension	왜 주소에는 숫자로 번호가 매겨져 있습니까?
유사성 Similarities	나무와 꽃은 어떤 점이 유사합니까?
산수 Arithmetic	오렌지 여섯 개가 2달러라면, 오렌지 아홉 개는 얼마입니까?
빠진 곳 찾기 Picture Completion	다음의 불완전한 그림을 보고 빠진 부분을 찾아보십시오.
토막 짜기 Block Design	나무토막을 이용하여 두 가지 색으로 이루어진 그림과 같은 모양을 만드십시오.
모양 맞추기 Object Assembly	주변에서 볼 수 있는 사물의 모양이 되도록 퍼즐을 맞추십시오.
차례 맞추기 Picture Arrangement	순서가 섞여 있는 그림들을 차례대로 나열하여 이야기가 되도록 만드십시오.
부호 쓰기 Coding	지시사항에 제시된 대로 모양에 맞는 부호에 해당하는 키를 누르십시오.

〈표 1-1〉 웩슬러 아동용 지능 검사에 포함된 하위 검사

큰 차이가 없다. 검사 내용이 달라 보인다 하더라도 일반적으로 두 가지 IQ 검사 간 상관은 .80~.90이다(상관관계는 -1에서 +1 사이의 값을 가지며 +1에 가까울수록 두 변수가 서로 유사하며 -1에 가까울수록 서로 반대다―옮긴이).

IQ 검사는 때때로 맞춤법이나 추론 속도 같은 특정한 능력을 측정하기도 한다. 이러한 특정적인 영역의 검사들은 다른 영역의 검사와도 관련이 있다. 예를 들어 기억 검사들끼리 상관이 있다. 마찬가지로 시공간 지각 능력을 측정하는 과제의 점수는 언어 지식을 측정하는 과제의 점수와 높은 상관을 보인다. 당신이 지능이라고 부를 만한 것을 측정하는 모든 검사는 어떻게든 서로 관련되어 있다.

IQ 검사의 예로, 6~16세 아동을 대상으로 하는 웩슬러 아동용

지능 검사 WISC: Wechsler Intelligence Scale for Children 의 하위 검사들이 〈표 1-1〉에 제시되어 있다. 이런 IQ 검사에서 하위 검사들 간의 상관은 약 .30~.60이다. 이러한 상관관계는 학자들이 '일반지능 general intelligence'이라고 부르는 것이 있다는 주장을 뒷받침하는데, 일반지능은 g요인 g-factor이라는 개념으로 알려져 있다(여기서 요인이라는 말은 통계학 용어인데, 이것을 이해할 필요는 없다. g요인은 IQ와 높은 상관을 보이지만 IQ 그 자체와는 의미가 약간 다르다. 여기서는 굳이 고려하지 않아도 된다). 어떤 하위 검사들은 다른 검사들보다 g요인과 더 많이 관련되어 있다. 이런 검사들은 높은 g요인 부하 loading를 가진다. 예를 들어 어휘력 검사는 g요인과 높은 상관을 보이지만 기호 쓰기 coding(키를 이용해 일치하는 기호 맞추기)는 그렇지 않다.

IQ의 두 가지 유형

g요인, 즉 일반지능에는 두 개의 구성요소가 있다. 하나는 유동지능 fluid intelligence 으로서, 새롭고 추상적인 문제를 해결하는 능력이다. 이런 유형의 문제를 해결하는 데에 경험을 통해 얻은 실생활 정보는 거의 필요 없다. 유동지능은 소위 실행 기능이라고 불리는 정신 작용을 통해 발휘된다. 실행 기능은 작업 기억, 주의 조절, 억제 조절 능력을 포함한다. 우리가 어떤 문제를 풀기 위해서는 정보를 마음속에 담아두어야 하고, 그러기 위해 노력해야 하는데, 이

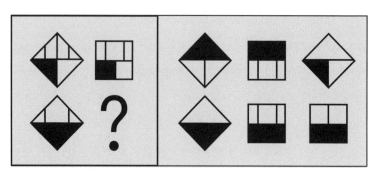

<그림 1-1> 레이번 누진 행렬 검사와 유사한 문제

일을 '작업 기억'이 담당한다. '주의 조절'은 문제해결이 필요한 측면에 주의를 기울이고 그 상태를 유지하는 능력뿐 아니라, 문제해결 다음 단계를 위해 필요할 때 적절히 주의를 옮기는 능력을 포함한다. '억제 조절'은 불필요한 주의 이동을 억제하는 능력을 말한다.

〈그림 1-1〉에 유동지능을 측정하는 고전적인 예가 나와 있다. 이 문제는 레이번 누진 행렬Raven Progressive Matrices 검사에서 가져온 것이다. 행렬이란 문제에 나오는 도형의 집합을 가리키는데 2×2나 3×3 행렬 형태로 제시된다. 누진은 문제가 점점 어려워진다는 의미다. 이 검사는 존 C. 레이번John C. Raven이 개발해 1938년에 발표했다.

이 문제를 풀기 위해서는 왼쪽 패널의 첫 번째 행에 제시된 예시의 규칙을 따라야 하는데, 왼쪽 두 번째 행의 도형을 보고 물음표 자리에 올 도형이 무엇인지를 알아내야 한다. 오른쪽 패널에 제시된 도형 여섯 개 중에서 정답을 고를 수 있다. 이 문제의 해법을 찾기 위해 당신은 왼쪽 패널 첫째 행 왼편에 있는 도형이 다이아몬드 모양이고 오른편에 있는 도형이 사각형이라는 것을 알아야 한다. 이를 통해 정답은 사각형들 중 하나임을 알 수 있다. 그다음으로, 첫째 행에 있는 다이아몬드의 아래쪽이 다시 반으로 나뉘고 그 왼쪽 면이 검은색임을 알아야 한다. 첫째 행에 있는 사각형에서도 다이아몬드와 같은 부분이 검은색이라는 사실을 통해 다이아몬드와 사각형의 아래쪽이 같아야 한다는 것을 알 수 있다. 즉 둘째 행의 물음표 자리에 위치할 사각형의 아래쪽은 전체가 검은색이어야 한다. 다음으로 첫째 행의 왼편 다이아몬드에서 대칭을 이룬 두 개 선분은 남겨두고 가운데 선분을 지우면 오른편의 사각형과 같은 모양이 되는 것을 볼 수 있다. 이를 통해 둘째 행에서도 대칭을 유지하면서 사각형의 선분 하나를 제거해야 한다는 것을 알 수 있다. 이제 당신은 오른쪽에 있는 보기 여섯 개 중에서 아랫줄 맨 오른쪽에 있는 사각형이 정답임을 알았을 것이다.

〈표 1-1〉에 나와 있는 WISC의 하위 검사들 중에서 유동지능과 가장 관련이 많은 것은 빠진 곳 찾기, 토막 짜기, 모양 맞추기, 차례 맞추기, 기호 쓰기 검사다. 빠진 곳 찾기 검사는 그림의 모든 면에 주의를 기울이면서 어떤 부분이 빠져 있는지 분석하는 능력을 요구한다. 토막 짜기를 잘하려면 추상적인 시각 자료를 잘 다루는 능력이 필요하다. 모양 맞추기는 완성된 모양을 추론하는 동시에 모양을 완성하기 위해 필요한 형태가 무엇인지 찾는 과정을 적절히 오가는 능력이 필요하다. 차례 맞추기에서는 작업 기억상에 다

양한 그림들을 보관하면서 머릿속으로 순서를 재배열하여 응집성 있는 이야기를 구성하는 능력을 요구한다. 기호 쓰기는 정보 처리의 속도를 측정하기 위한 추상적 과제다. 이러한 하위 검사는 모두 조작을 수행하는 능력을 요구한다는 점에서, 여기서 측정된 점수들이 동작성 지능Performance IQ을 구성한다고 본다. 동작성 지능에서 측정하는 능력은 이미 가지고 있는 지식에 거의 의존하지 않는 추상적 조작을 수행하는 능력이다.

또 다른 일반지능으로 결정지능crystallized intelligence이 있다. 결정지능은 학습에 의해 축적된 것으로, 세상의 법칙이나 그 법칙을 알아내기 위해 필요한 절차에 관한 정보를 말한다. 결정지능을 가장 잘 반영하는 WISC의 하위 검사들로는 상식, 어휘, 이해, 공통성, 산수 검사가 있다. 물론 산수 검사에서 계산은 저장되어 있는, 즉 결정화된 지식과 추상적 조작을 수행하는 능력을 모두 요구하지만, 여기서 요구되는 능력은 대개 사전에 학습된 것이다. 결정지능을 측정하는 하위 검사에서 필요한 대부분의 정보는 본질적으로 언어와 관련 있으므로, WISC에서는 이 검사들의 합계 점수를 언어성지능Verbal IQ이라고 부른다. 동작성 지능과 언어성 지능을 합친 것이 전체지능Full Scale IQ이다.

그렇다면 이런 두 가지 일반지능이 존재한다는 것을 어떻게 알 수 있을까? 우선 동작성 검사들은 지식(결정지능)보다는 추론 능력(유동지능)과 더 관련이 있고, 언어성 검사로 불리는 하위 검사는 추론 능력보다는 연산 방법에 대한 지식을 포함하는 지식에 더 많이 의존한다. 그리고 언어성 지능을 측정하는 하위 검사들 간의 상관이 언어성 검사와 동작성 검사의 상관보다 더 높고, 동작성 지능을 측정하는 하위 검사 점수들 간의 상관은 동작성 검사와 언어성 검사의 상관보다 높다.

또한 유동지능을 측정하는 하위 검사는 실행 기능과 관련이 있다. 실행 기능을 매개하는 뇌 구조는 대뇌 전두피질의 일부인 전전두피질 그리고 전전두피질과 네트워크를 이루는 전대상피질이다. 전전두피질의 손상은 작업 기억, 주의력 조절, 억제 조절같이 실행 기능이 필요한 과제의 수행 능력에 치명적인 손상을 일으킨다. 전전두피질이 손상된 환자들은 레이번 행렬 과제를 풀지 못하고 거의 정신지체 수준의 수행을 보인다. 그러나 결정지능은 온전히 남아 있다. 정반대 경우도 나타난다. 자폐아들은 주로 결정지능이 떨어지지만 유동지능은 정상 수준이거나 정상보다 뛰어나다.

뇌 손상 사례에서 이미 예상한 독자들도 있겠지만, 뇌 영상 연구에 따르면 레이번 행렬 과제나 어려운 수학 문제를 풀 때처럼 유동지능을 아주 많이 사용해야 하는 경우에 특히 전전두피질이 활성화된다.

지능에 두 가지 유형이 있음을 보여주는 또 다른 증거는, 유동지능과 결정지능이 생애에 걸쳐 서로 다르게 변화한다는 것이다. 〈그림 1-2〉는 나이에 따른 지능의 변화를 보여준다. 유동지능은 생애 초기에 급격히 향상되지만 상당히 빨리 감소하는데, 20대 초반에 이미 어느 정도 줄어든 상태가 된다. 수학자들 또는 기호나

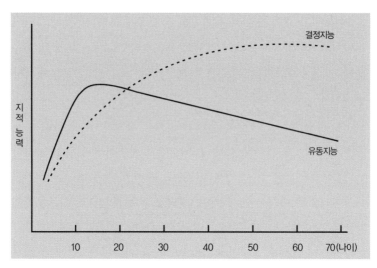

〈그림 1-2〉 도식으로 나타낸 연령에 따른 유동지능과 결정지능의 변화

추상적 자료를 이용하여 새로운 해법을 찾는 일을 하는 사람들은 자신의 능력이 30세 즈음부터 감소하기 시작한다고 느낀다. 70세가 되면 유동지능은 눈에 띄게 낮아져서, 그전에 비해 1 표준편차 이상 감소한다. 그래서 노인들은 퍼즐 맞추기나 미로 찾기를 어려워한다. 반면 결정지능은 생애에 걸쳐 계속 증가한다. 역사학자들이나 많은 양의 정보에 의존하는 사람들은 50대에 접어들면서 능력이 향상되는 것을 느낄 것이다.

물론 연령에 따른 유동지능과 결정지능의 변화 양상에는 논쟁의 여지가 있다. 여기서는 이 논쟁에 관해 상세히 언급하지는 않을 것이다. 다만, 보편적으로 받아들여지는 사실은 유동지능이 결정지능보다는 좀 더 일찍 감소하기 시작한다는 것이다. 이 현상은 전전두피질이 뇌의 다른 영역들에 비해 일찍 퇴화하기 시작한다는 사실을 통해서도 알 수 있다.

지능에 두 종류가 있다는 마지막 증거로는 실행 기능과 전체지능이 따로따로 유전된다는 점을 들 수 있다. 즉 실행 기능이 뛰어난 부모의 자녀가 우수한 실행 기능을 물려받을 수 있지만, 만일 부모가 결정지능이 낮다면 자녀도 상대적으로 낮은 결정지능을 물려받을 수 있다는 것이다. 부모가 실행 기능이 높다고 해서 반드시 높은 결정지능까지 물려주는 건 아니다.

유동지능은 나이 든 사람들보다는 젊은 사람들의 지적 기능에서 더 중요하다. 어린아이들의 경우 결정지능보다는 유동지능이 읽기, 수학 능력과 더 높은 상관을 보이지만, 청소년이나 성인의 경우 유동지능보다는 결정지능이 읽기, 수학 능력과 더 높은 상관을 보인다. 앞으로 사회경제적 지위가 낮은 사람들이나 몇몇 소수집단의 지능이 상대적으로 낮은 이유와 지능을 향상시킬 수 있는 몇 가지 방법을 이야기할 예정인데, 이 논의에서 연령에 따라 유동지능과 결정지능이 지적 기능에 미치는 영향이 다르다는 사실은 매우 중요하다.

유동지능에 관해 우리가 알아야 할 또 다른 매우 중요한 사실은 전전두피질이 변연계와 강력한 상호 연결망을 형성한다는 점이다. 변연계는 정서와 스트레스에 관여하는 뇌 영역으로, 정서적으로 각성되면 전전두엽의 활동이 감소하고, 따라서 유동지능의 기능도 나빠진다. 오랜 시간에 걸친 지속적인 스트레스는 전전두피질을 완전히 손상시킬 수도 있다. 이러한 사실은 빈곤층이나 소수집단의 유동지능 기능의 변이성에 관한 이후 논의에서 중요하게 다룰 것이다.

그러나 한동안은 유동지능과 결정지능을 구분하지 않고 두 지능을 합친 전체지능에 초점을 맞추어 이야기를 풀어가고자 한다. 두 지능의 구분이 중요해지는 시점에서 이 둘을 다시 구분할 것이다.

여러 가지 지능

지능지수는 무엇을 예측할 수 있을까? 첫째, 학업 성적이다. 알프레드 비네^{Alfred Binet}가 100년 전에 지능검사를 발명한 이유가 바로 학업 성적 예측이었기에 이 사실은 별로 놀랍지 않다. 비네는 정규 교육을 따라갈 수 없어서 특별한 조치가 필요한 아동들을 변별하려고 이 검사를 개발했다. 오늘날의 지능검사와 학령기 아동의 학업 성적 간 상관계수는 약 50으로 상당히 높은 편이다. 그러나 이 수치에서 지능검사로 측정할 수 없는 수많은 변수가 있음을 알 수 있다.

IQ 검사는 분석지능이라 불리는 지능을 측정한다. 분석지능은 실용지능과는 구별된다. 분석적 문제는 누군가 문제를 출제해주고, 명확히 정의되어 있으며, 문제해결에 필요한 모든 정보가 문제

자체에 담겨 있다. 정답은 단 하나뿐이고, 주로 어느 한 가지 방법을 통해 정답에 이를 수 있다. 일상생활의 경험과는 무관하고, 딱히 개인적으로 흥미를 끄는 과제도 아니다. 반대로 '실용적'인 문제의 경우 해결할 문제가 있다는 것을 스스로 인지해야 한다. 실용적인 문제들은 잘 정의되어 있지 않고, 해결책을 알아내는 데 적합한 정보를 문제 밖에서 찾아야 하며, 해결 방법이 여러 가지다. 그리고 주로 일상 경험에 관련된 것으로, 문제를 해결하려는 내적 동기가 필요하다.

로버트 스턴버그는 실용지능을 측정하려는 시도를 했다. 그가 사용한 문제들은 아는 사람이 아무도 없는 파티에 갔을 때 어떻게 대처할 것인가, 여러 사람이 집세를 나누어 낼 때 어떻게 나누는 것이 공평할까, 잘 모르는 사람의 추천서를 써야 한다면 어떻게 할까, 등이었다.

스턴버그는 분석지능, 실용지능과 함께 창조지능을 지능의 세 번째 유형으로 제시했다. 창조지능은 무엇인가를 창조하고, 발명하고, 상상하는 능력을 말한다. 그는 창조지능을 측정하기 위해 사람들에게 '문어의 운동화'나 '다섯 번째 기회' 같은 제목을 보고 이야기 만들기, 나열된 그림 중 한 장을 골라서 이야기 만들기, 신제품 광고 개발하기 등의 과제를 제시했다.

스턴버그는 분석지능 측정에 SAT나 ACT(SAT는 학업적성검사, ACT는 대학입학자격시험이다. SAT가 일반적인 추론과 수리, 논리력을 측정한다면, ACT는 학교에서 배우는 지식을 상대적으로 더 많이 측정한다—옮긴이), IQ 검사 같은 표준적인 방법을 이용했고, 실용지능과 창조지능 측정에는 자신이 개발한 새로운 방법을 이용했다. 분석지능과 함께 실용지능과 창조지능을 고려하면 학교나 직장에서의 성공을 좀 더 정확히 예측할 수 있는데, 어떤 경우에는 실용지능과 창조지능이 IQ 검사의 예측을 넘어서기도 한다.

스턴버그가 고안한 가상의 대학원생 세 명의 이야기는 세 가지 지능을 잘 설명해준다. 분석적인 앨리스는 아이디어를 논의하고 다른 사람의 결과를 비평하는 데 뛰어나다. 창조적인 케이시는 아이디어를 능숙하게 다루지는 못하지만, 자잘한 아이디어들을 많이 내놓고, 그중 일부는 결정적인 아이디어로 발전한다. 실용적인 페티는 분석적인 능력이 뛰어나거나 특별히 혁신적이지도 않지만 일을 완수하는 방법을 잘 알아낸다. 페티는 현명하고 효율적인 방법으로 일의 시작부터 끝까지 완수할 수 있다.

아마 당신은 세 가지 지능을 모두 갖춘 사람이 동료가 되기를 바랄 것이다. 그러나 팀으로 일하는 경우에는 한 가지 차원에서만 뛰어난 사람이라도 매우 중요한 역할을 할 수 있다. 주목할 만한 점은 스턴버그가 측정한 실용지능과 창조지능에서는 분석지능에 비해 주류집단과 소수집단의 차이가 덜하다는 것이다. 이러한 사실은 분석지능을 측정하는 시험이, 소수집단이 학교나 직장에 들어가는 데 장벽으로 작용한다는 사실을 보여준다.

하워드 가드너Howard Gardner는 전통적인 IQ 검사가 언어 능력과 논리수학 능력, 공간 능력만을 측정하고 다른 능력들은 무시한다고 주장했다. IQ 검사로 측정할 수 없는 지능에는 다양한 '개인지능'이 포함되어 있는데, 개인지능은 사회심리학자 피터 샐로비Peter Salovey와 동료들이 연구한 '정서지능'과 유사하다. 정서지능은 IQ 검사로 측정되는 분석지능과는 사실상 무관하다고 할 수 있다. 정서지능으로 대인관계에서의 감수성, 사회성, 작업 환경에 긍정적으로 기여하는 능력, 스트레스에 대한 저항력, 리더십 같은 능력에 대한 동료나 상사의 평가를 예측할 수 있다. 지능이라는 용어를 이런 정서 능력에 적용하는 것을 꺼리는 사람도 있겠지만, 그들이 내세우는 이유는 사소한 트집에 불과하다.

가드너가 이야기하는 또 다른 지능에는 '음악지능'과 '신체운동지능'이 있다. 어떤 지능 연구자들은 '지능'이라는 용어를 음악이나 운동 능력에 적용하는 것을 부정적으로 평가한다. 그러나 음악과 관련된 생각, 신체운동과 관련된 생각이 따로 있으며, 음악이나 신체운동에 관련된 방법으로 해결해야 하는 문제들이 있다. 나는 개인적으로 베토벤의 7번 교향곡과 알빈 에일리의 〈계시Revelations〉가 천재적인 작품이라고 생각한다. 그래서 이런 작품을 창작할 수 있는 능력이 지능의 산물이라고 흐뭇하게 이야기할 수 있다. 물론 지능이라는 용어를 음악이나 운동에 적용하는 것을 반대하는 사람들에게 내 견해를 강요하고 싶지는 않다.

가드너는 다음과 같은 근거로 지능 목록을 늘리는 것을 정당화한다. 여러 지능 중 한 가지에 특별히 뛰어난 신동이 거의 모든 영역에 존재하며, 각 지능이 서로 다른 뇌 영역과 관련되어 있다는 신경학적 증거들이 있다. 가드너가 추가하려는 지능이 단순한 기술에 불과하든 그 이상의 무엇이든, 확실히 이 새로운 지능은 기존의 분석적 지능과는 구별된다. 더불어 분명한 것은 가드너의 지능으로 기존 검사들이 측정하지 못했던 중요한 측면, 즉 인간의 다양한 재주들을 측정하고 예언할 수 있다는 점이다.

동기와 성취

마지막으로, 누구도 지능이라고 부르지 않을 법한 성격 또한 학업과 직장에서의 성취에 매우 큰 영향을 미친다.

수십 년 전, 성격심리학자 월터 미셸Walter Mischel은 어린이들이 만족을 지연시키는 능력을 연구했다. 미셸은 미국 스탠퍼드대학교 어린이집에 다니는 취학 전 아동들을 어떤 방에 데려다놓고 행동을 세세히 관찰했다. 이때 아이들은 자신이 관찰당하고 있다는 사실을 몰랐다. 이 방에는 쿠키와 마시멜로, 장난감을 비롯 아이들이 좋아할 만한 물건들이 놓여 있었고, 연구자들은 아이들에게 갖고 싶은 것은 뭐든 가질 수 있다고 알려주었다. 아이들은 갖고 싶은 물건이 있으면 벨을 울리기만 하면 되고, 벨이 울리면 실험자가 들어가 아이들에게 원하는 물건을 하나 주었다. 아이들에게 주어진 또 다른 선택 사항은 실험자가 방으로 돌아올 때까지 기다리는 것이다. 그럴 경우 쿠키나 마시멜로 혹은 장난감을 두 개 가질 수 있었다. 이 연구에서 주요 관심사는 만족 지연이다. 아이들이 벨을 울리지 않고 오랫동안 기다릴수록, 만족을 지연시키는 능력이 뛰어나다고 볼 수 있다.

미셸은 이 연구에 참가한 아이들(대부분이 중상층)이 고등학생이 될 때까지 10년 이상을 기다렸다. 10년 뒤 부모에게 아이들을 평가하게 했더니, 좋아하는 물건을 갖기 위해 오랫동안 기다린 아이일수록 집중력이 뛰어나고, 계획을 잘 세우며, 좌절을 잘 견디고, 스트레스에 성숙하게 대처한다는 평가를 받았다. 이런 기질은 학업 관련 지능을 측정하는 검사로도 이어졌다. 어릴 때 만족을 지연하는 능력이 뛰어났던 아이들이 고등학교에 진학해 치른 SAT 성적이 더 좋았다. 만족 지연 시간과 SAT 어휘력 점수 간의 상관은 .42, 수학 점수와의 상관은 .57이었다. 원래 똑똑한 아이들이 더 오래 참은 거라고 설명할 수도 있겠지만, 오히려 유혹을 잘 이기는 아이들이 자라면서 더 공부를 열심히 했을 거라고 설명하는 쪽이 더 타당하다. SAT 점수는 IQ와 동등하지는 않지만 IQ와 매우 높은 상관을 보이는데, 앞으로도 몇 번 더 언급할 것이다. 어떤 문화권 학생들은 IQ로 예측할 수 있는 것보다 높은 SAT 점수를 받는데, 아마도 동기와 관련된 요인이 작용한 것 같다.

동기가 학업 성취에 영향을 미친다는 사실은 별로 놀랍지 않다. 하지만 동기가 IQ보다 학업 성취를 더 잘 예측할 수 있다는 사실은 놀랍다. 심리학자 안젤라 덕워스Angela Duckworth 마틴 셀리그먼 Martin Seligman은 동기 요인이 IQ보다 뛰어난 예측력을 보인다는 사실을 밝힌 매우 의미 있는 연구를 수행했다. 덕워스와 셀리그먼은 미국 북동부 대도시에 위치한 어느 대안학교 8학년 학생들을 대상으로 다양한 방법을 이용해 자제력을 측정했다. 연구자들은 학생들이 충동적인 말이나 행동을 하는 정도를 물어보고, 작지만 즉각적인 보상과 크지만 기다려야 하는 보상 중에서 무엇을 선호하는지 물었다. 아이들에게 지금 당장 1달러를 받거나 일주일 뒤에 2달러를 받는 것 중에 하나를 선택하도록 하기도 했다. 그리고 학부모와 교사들에게 행동을 억제하고, 규칙을 지키며, 충동을 조절하는 학생들의 능력을 평가하도록 했다. 연구자들은 이 모든 측정치를 합산하여 자제력을 측정하는 종합 점수를 구한 뒤, 이 자제력 점수와 IQ 중에서 어떤 것이 학업 성적을 더 잘 예측하는지 비교했다. 그 결과, IQ 검사의 학업 성적 예측력이 더 떨어지는 것으로 나타났다. IQ와 학업 성적 간의 상관계수는 .32로 그리 높지 않았지만, 자제력과 학업 성적의 상관계수는 .67로 IQ의 두 배 이상이었다. 자제력 점수는 표준 학업 성취도 검사 점수를 예언하는 데도 IQ 검사를 약간 앞섰는데, 자제력의 상관계수는 .43이었고 IQ의 상관계수는 .36이었다. 그러나 이 둘 간의 차이는 통계적으로 유의미할 정도로 크지는 않았다. 만약 당신의 자녀가 높은 IQ와 강한 자제력 중 하나만 가질 수 있다면, 후자를 선택하는 편이 더 현명할 것이다.

덕워스와 셀리그먼의 연구 결과는 그 자체로 매우 중요하지만, 반복 검증할 필요가 있다. 자제력 점수와 IQ가 학업 성취를 예측하는 정도의 차이는 일반 학교와 다른 대안학교들에서 다르게 나타날 수도 있다. 여러 한계가 있지만, 이 연구가 학업 성취를 예측하는 요인으로 IQ보다 동기 요인이 더 중요할 수도 있음을 보여준다는 점에는 변함이 없다.

지금까지 살펴본 연구에서 얻을 수 있는 교훈을 정리해보자.

IQ는 지능을 구성하는 한 가지 요소에 불과하다. IQ 검사로 실용지능과 창조지능을 잘 측정할 수는 없지만, 학업 성취와 직장에서의 성공은 예측할 수 있다. 정확한 측정 방법만 있다면, 실용지능과 창조지능이 IQ 검사에서 측정하는 분석적인 지능만큼이나 중요하다는 것을 알게 될 것이다.

어떤 방법으로 측정한 어떤 지능이든 간에, 지능은 학업과 직장에서의 성취를 예측하는 하나의 변수일 뿐이다. 정서 능력과 자제력, 그리고 동기와 성격을 포함하는 다른 요인들 또한 중요하다.

이러한 IQ의 한계와 더불어, 우리는 다음과 같은 사실도 고려해야 한다. 대부분의 채용 담당자들은 직원들의 지능이 일정 수준을 넘어서기만 하면, 그 이상을 바라는 것 같지 않다. 사실은 강한 직업윤리, 믿음직함, 자제력, 끈기, 책임감, 의사소통 능력, 팀워크, 변화에 대한 적응력 같은 능력을 훨씬 더 중요하게 고려해야 한다.

따라서 IQ는 지능의 모든 것이자 궁극적인 것이라고 할 수 없으며, 지능을 IQ보다 더 넓은 의미로 정의한다 하더라도, 지능이 학업 성취에 영향을 미치는 유일한 요인은 아니다. 게다가 학업 성취도 직장에서의 성공을 예측하는 여러 요인 중 하나에 불과하다.

IQ가 예측하는 것

앞에서 설명한 여러 한계에도 불구하고, IQ와 학업 성취는 매우 다양한 삶의 결과들과 관련되어 있다. 그러나 정확히 어떤 인과적 단계를 거치는지 알아내기란 어렵다. 연구자들은 종종 개인의 현재 IQ와 어린 시절의 IQ, 가족의 사회경제적 지위, 아동기의 생활 환경, 형제의 수, 가족의 도서관 출입 카드 소지 여부, 교육에서의 성취를 비롯한 여러 변인을 측정한 다음, 이 모든 변인을 성인이 되었을 때의 사회경제적 지위나 수입, 사회병리학적 상태를 비롯한 삶의 결과를 예측하는 다중회귀식multiple-regression equation에 집어 넣는다. 그런 다음, 관심변인 이외의 변인이 미치는 영향을 통제했을 때(즉 나머지 다른 변인의 영향이 일정하다고 가정했을 때), 각 변인이 회귀식에 기여하는 정도를 보고한다. 여기서 나머지 변인의 효과를 통제했을 때 IQ는 언제나 결과에 중요한 영향을 미치는 것으로 나타난다. 그러나 부록의 통계학에 관한 부분에서 분명히 설명한 것처럼, 독립변인들은 서로 복잡한 인과관계로 얽혀 있다. 독립변인에 포함된 변인들 중 어떤 것은 알 수 없는 과정을 통해 다른 변인의 원인이 되기도 하는데, 어떤 변인은 측정되지 않은 알 수 없는 원인의 결과일 수도 있다. 부모의 높은 사회경제적 지위는 아동의 학업 성취에 영향을 미치지만 그 부모들은 IQ도 높다. 이것은 자녀의 유전자에 영향을 미칠 뿐만 아니라, 부모가 교육을 중요하게 여겨 자녀에게 풍부한 학습 기회를 제공하고 지적 능력을 장려하는 양육 방식을 취하도록 하는 식으로 영향을 미칠 수 있다. 그래서 "IQ는 직업적 성취의 X퍼센트를 설명한다" 같은 주장은 위태로운 통계적 기초 위에 지은 사상누각 같은 것이다. 다중회귀를 사용한다고 해서 원래부터 연관되어 있던 변인들이 무관해질 수는 없다.

그러나 좀 더 탄탄한 방법으로 IQ가 삶의 성과를 결정하는 중요한 요인임을 보여줄 수 있다. 정치학자 찰스 머리^{Charles Murray}는 1970년대 실시된 청년 대상 전국 종단 조사 자료에 포함되어 있던 미군입대자격시험^{AFQT: Armed Forces Qualification Test}으로 측정한 IQ를 사용했다. 수년이 지나 조사 대상자들이 어른이 되었을 때, 소득을 비롯한 여러 사회 지표들을 살펴보았다. 그런데 머리는 이 연구에서 아주 까다롭게 선별한 표본만을 연구했다. 그는 형제를 한 쌍으로 하여 여러 쌍을 선별했는데, 빈곤 가정 출신이 아니고(수입이 하위 25퍼센트 이상인 가정에서 태어난 사람만 선별), 혼외 출생(사생아)이 아니며, 적어도 7세까지는 부모가 이혼하지 않고 함께 살았던 사람들이었다. 그러나 IQ의 경우 형제 간의 차이가 있는 경우만 조사에 포함했다. 형제 중 한 사람은 IQ가 보통 수준(90~109)이어야 하고, 나머지 한 사람은 보통을 벗어나는 범위에 있어야 했다. 즉 형제 중 한 사람은 IQ가 높거나(110~119), 매우 높거나(120 이상), 낮거나(80~90), 매우 낮은(80 이하) 범위에 들어 있어야 했다.

머리는 자신이 선별한 표본 집단을 '유토피아적'이라고 불렀다. 그는 이 이상적인 표본 집단을 통해 IQ가 보통인 사람들과 그 범위를 벗어나는 사람들이 어떤 차이를 보이는지 알아보았다. 머리가 확보한 가장 확실한 측정치는 성인 이후의 소득이었다. 소득은 물론 직업적 성취와 사회계층과 상관이 있으므로, 이러한 변인들도 반영한다고 볼 수 있다. 조사 대상에 포함된 여성들의 혼외 출산 여부에 관한 자료도 있는데, 이 또한 다른 다양한 변인을 반영하는 것으로 볼 수 있다. 혼외 출산은 감옥에 갈 가능성이나 생활보호 대상자가 될 가능성 같은 사회적 역기능과 어느 정도 관련이 있다.

머리는 대부분 중산층 가정에서 자란 형제들조차 IQ가 다르면 삶의 성과에서도 상당히 큰 차이를 보인다는 사실을 발견했다. 〈표 1-2〉를 보면, IQ가 아주 높은 사람은 IQ가 보통인 형제보다 돈을 3배 이상 더 번다는 것을 알 수 있다(따라서 이 사람은 훨씬 더 좋은 직업을 갖고 있을 것이라고 예상할 수 있다). 반면 IQ가 아주 낮은 사람의 소득은 IQ가 보통인 형제가 벌어들이는 수입의 절반에도 미치지 못한다. 혼외 출산 또한 IQ와 밀접한 관련이 있었다. IQ가 아주 낮은 여성은 IQ가 보통인 형제보다 혼외 출산 비율이 2.5배 높았다.

머리의 분석에서 중요한 점은 한 가족이라도 IQ가 다르면 삶의 성과도 매우 달라진다는 것이다. 동일한 가족 구성원을 비교했기 때문에, 가족의 사회경제적 지위의 효과는 통제되어 있었다. 그렇다고 이 분석이 IQ가 삶의 성과에 직접 영향을 미치는 유일한 요인임을 입증한 것은 아니다. 예를 들어 교육 기회는 IQ가 매개한다. 교육은 IQ와 삶의 성취 간의 인과 사슬에서 매우 중요한 고리

IQ	소득(달러)	혼외 출산 비율(%)
IQ가 매우 높은 형제(120 이상)	70,700	2
IQ가 높은 형제(110~119)	60,500	10
준거집단(90~109)	52,700	17
IQ가 낮은 형제(80~89)	39,400	33
IQ가 매우 낮은 형제(80 이하)	23,600	44

〈표 1-2〉 동일한 중산층 가정 출신이지만 IQ에는 차이가 있는 형제들의 IQ와 소득, IQ 와 여성들의 혼외 출산 비율.

로, 아마도 교육이 IQ의 효과를 증가시키는 역할을 했을 것이다. 또한 IQ는 당연히 성격이나 동기와도 연관이 있다. 그러나 머리의 연구 결과가 상대적으로 높은 사회경제적 지위에 있는 안정적인 계층의 가족 구성원들 사이에서조차 IQ가 성취에 영향을 미치는 중요한 요인임을 보여준다는 것은 분명하다.

　머리가 측정한 IQ는 분명 유전의 영향을 크게 받았다. 같은 가족이라도 어떤 아이는 좋은 유전자를 물려받는 행운을 누리고 다른 아이는 그렇지 못하다. 머리는 오랫동안 IQ가 주로 유전적으로 결정된다고 보았으며, 이런 관점 때문인지 IQ가 환경의 영향은 별로 받지 않는다고 보았다.

　하지만 유전자가 정확히 얼마나 중요한 것일까? 유전자의 역할을 제외한 환경의 역할은 어느 정도일까? 다음 장에서는 지능이 얼마나 유전되고 환경에 따라 얼마나 바뀌는지 살펴본다.

INTELLIGENCE
AND HOW TO GET IT

2장

유전이냐, 환경이냐

(IQ의) 변산의 75퍼센트는 유전에 의한 것이고
25퍼센트만이 환경에 의한 것이다.

아서 젠센 (1969)

어떤 가정에서 양육되는지는 아동의 성격과 지적 발달에
거의 아무런 영향도 주지 않는다.

샌드러 스카 (1992)

얼마전까지만 해도, IQ를 연구하는 과학자는 지능이 대부분 유전 된다는 주장에 동의했다. 아직도 일부 과학자는 적어도 성인 IQ의 75~85퍼센트가 유전에 의해 결정된다고 본다. 아동이 자라 성인 이 되면, 같은 가정에서 공유한 환경의 효과는 아주 미미해져서 0에 가까워진다. 과학자들은 유전이 압도적으로 중요하기에 환 경의 역할은 미미하며 지능을 향상시키려는 사회적 프로그램은 결국 실패하고 말 거라고 믿었다. 실제 생각이 어땠는지는 모르 겠지만, 적어도 저작물에는 그렇게 적었다.

그러나 오늘날 많은 과학자들은 IQ의 유전율이 75~85퍼센트 보다 훨씬 낮다고 생각한다. 환경결정론자들은 유전율을 50퍼센 트로 추산한다. 나중에 살펴보겠지만, 유전율은 조사 집단에 따라 상당히 달라진다.

이 장의 첫 부분에서는 과거에 유전율을 그렇게 높이 추정한 이 유를 설명한다. 특히 중요하게 살펴볼 내용은 입양아 연구다. 입양

아 연구에서는 강력한 환경의 효과를 볼 수 있는데, 어떤 사람을 중상계층 환경에서 양육하면 하류층에서 양육하는 것에 비해 IQ를 12~18점까지 높일 수 있다. 이것은 정말 큰 효과다. 이러한 사실에서 환경이 지능에 미치는 영향이 매우 크다는 점을 알 수 있다. 마지막으로 어떤 특성이 유전될 수 있다고 해서, 그것이 환경의 영향을 얼마나 받을지 결정하지는 못한다는 점을 강조한다. 이 장의 결론은 환경이 IQ를 결정하는 중요한 요인이라는 것이다. 우리가 만약 지능을 향상시킬 수 있는 올바른 방법을 생각해낼 수만 있다면 환경의 중요성은 더욱 커질 것이다.

이 장에 실린 일부 부연 설명은 상당히 길다. 그 이유는 일반 독자들이 흥미를 잃거나 이해하지 못하는 일이 없도록 함과 더불어 IQ의 유전 가능성에 대한 전문가들의 우려에 답하고 싶었기 때문이다. 이 장은 이 책에서 가장 전문적이라고 할 수 있는데, 이 장의 주장에 대해 독자들이 난감해 하지 않기를 바란다. 지능이 유전에 의해 완전히 결정되는 것은 결코 아니며, 환경에 따라 크게 변한다는 주장을 믿고 따라와주기 바란다.

유전율, 환경, 그리고 IQ

일반인은 성격의 유전율이 부모에게 어떤 성격을 물려받는 정도를 나타낸다고 생각한다. 이렇게 생각하면 IQ의 유전율이 .80이라는 것은 곧 어떤 사람의 IQ 중 80퍼센트가 유전자에 의해 결정되었다는 의미라고 가정하게 된다. 그러나 이는 매우 잘못된 생각이다. 유전율이란 개인의 어떤 속성이 유전되는 정도가 아니라, 조사 집단 내에서 어떤 속성이 유전되는 정도를 말한다. 유전율은 한 집단 내에서 나타나는 어떤 속성의 변산(다양성의 정도—옮긴이) 중에서 유전적 요인으로 설명되는 변산의 비율로, 유전을 제외한 다른 요인들로 설명되는 변산의 비율과 대비된다. 지능에서는 태아기와 주산기(임신 20주에서 생후 28일 사이—옮긴이)의 생물학적 요인, 영양 상태 같은 환경 요인, 교육이나 경험 같은 사회적 요인이 유전 외적 요인에 해당한다. 이 장에서는 가장 흥미로운 변산의 원천이라고 할 수 있는 유전적 요인, 한 가족 내에서 자란 아이들은 공유하지만 다른 가족들 간에는 차이가 있는 가족 간 환경 요인을 다루고자 한다.

가족 간 환경 효과란 사회계층, 양육 방식, 종교적 성향 같은 다양한 요인들을 포함한 환경이, 어떤 사람이 양육되는 가정에 따라서 차이가 나는 정도를 말한다. 여기에는 출생 순위 등의 가족 내 환경 요인은 포함되지 않는다. 한 가족 내에서 단 한 명만 맏이로 태어날 수 있고 단 한 명만 둘째가 될 수 있는 식으로, 오로지 한 명만 특정 출생 순위에 놓일 수 있다. 우리는 출생 순위가 어떤 성격 특성을 형성하는 데 중요한 요인이 될 수 있음을 알고 있다. 또한 같은 가정에서 자란 아이들 간에도 또래의 영향이나 출신 학교 등의 요인으로 인해 차이가 날 수 있다.

일란성 쌍둥이	함께 양육	.85
일란성 쌍둥이	따로 양육	.74
이란성 쌍둥이	함께 양육	.59
형제	함께 양육	.46
형제	따로 양육	.24
부모/자녀	함께 양육	.50
편부모/자녀	함께 양육	.41
편부모/자녀	따로 양육	.24
양부모/자녀	함께 양육	.20
입양 형제	함께 양육	.26

부모: 어머니와 아버지 IQ의 평균
여기에 제시된 상관계수는 212건의 서로 다른 연구 결과에 대한 요약에 기초한 것이며 연구 대상의 수에 따라 가중치를 부여하여 구한 값이다. 모든 자료는 Devlin, Daniels, Roeder(1997)의 연구를 인용했으며 함께 자란 입양 형제 자료는 Bouchard와 McGue(2003)의 연구를 인용했다.

〈표 2-1〉 함께 양육되었거나 따로 양육된 다양한 혈연관계에 있는 두 사람의 IQ 상관

가족 간 환경에는 부모에게 물려받은 유전의 영향도 포함되지 않는다. 무작위로 선택한 두 가족 간의 IQ 평균에는 큰 차이가 날 수 있고, 이 차이의 상당 부분이 유전에 의한 것이라는 데에는 누구라도 동의할 것이다.

내가 강경파 유전론자라고 부르는 연구자들은 선진국에서 IQ의 유전율은 75~85퍼센트이며 환경 요인이 기여하는 정도는 15~25퍼센트라고 주장한다. 대부분의 강경파 유전론자들은 가족 간 환경(존스 씨네 가정 대신 스미스 씨네 가정에서 자라는 것)의 기여는, 적어도 아동기 이후에는 매우 미미하다고 믿는다. 그들도 환경 요인이 영향을 미친다는 데 동의하지만, 여기서 환경 요인이란

대부분 가족 내에서 발생하는 환경의 변산, 예를 들어 다니는 학교의 차이, 부모가 자녀를 대하는 방식의 차이, 태내 환경의 차이 같은 요인이다.

강경파 유전론자들은 어떻게 이런 결론에 도달했을까? 〈표 2-1〉에는 한 가정에서 함께 자랐거나 다른 가정에서 따로 자란 두 사람 간 지능의 상관이 유전적 관련성의 정도에 따라 차례로 제시되어 있다. 유전율의 직접적인 추정치는, 유전적 구성이 동일하지만 따로 양육된 일란성 쌍둥이 간의 상관에 나타나 있다. 이 값은 .74로 아서 젠센 Arthur Jensen(미국의 교육심리학자로 지능지수는 유전에 의해 결정된다고 주장한 대표적 학자—옮긴이)이 유전자가 IQ에 기여하는 정도를 추정하기 위해 사용한 값이다. 유전론자들의 논리에 따르면, 따로 자란 쌍둥이는 환경이 서로 다르기 때문에, 이들 간의 유사성은 유전 그리고 쌍둥이가 헤어지기 전에 영향을 미쳤을 태아기와 주산기의 환경으로만 설명할 수 있다는 것이다.

과학자들은 가족 간 환경이 미치는 영향의 직접적인 추정치를 어떻게 구할까? 그들은 함께 살지만 혈연관계가 아닌 가족 구성원 간의 IQ 상관을 구한다. 직접적인 방법은 입양아의 IQ와 양부모의 IQ 간 상관을 구하는 것이다. 입양아와 양부모는 유전자를 공유하지 않기 때문에 입양된 자녀가 양부모의 IQ에 근접할 수 있는 유일한 길은 환경을 공유하는 것뿐이다. 〈표 2-1〉의 끝에서 두 번째 줄을 보면 입양아와 양부모 IQ의 상관계수는 .20임을 알 수 있다. 어떤 과학자들은 이 값이 가족 간 IQ 차이에 환경이 기여하는 정도를 잘 보여주는 측정치라고 생각한다. 또 다른 방법은 같은 가정에서 자라지만 혈연관계가 아닌 아이들 간의 IQ를 비교하는 것이다(〈표 2-1〉의 마지막 줄). 입양 형제들 역시 유전자를 공유하지 않기 때문에 서로 닮을 수 있는 길은 동일한 환경을 공유하는 것뿐이다. 입양 형제들 간의 IQ 상관은 .26으로, 가족 간 차이가 IQ에 기여하는 정도의 추정치로는 약간 높은 편이다.

그러나 젠센과 다른 강경파 유전론자들은 가족 간 환경의 상관계수가 .20~.26이라는 사실을 받아들이지 않으려 할 것이다. 왜냐하면 〈표 2-1〉에 요약된 연구의 조사 대상은 대부분 아동이었으나, 더 나이가 많은 사람들을 대상으로 조사하면 상관이 극적으로 감소해서 어떤 경우 0에 가까워지기 때문이다. 예를 들어 혈연관계가 아니지만 같은 가정에서 자란 아이들의 경우가 그렇다. 이 아이들이 성인이 되면, 둘 사이의 IQ 상관은 .05에 이르거나 그 이하로 낮아진다. 성인이 되었을 때의 상관이 약해지는 이유는, 사람은 자라면서 자신만의 환경을 선택하고 특정 환경에 대한 선호는 유전에 의해 많은 영향을 받기 때문이라는 것이다. 초기 환경의 중요성은 애초에 그리 크지 않을뿐더러 점차 줄어들어 결국에는 없어진다는 것이다. 강경파 유전론자들의 생각에 따르면, 이러한 현상은 IQ에 기여하는 대부분의 환경 요인이란 같은 가족 구성원들 간에 차이를 보이는 요인들(가령 출생 순위)이지, 한 가족 내에서 공유되고 다른 가족과는 차이를 보이는 요인들은 아님을 의미한다.

요약하면, 강경파 유전론자들의 입장은 다음과 같다. IQ의 변산

중 4분의 3 이상이 유전으로 설명되며, 일부는 부모가 할 수 있는 일이 별로 없는, 공유되지 않은 가족 내 환경 요인에 의한 것이다. 그리고 성인이 되면 IQ의 변산 중 가족 간 환경의 차이, 즉 무작위로 선택된 가족 A와 B의 차이로 설명할 수 있는 부분이 거의 없다. 따라서 당신 가족의 특성이, 무작위로 선택된 존스 씨네 가족의 특성(수입이 더 적고, 아이들에게 책을 덜 읽어주며, 시원찮은 학교에 보내고, 그저 그런 동네에 살며, 다른 종교를 갖는 것)에 비해 더 낮더라도 IQ에는 거의 아무런 영향도 주지 못한다.

여기까지 읽은 독자에게 자녀가 있다면, 왜 더 나은 학교가 있는 집값 비싼 동네로 이사하기 위해 그 많은 돈을 들였는지, 왜 책과 치열 교정에 돈을 탕진하고 아이들을 바이올린 학원과 박물관에 데려다주느라 시간을 낭비했는지, 왜 아이들에게 모범이 되기 위해 성질을 누르며 정신적 에너지를 소진했는지 의아해질 것이다. 그러나 유전율이 매우 높고 가족 간 환경의 효과가 낮다는 연구 결과를 곧이곧대로 받아들일 필요는 없다.

유전율의 직접 측정치는 서로 다른 가정에서 양육된 일란성 쌍둥이의 IQ 상관에 기초한다. 그런데 이 방법은 당연히 틀릴 수밖에 없는 가정을 한다. 바로 쌍둥이들이 무작위로, 우연히 선택된 환경에 놓인다는 가정이다. 이 가정이 참이 되려면 전국전화번호부에서 무작위로 뽑은 두 사람이 각각 처한 환경을 비교한 것만큼이나, 따로 자란 일란성 쌍둥이 각각의 환경이 달라야 한다. 빌리가 바비라는 쌍둥이 형제와 어렸을 때 헤어져서 다른 가정에서 자랐다 하더라도, 빌리를 길러주는 사람들이 바비를 길러주는 사람들과 완전히 딴판은 아니다. 양육 환경이 얼마나 유사한지에 따라서 따로 자란 일란성 쌍둥이들 간의 IQ 상관은 상당히 달라질 수 있다. 발달심리학자 유리에 브론펜브레너Urie Bronfenbrenner는 서로 다른 가정에서 자란 쌍둥이라도 아주 유사한 환경에서 자란다면 IQ 간 상관계수가 .83에서 .91에 이른다는 사실을 보여주었다. 여기서 IQ의 상관은 쌍둥이들의 유전자가 같다는 사실뿐만 아니라 양육 환경 또한 매우 유사하다는 점도 반영한다. 따라서 이런 상관은 유전율을 과대 추정하게 된다. 환경이 유사하지 않은 경우에는, 그 차이에 따라 IQ 간 상관의 범위가 .26~.67로 달라진다. 서로 다른 가정에서 양육된 쌍둥이들을 대상으로 한 연구에서는 대부분 환경이 얼마나 달랐는지를 알 수 없기 때문에, 이 연구에서 보고하는 쌍둥이 간의 IQ 상관을 근거로 계산한 유전율이 정확히 무엇의 추정치인지도 알 수 없다.

환경이 유사한 정도를 생각하지 않더라도, 일란성 쌍둥이 간의 상관은 다른 유형의 혈연관계에서 얻은 상관에 기초한 유전율과 비교할 때도 유전율을 과대 추정한다. 이것은 일란성 쌍둥이들이 따로 떨어져 매우 다른 환경에서 자랐다 하더라도 환경이 매우 유사하기 때문일 수 있다. 왜냐하면 일란성 쌍둥이는 외양이 매우 비슷하며 공통 특징이 많기 때문에 다른 사람들로부터 비슷한 행동을 유발하는 경향이 있다. 또는 일란성 쌍둥이 각자의 다른 친척들과 닮는 정도보다 쌍둥이들끼리 유독 더 닮게 하는 유전자 간 상호작용이 있을 수도 있다.

.75~.85라는 유전율 추정의 세 번째 오류는 쌍둥이가 자궁 내 환경을 공유한다는 점을 고려하지 않은 데 기인한다. 데블린과 동료들은 자궁 내에서 공유한 환경 요인을 고려한다면 기존 유전율 추정치에서 20퍼센트를 빼야 한다고 주장했다.

네 번째 오류는 사회계층에 따라 유전율이 크게 달라진다는 사실과 쌍둥이 연구는 유전율이 높게 나타나는 특정 사회계층에 속한 사람들에게 치우쳐 있다는 사실에서 나온다.

이 모든 오류를 바로잡는다면, 일란성 쌍둥이 간의 상관에 기초한 유전율 추정치는 젠센과 다른 강경파 유전론자들이 주장했던 .75~.85보다 훨씬 낮아질 것이다.

유전자와 환경의 상호작용

발달심리학자 샌드러 스카[Sandra Scarr]와 캐슬린 매카트니[Kathleen McCartney], 그리고 경제학자 윌리엄 디킨스[William Dickens]와 철학자이자 IQ 연구자인 제임스 플린[James Flynn]은 유전자의 역할이 과대평가되는 이유를 다른 관점에서 설명한다. 사소한 유전적 이점이 한 개인의 경험에 영향을 미쳐 높은 IQ로 이어질 수 있다는 것이다. 농구에 비유해 생각해보자. 키가 평균보다 약간 큰 아이는 키가 보통인 아이보다 농구를 할 가능성이 더 높고, 농구 경기를 더 즐길 것이고, 농구를 더 많이 할 것이며, 코치의 주목을 받고, 아마도 농구 팀에 들어오라는 권유를 받을 것이다. 이런 식으로 키가 약간 더 큰 아이는 농구 관련 경험이 많아질 것이다. 여기서 큰 키의 이점이 작용하는 과정은 전적으로 그를 둘러싼 환경과 연관된 사건들에 의존한다. 그리고 서로 다른 가정에서 양육된 일란성 쌍둥이는 매우 유사한 경험을 할 가능성이 높다. 쌍둥이는 키가 비슷하기 때문에 결과적으로 비슷한 수준의 농구 기술을 익힐 가능성이 있다. 이 쌍둥이들의 농구 기술이 유사하다고 해서 동일한 '농구 유전자'를 가지고 있다고 볼 수는 없다. 그보다는 좀 더 좁은 범위의 특성(키)을 결정하는 유전적 구성이 동일하기에 유사한 농구 경험을 하는 것이다.

지능도 이와 비슷하게 생각할 수 있다. 어떤 아동이 아주 작은 유전적 유리함, 이를테면 호기심을 갖고 있다면, 부모님과 선생님은 이 아동이 지적 목표를 추구하도록 독려할 것이며, 아이는 지적 활동에서 더 보람을 느낄 것이고, 공부는 물론이고 다른 정신 활동도 더 많이 할 것이다. 이것은 유전적으로 약간 불리한 아동에 비해 이 아동을 훨씬 더 똑똑하게 만들 것이다. 그러나 이 유전적 유리함은 매우 사소할 수도 있으며, 그 효과를 발현하는 데 필수적인 '환경 승수environmental multiplier'를 촉발할 수 있다. 그러나 유전율을 계산하는 방식에 따르면, 이 모든 유전과 환경의 상호작용은 유전만의 영향으로 여겨진다. 아주 틀린 것은 아니지만, 이러한 상호작용을 고려하지 않고 계산한 유전율은 결과적으로 환경의 역할을 과소평가한다.

유전율이 환경을 사소한 요소로 추정하는 이유를 더 명확히 이해하기 위해 농구 비유로 돌아가보자. 키가 보통인 아동이 형들이 농구를 하거나 집 근처에 사람들이 많이 사용하는 농구대가 있어서 농구를 자주 할 수 있다고 가정해보자. 또 다른 아동은 키가 평균보다 크지만 시골에 살고 이웃에 또래 친구들이 없어서 농구를 할 기회가 거의 없다고 치자. 시골에 사는 키 큰 아이는 농구 선수가 될 가능성이 별로 없는 반면, 키가 보통인 아이는 농구를 잘하게 될 충분한 기회가 있다. 이제 우리는 유전적으로 유리하지만 농구를 잘 못하는 아이와, 유전적으로 불리하지만 농구를 꽤 잘하는 아이를 상상해볼 수 있다. 유전자는 중요하며, 일정한 환경에서 재능을 결정하는 데 큰 영향을 준다. 그러나 환경은 유전자의 효과에 큰 영향을 미칠 수 있다. 심지어 유전자의 영향을 압도할 정도다. 이것은 특히 IQ에 대한 환경의 효과를 추정하는 데 중요하다. 지적 추구가 더 쉽고 매력적일 수 있는 환경과 그렇지 않은 환경을 얼마든지 상상해볼 수 있다.

톨스토이와 입양

이제 가족 간 환경의 효과를 측정하는 방법을 생각해보자. 가족 간 환경의 차이는 입양 아동과 양부모의 IQ 상관과 한 가정에서 자랐지만 혈연관계가 아닌 아이들(주로 입양 형제) 간의 IQ 상관을 계산하여 구한다. 앞에서 살펴보았듯이, 이렇게 구한 상관계수의 평균은 약 .20~.25로 낮게 나타난다. 그러나 이 값은 양부모가 만드는 환경의 변산이 전체 모집단에서 발생하는 환경의 변산과 거의 동일하다고 가정할 때에만 말이 된다. 하지만 입양 가정은, 톨스토이가 이야기한 행복한 가정처럼 서로 비슷하다(톨스토이의 소설 《안나 카레니나》에 나오는 유명한 첫 문장 "행복한 가정은 엇비슷하지만, 불행한 가정은 제 나름의 이유로 불행하다"는 구절을 원용한 것—옮긴이).

심리학자 마이크 스툴밀러 Mike Stoolmiller에 따르면 입양 가정에서 IQ를 예측하는 요인의 변산은 일반 가정에 비해 매우 작다. 우리는 두 가지 사실에서 이를 알 수 있다. 첫째, 입양 가정의 사회경제적 지위 SES: Socioeconomic Status는 높은 편이다. 입양 가정 중에는 하위계층이 거의 없다. 둘째, 입양 가정에서는 HOME: Home Observation for Measurement of the Environment이라는 가정환경관찰법에서 측정된 점수의 변산이 훨씬 작다. HOME 연구자들은 부모가 자녀에게 얼마나 많이 이야기하는지, 책과 컴퓨터를 접할 수 있는 기회가 얼마나 많은지, 부모의 행동에서 엄한 태도 대 온유한 태도의 비율이 어느 정도인지 등을 관찰하여 지적 자극의 양을 측정하고 가정환경을 평가한다. HOME을 이용한 가정환경 평가에서 입양 가정은 일반 가정보다 훨씬 높은 점수를 받는다. 입양 가정의 가정환경 점수는 평균 백분위 점수가 70 정도이며, 이에 못지않게 중요한 사실은, 전체 모집단과 비교할 때 입양 가정에서 측정된 값이 거의 일정하다는 것이다. 취약계층의 가정에서 HOME 측정치의 변산은 입양 가정의 다섯 배에 이른다. 즉 입양 가정에 비해 취약 계층의 가정 환경 간의 차이가 훨씬 더 크다.

왜 환경의 변산이 작으면 환경과 IQ의 상관이 지나치게 낮아지는 것일까? 한 변인의 변산이 너무 작으면, 이 변인과 다른 변인과의 상관은 높아질 수 없다. 극단적인 예로, 어떤 변인 A의 변산이 0이라면, 변인 A와 변인 B의 상관은 0이 된다. 변인 B의 값이 낮을 때 변인 A의 값도 낮고, 변인 B의 값이 높을 때 변인 A의 값도 높아져야만 정적 상관을 얻을 수 있다. 그런데 변인 A의 변산이 0이어서, 즉 변인 A가 하나의 값만을 가지고 있다면 변인 B의 값이 어떤 값을 가지더라도 모두 변인 A의 동일한 값과 관련이 있는 셈이 되므로, 변인 A와 B 점수들 간의 상관은 0이 될 수밖에 없다. 따라서 입양 가정의 환경이 실제보다 높은 변산을 가진다고 추정하면, 환경이 IQ에 미치는 영향은 과소평가될 수밖에 없다.

입양 가정의 환경이 전체 모집단의 환경만큼 큰 변산을 가지는 것으로 잘못 가정해왔기 때문에, 가족 간 환경의 효과에 대한 추정치는 실제 효과를 정확히 반영하지 못한다. 스툴밀러는 입양 가정의 환경이 제한적 변산을 가진다는 점을 고려하여 추정치를 바로잡으면, 지능의 50퍼센트가 가족 간 환경의 차이로 인한 것으로 계산할 수 있다고 보고했다. 우리는 가족 내 변산도 IQ에 중요한 영향을 미친다는 것을 알고 있다. 따라서 IQ 변산의 대부분은 사실상 환경으로 인한 것이라고 할 수 있다. 그러나 여기서 추정한 환경의 영향은 아동의 경우에만 해당된다. 유전율은 나이가 듦에 따라 다소 증가하며, 스툴밀러가 추정한 가족 간 차이의 효과는, 그 정도를 정확히 알 수 없지만 지금보다 낮아야 한다.

IQ의 유전율은 없다

그러면 IQ의 유전율은 얼마가 되어야 할까? 사실 유전학자들은 유전율의 단일 추정치 같은 것은 없다고 말한다. 유전율은 추정 대상 모집단이나 추정 조건에 따라서 달라진다. 특히 IQ의 유전율에서는 모집단의 속성이 매우 중요하다. 심리학자 에릭 터크하이머 Eric Turkheimer와 동료들은 사회계층에 따라 유전율이 크게 달라진다는 것을 보여주었다. 부모가 중상계층인 아동의 IQ 유전율은 약 .70이지만, 하위계층인 아동의 IQ 유전율은 약 .10이다. 이에 대한 그럴듯한 설명은, SES가 높은 가정은 지능발달에 도움이 되는 훌륭한 조건을 제공한다는 점에서 크게 다르지 않다는 것이다. 이렇게 가정환경이 유사한 경우에는 유전의 영향이 매우 커질 수 있다. 극단적인 예로, 가족 간 환경이 완전히 동일하다고 가정하면, IQ 변산의 원인은 유전 요인뿐이다.

SES가 낮은 가정에서 IQ의 유전율이 그렇게 낮은 이유는 무엇일까? 우리는 IQ에 영향을 미치는 환경의 변산이 중상층보다는 하위계층에서 훨씬 더 크다는 스툴밀러의 연구를 알고 있다. SES

가 낮은 가정의 환경은, 중상층과 거의 비슷한 정도로 지지적인 환경에서부터 병리적인 환경까지 다양하다. 이는 SES가 낮은 가정에서는 환경이 커다란 IQ 차이를 낳을 수 있음을 의미한다. 이 경우에는 환경이 유전을 압도한다.

결국 당신은 자녀에게 시간과 돈과 인내력을 허비한 것은 아닌 셈이다. 다양한 사회계층에 걸쳐 평균을 구하면, IQ에 대한 유전의 기여도는 아마 많아야 50퍼센트 정도일 것이다. 나머지 IQ 변산의 대부분은 환경 요인에 의한 것이다.

유전율이 과대 추정되었음을 보여주는 또 하나의 중요한 증거로, 터크하이머의 발견을 주목할 필요가 있다. 유전율은 대부분 쌍둥이 연구에 기초하는데, 이 연구에 참여한 사람들은 대부분 중산층이었다. 왜냐하면 중산층은 연구자가 쉽게 연락하여 연구 프로젝트에 참여하도록 설득할 수 있는 집단이기 때문이다. 따라서 성인의 유전율 또한 실제보다 높게, 가족 간 환경 효과는 실제보다 낮게 추정되었다.

양부모들이 지능발달을 돕는 데 매우 뛰어나다는 스툴밀러의 주장은 입양 효과에 대한 궁금증을 불러일으킨다. 이에 관한 설명에서 IQ에 기여하는 가족 환경의 영향을 살펴보는 또 다른 방법을 찾아볼 수 있다. 만약 입양 가정의 환경이 특히 모범적이라면, 입양아의 IQ는 원가정에서 기대하는 수준보다 더 높아야 하지 않을까? 환경이 IQ에 매우 중요한 영향을 미친다는 우리의 가설이 맞다면 분명 그럴 것이다.

가정환경은 IQ를 결정하는 중요한 요인이다

유전율 추정치는 상관관계에 기초한다. 그리고 우리가 방금 살펴보았듯이, 상관에 근거한 추론은 잘못된 결론을 끌어낼 수 있다. 가족 간 환경의 영향력을 검증하기 위해서는 실험이 필요하다. 여기서 살펴볼 연구들은 일반적인 입양 사례에 기초한 자연실험 natural experiment(자연 상태에서, 실험적으로 조작한 것과 유사한 형태로 독립변인에 따라 집단을 구분하여 비교 관찰하는 연구—옮긴이)이다. 자연실험을 통해 환경 조건이 매우 유리한 가정에 입양된 아동과 그렇지 않은 가정에 입양된 아동의 IQ가 차이를 보이는지 알 수 있다. 여러 '연구 설계'를 이용한 자연실험은 동일한 결론을 끌어냈다. 지능발달에 매우 유리한 환경이 IQ에 지대한 영향을 미친다는 것이다.

심리학자 크리스티안 카프론Christiane Capron과 미셸 듐Michel Duyme은 프랑스 아동들을 대상으로 '교차양육 연구cross-fostering study'를 수행했다. 이들은 SES가 낮은 부모나 높은 부모에게서 태어나 SES가 낮은 가정이나 높은 가정에 입양된 아동들을 추적 관찰했다. 사회계층으로 인한 차이는 분명했다. 연구자들은 부모 중 아버지의 직업에 기초해 가난한 노동계층(교육 기간이 9년 이하인 반숙련 또는 비숙련 노동자)의 아동과 중상층(교육 기간이 평균 16년인 전문직 혹은 상위직 관리자) 아동을 비교하였다. 이러한 교차양육 설계는 SES가 매우 높거나 낮은 친부모의 유전자가 입양 아동의 IQ에 기여하는 정도와, SES가 매우 높거나 낮은 양부모의 양육이 기여하는 정도를 독립적으로 측정할 수 있도록 해주었다.

평균적으로, SES가 높은 부모의 친자녀는 입양된 가정의 SES에 관계없이, SES가 낮은 부모의 친자녀보다 IQ가 12점 더 높았다. 여기에서는 유전에 의한 차이, 그리고 유전이 아닌 태아기, 주산기, 출산 직후의 환경 요인들로 인한 차이가 각기 어느 정도인지 알 수 없다. 그러나 나는 이 차이의 대부분이 유전 요인에 기인한다고 본다.

중요한 발견은, SES가 높은 양부모에게 입양된 아이들의 IQ가 SES가 낮은 양부모에게 입양된 아이들에 비하여 평균 12점 더 높았다는 사실이다. 이는 친어머니의 SES가 높든 낮든 마찬가지였다. 이러한 결과는 높은 사회계층에서 양육되는 경우에, 낮은 사회계층에서 양육되는 경우보다 IQ가 훨씬 높아진다는 것을 보여준다. 여기에 버금가는 또 다른 중요한 발견은, 중상층 환경에서 양육된 아동이 하위계층 환경에서 양육된 아이들에 비해 학교에서의 성취 또한 훨씬 뛰어나다는 점이다.

프랑스의 연구에서는 앞에서와는 다른 방식의 자연실험 설계를 이용하여 낮은 SES에서 태어나 중상층 가정에 입양된 아이들과 그 아이들의 입양되지 않은 친형제들을 비교했다. 입양된 아이들의 IQ는 한 검사에서는 평균 107, 다른 검사에서는 평균 111이었으나, 입양되지 않은 친형제들의 평균 IQ는 두 검사에서 모두 약 95였다. 따라서 우리는 중상계층 환경에서의 양육이 IQ 12~16점의 가치를 갖는다고 추정할 수 있다. 입양된 아동과 입양되지 않은 아동

간의 학업 성취도의 차이도 매우 컸다. 중상층 가정에 입양된 아동이 학교를 중도에 그만두는 비율은 13퍼센트이지만, 입양되지 않은 형제들의 경우 이 비율이 56퍼센트다.

프랑스에서 실시된 또 다른 중요한 자연실험에서, 듐과 동료들은 IQ가 낮은 학대 아동들을 조사했다. 연구자들은 학대 아동들이 4세나 5세에 다른 가정으로 입양되는 시점에 IQ를 검사하고, 이 아이들이 14세가 되었을 때 다시 검사했다. 연구자들은 의도적으로 다양한 사회계층에 속하는 가정에 입양된 아동들을 조사했다. 어렸을 때, 이 아이들의 IQ는 61~85였다. 이는 IQ 검사에서 정신지체에서 정상 하로 분류되는 수치다. 이 아이들이 입양된 가정은 빈곤층(비숙련 노동자), 중하층·중간층(중하급 관리자, 소매상, 숙련 노동자), 또는 중상층(전문직과 상위직 관리자)으로 다양했다. 입양이 IQ에 미치는 영향은 평균 14점으로 매우 컸다. 그러나 입양 가족의 사회계층에 따라 큰 차이가 나타났다. SES가 낮은 가정에 입양된 아동은 IQ가 8점, 중간층 가정에 입양된 아동은 16점, 중상층 가정에 입양된 아동은 거의 20점이 높아졌다. 이러한 결과를 통해 하위계층 가정 대신 상위계층 가정에서 양육되는 경우 그 효과는 IQ 12점에 해당한다고 추정할 수 있다.

편리하게도, 이 연구에서는 선택적 배정^{selective placement}(친부모와 사회경제적 지위가 비슷한 양부모에게 입양되는 것—옮긴이)이 일어나지 않았다. 즉 상대적으로 IQ가 낮은 아동이 SES가 낮은 가정에 더 많이 입양된 것은 아니므로 양부모의 사회계층이 지니는 효과를 자신 있게 추정할 수 있다. 따라서 이 연구에서도 앞서 소개한 두 연구와 동일한 결론에 도달할 수 있다. 하위계층에서의 양육과 상위계층에서의 양육으로 인한 차이는 IQ 12점 이상이라는 것이다. 여기서 주목할 것은, 중하층이나 중간층 가정에서 양육되는 경우에도 SES가 그보다 낮은 가정에서 양육될 때에 비해 IQ가 8점 높아진다는 점이다. 앞서 스툴밀러의 연구에서 살펴보았듯이, SES가 낮은 가정이라도 입양 가정의 경우에는 지능발달을 돕는 양육방식을 가지고 있기 때문에, 이 연구에서 SES가 높은 가정에서의 양육과 SES가 낮은 가정에서의 양육이 낳는 차이가 과소평가되었을 수 있다는 점에도 주의할 필요가 있다.

2005년까지 발표된 연구 중에서 잘 설계된 입양 연구를 개관한 한 연구에 따르면, 보통 SES가 낮은 원가정 대신 중간층이나 중상층 가정에 입양되는 것이 IQ에 미치는 영향은 1.17 표준편차다. 즉 하위계층 대신 중상층에서 양육하는 것의 이점은 IQ 18점이다. 이 연구에서는 유전, 태아기, 주산기, 출산 직후의 요인들을 포함한 생물학적 요인이 IQ에 기여하는 정도를 추정했는데, 그 추정치는 중간층 또는 중상층 가정의 친자녀들과 입양 자녀들을 비교하여 구했다. 그 결과, 생물학적 요인에 의한 IQ 차이는 12점으로, 카프론과 듐의 연구에서와 같았다.

여기서 중요한 함의는, 하위계층 부모에게 태어나 낮은 IQ를 보일 것으로 예상되는 아동이라도 풍부한 인지적 자극을 제공받는 환경에서라면 IQ가 크게 향상될 수 있다는 것이다.

이 개관 연구가 보여주는 학업 성취 관련 결과는 IQ 결과보다는 낙관적이지 않다. 입양 아동의 학업 성취는 입양되지 않은 친형제들과 비교했을 때, .55 표준편차 정도만 뛰어났다. 그러나 일반 아동들과 비교하면 겨우 .25 표준편차 정도 뒤처졌고, 같은 학급 아동들과의 학업 성취 격차는 더욱 작았다.

입양 이야기를 마무리하면서, 나는 유전이 가장 중요하며 환경의 영향은 미약하다는 강경파 유전론자들의 주장은 대부분 입양 아동과 친부모의 IQ 간 상관이 입양 아동과 양부모의 IQ 간 상관보다 훨씬 높다는 사실에 기초하고 있음을 지적하고 싶다. 유전론자들은 입양이 IQ를 변화시키지 않기 때문에, 환경이 아동의 지능에 기여하는 바는 거의 없다고 믿는다. 우리는 이제, 이 결론이 어떻게 잘못되었는지 알 수 있다. 대부분의 입양 가정은 안정적인 중간층 또는 중상층이며, 양육 환경이 매우 비슷하다. SES가 낮은 입양 가정조차 IQ를 향상시키는 양육 방식을 가지고 있다. 입양 가족 간의 차이가 상대적으로 작기 때문에, 양부모와 입양 자녀의 IQ 간 상관이 높으리라고 기대할 수 없다. 양부모와 입양 자녀의 IQ 상관이 낮은 이유는 단지 양부모가 제공하는 환경들에 큰 차이가 없기 때문이다. 가족 간 환경의 차이가 작다면, 상관은 높을 수 없다. 그러므로 양부모와 입양 자녀의 상대적으로 낮은 IQ 간 상관은 그저 본질을 흐리는 미끼에 불과하다.

마지막으로 리처드 헌스타인Richard Herrnstein과 머리가 저서 《벨 곡선》에서 입양이 IQ에 미치는 평균 효과에 대한 '합의점'이 6점이라고 단언했는데, 이 주장의 근거는 찰스 로쿠르토^{Charles Locurto}의 개관 연구라는 점을 지적할 필요가 있다. 그러나 로쿠르토가 제시한 입양의 평균 효과는 12점이다.

가족 간 환경의 차이가 IQ에 거의 영향을 미치지 않는다는 믿음은 지적 능력이 매우 뛰어난 사람들이 지금까지 받아들인 견해 중 가장 이상한 것이다. 《후천성 가설^{The Nurture Assumption}》의 저자 주디스 리치 해리스^{Judith Rich Harris}는 가족 간 환경에 따른 차이는 거의 없다고 전제한다. 스티븐 핑커^{Steven Pinker}는 그의 훌륭한 저서 《빈 서판^{The Blank Slate}》에서 같은 주장을 폈다. 스티븐 레빗^{Steven Levitt}과 스티븐 더브너^{Stephen Dubner}는 《괴짜경제학^{Freakonomics}》에서 노골적으로 입양이 지능에 아무런 영향을 미치지 않는다고 말한다. 그들의 주장은 다음과 같다. "많은 연구에서 양부모보다는 친부모의 IQ가 아동의 학업 능력에 더 큰 영향을 미친다는 사실을 보여주었다." 나는 이 이상한 추종자 무리에서 나 자신을 제외하고 싶지만, 불행히도 수년간 몹시 혼란스러워하면서도 가정환경이 별 문제가 아니라는 유전론자들의 주장에 넘어갔다.

지금까지 살펴본 유전과 환경의 효과에 대한 증거는 사회계층과 지능의 관계에 관하여 결정적으로 중요한 무언가를 알려준다. 부모가 전문직에 종사하거나 중간층인 아이들은 부모의 SES가 낮은 아이들에 비해 IQ가 훨씬 높고 학업중단율이 낮다. 또한 우리는 SES가 낮은 가정의 환경이 아이들의 IQ를 본래의 잠재력보다 얼마나 더 낮추는지를 수치나 범위로 나타낼 수도 있다. 이 범위는 바로 IQ 12~18점이다. 유전율 추정치가 얼마로 밝혀지든 이 사실은 변하지 않는다. 그러므로 환경 개입이 빈곤층의 지능을 매우 효과적으로 변화시킬 수 있는 잠재력을 지녔음을 알 수 있다. 이는 또한 하위계층 아이들의 학업중단율에 큰 영향을 미칠 수 있다. 학업중단율 감소의 최소 추정치는 .5 표준편차이고, 최대 추정치는 1 표준편차로 훨씬 더 높다. 이는 중간층 아동이 친부모에게 양육되는 경우와 거의 동일한 수준이다.

SES가 낮은 아동의 IQ만 환경의 영향을 받는 것은 아니다. 한 연구에서는 IQ가 평균 수준인 어머니에게서 태어나 중간층이나 중상층 가정에 입양된 백인 아동의 IQ를 조사하였다. 상대적으로 입양 시기가 늦었던 아동의 평균 IQ는 112였으나 입양 시기가 일렀던 아동의 IQ는 117이었다. 이 연구는 보통 가정에서 자랐다면 평균 IQ를 나타낼 것으로 예상되는 아동들조차, 매우 좋은 환경에서 양육되는 경우에 IQ가 상당히 향상될 수 있음을 보여준다. 같은 맥락에서, 카프론과 듐의 교차양육 연구는 중상층 아동이 빈곤층에서 양육되는 경우 IQ가 낮아진다는 것을 보여주었다. 이때 IQ 손실은 12점이다. 환경은 가난한 가정에서 태어난 아동뿐 아니라 모든 아동의 IQ에 영향을 미칠 수 있는 것이다.

유전된다고 해서 변화 불가능한 것은 아니다

이제 나는 IQ의 높은 유전율이 곧 환경의 효과가 거의 없음을 의미한다는 주장을 무너뜨릴 마지막 한 방을 날릴 준비를 갖추었다. IQ가 유전되는 정도는 IQ가 변화 가능한 정도에 아무런 제약을 가하지 않는다. 너무나 중요하기 때문에, 강조해서 한 번 더 이야기하겠다. IQ가 유전되는 정도는 IQ가 변화 가능한 정도에 아무런 제약을 가하지 않는다. 모든 유전학자는 이 원리를 인정한다. 그러나 유전론자들은 이 원리를 알고 있으면서도 마치 유전율이 변화 가능성에 실제로 제한을 가하는 것처럼 글을 쓴다.

유전율이 변화 가능성과 무관한 이유를 이해하기 위해 다음 두 가지 사실을 생각해보자. (1) 키의 유전율은 .85∼.90이다. (2) 세계 몇몇 나라에서는 한 세대나 그보다 짧은 기간 안에 평균 신장이 1 표준편차 이상 증가했다. 한국에서는 13세 남아의 평균 신장이 1965∼2005년에 7인치 이상, 즉 2.5 표준편차 증가했다. 1965년에는 키가 평균이었던 소년이 2005년에는 몹시 작은 편에 속할 것이다. 40년이라는 시간은 너무 짧아서 유전자는 이 정도의 변화를 일으킬 수 없다. 세계적으로 최근 2∼3세대에 걸쳐 평균 신장이 급격히 커졌는데 이는 영양 상태 같은 환경 변화의 결과임에 분명하다.

훨씬 더 극단적인 사례도 생각해볼 수 있다. 유전율이 1.0이지만 환경의 영향은 매우 큰 경우를 생각해보자. 같은 옥수수에서 나온 옥수수 씨앗을 무작위로 비옥한 토양과 척박한 토양 중 하나에 뿌린다 치자. 여기서 옥수수 키의 유전율은 비옥한 토양에서나 척박한 토양에서나 1.0이다. 그럼에도 비옥한 토양과 척박한 토양에서의 옥수수 평균 키에는 큰 차이가 있을 것이고, 이는 전적으로 환경 요인에 의한 것이다.

이러한 사례는 한 집단의 어떤 특성이 유전되는 정도가, 그 특성이 환경의 영향을 받아 변화할 수 있는 정도에 이론적으로는 아무런 제약을 가할 수 없음을 분명히 보여준다. 이것은 좋은 일이다. 왜냐하면 다음 장에서 살펴보겠지만, 어느 정도의 유전율에도 불구하고 IQ는 환경 요인의 영향을 굉장히 많이 받기 때문이다.

INTELLIGENCE
AND HOW TO GET IT

3장

사람들은 더욱 똑똑해지고 있다

아무리 완벽한 교육 시스템이라도 하위 50퍼센트에 해당하는
아이들의 수행을 크게 변화시키지 못한다.

찰스 머리 (2007)

(레이번 누진 행렬 검사에서) 어떤 사람이 받은 총점은
그가 어느 나라 사람이고 어떤 교육을 받았든 간에
그의 지적 능력을 나타내는 지표다.

레이번, 코트, 레이번 (1975)

극단적 유전론자의 관점에 따르면 환경은 지능에 아무런 영향을 미칠 수 없다. 당신의 IQ는 유전자님께서 미리 계획해두신 것이다. 이런 관점에는 두 가지 중요한 의미가 있다. 첫째, 학교교육은 지능에 별로 영향을 미치지 않는다. 둘째, 인구 전체의 지능은 유전공학의 도움 없이는 크게 달라질 수 없다. 사회과학에서 이렇게 중요한 예측이 명백히 오류였음이 밝혀지는 사례도 흔치 않다.

학교가 아이를 더 똑똑하게 해줄까

어떤 심리학자들은 노골적으로 교육과 지능이 거의 상관없다고 주장해왔다. 교육은 특정한 사실이나 절차를 가르치는 것이지 낯선 상황에 대처하는 문제해결 능력을 향상시키는 것은 아니라는 얘기다. 헌스타인과 머리는 《벨 곡선》에서 여러 지능 이론가들의 견해를 반영해, 학교교육이 IQ와 관련 있음을 인정했지만, 그 관련성은 대부분 똑똑한 사람들이 학교를 더 오래 다니고 싶어 하는 데서 기인한 것이라고 주장했다. 똑똑한 사람들일수록 학교를 좋아하고, 학교를 오래 다니는 행동에 대한 보상을 더 많이 받기 때문에 교육을 더 많이 받는다는 얘기다. 이는 회귀분석에 기초해 내린 결론인데, 1장에서도 지적했듯이, 보통 회귀분석으로는 인과관계를 알 수 없다. 교육을 시작하는 시기가 늦어지면 무슨 일이 일어날까? 교육을 제대로 받았더라면 똑똑해질 수 있었을 사람들의 지적 성장이 방해를 받을까? 이 질문들에 대한 답을 찾기 위한 실험이 여러 번 이루어졌고 결과는 언제나 같았다.

물론 일부러 교육을 못 받게 하는 연구를 수행하는 못된 과학자들은 없다. 대신 다양한 이유로 일정 기간 학교교육을 받지 못한 아이들을 대상으로 자연실험을 했다. 이런 실험은 똑똑한 사람들이 학교를 더 오래 다니려고 하기 때문에 교육기간과 IQ가 관련 있는 것처럼 보인다는 주장이 잘못되었음을 보여준다. 발달심리학자 스티븐 세시Stephen Ceci와 웬디 윌리엄스Wendy Williams는 이 연구를 자세히 기술한 바 있다.

그중 하나는 여름방학을 이용한 자연실험이다. 아이들은 여름방학 동안에 학교교육을 받지 못하므로 IQ와 학업 능력이 감소하거나 향상 속도가 크게 둔화된다. 여름방학 슬럼프는 특히 수학에서 심하게 나타나고, 고학년과 사회경제적 지위가 낮은 아이들에게서 두드러진다. SES가 낮은 아이들과 높은 아이들 간 학업 성취의 차이는, 대부분 SES가 낮은 아동이 여름방학 슬럼프를 더 심하게 겪는 데서 기인한다.

학교교육이 미치는 영향에 관한 가장 오래된 연구는 1923년에 행해졌다. 심리학자 휴 고든 ^{Hugh Gordon}은 런던의 운하용 보트 도선사나 집시 같은 단기 체류자들의 자녀를 연구했는데, 이 아이들은 학교에 거의 다니지 않았다. 일반적인 취학 연령에서 그들의 IQ는 정상 이하의 범위에 있었지만, 그 후 지속적으로 감소했다. 4~6세 아동의 IQ는 정상 범위에서 최하에 해당하는 90 정도에 머무른 반면, 12~22세 청소년의 IQ는 평균 60으로 정신지체 기준보다 훨씬 낮았다. 학교를 다닌 아이들의 평균 IQ는 감소하지 않았다. 이 연구는 지능을 유지하려면 학교교육이 필요하다는 것을 보여준다.

또 다른 초기 자연실험으로는 20세기 초 교육을 거의 받지 못한 미국 벽지 아동에 관한 연구가 있다. 블루리지 산맥에 둘러싸인 분지에는 19세기에 독일계 이민자들에게 땅이 넘어가 산간벽지로 이주한 스코틀랜드-아일랜드계와 잉글랜드계 이민자의 후손이 모여 살았다. 이곳 아이들은 대부분 학교를 다니지 않았고 신문, 영화 등을 거의 접할 수 없었다. 읽고 쓰는 능력을 요구하지 않는 동작성 지능 검사(예를 들어 토막 짜기 검사)를 이용하여 이 아이들의 지능을 측정한 결과, 나이가 많을수록 IQ가 낮은 것으로 나타났다. 그러나 이 지역에서도 충분한 학교교육을 받을 수 있었던 아이들은 나이를 먹어도 IQ가 낮아지지 않았다.

제2차 세계대전도 자연실험의 기회를 제공했다. 나치 치하 네덜

란드에서는 학교교육이 몇 년간 지체되었다. 취학 연령이었으나 학교에 들어가지 못한 아이들의 평균 IQ는 나치 점령 이후 취학 연령이 된 아이들에 비해 7점이 낮았다.

20세기 중반, 남아프리카 지역의 인도인 마을에서는 교사가 없어서 길게는 4년까지 아이들이 학교교육을 받지 못했다. 이 아이들의 IQ는 학교교육을 받은 이웃 마을 아이들과 비교해, 학교교육이 1년 지연될 때마다 평균 5점씩 낮아졌다. 뒤처진 아동들은 몇 년간 학교교육을 받은 이후에도 여전히 차이를 좁히지 못했다.

취학 지연에 관해서는 버지니아주 프린스 에드워드 카운티의 흑인 아동을 대상으로 한 연구도 있다. 이 지역에서는 1959~1964년에 인종차별 폐지정책 racial integration (분리되어 있던 흑인과 백인을 같은 학교에 다니도록 했다—옮긴이)을 피해 공립학교가 문을 닫았다. 이 기간에 입학하지 못한 아이들은 학교교육을 받지 못한 기간이 1년 늘어날 때마다 IQ가 6점씩 낮아졌다.

학교를 도중에 그만두는 것도 지능에 좋지 않다. 두 그룹의 스웨덴 심리학자들은 13세에 지능 검사를 받은 남자 아이 수천 명을 무작위로 뽑았다. 연구자들은 이 아이들의 IQ와 SES, 13세 때의 학교 성적을 측정했다. 이들은 18세가 되었을 때 군대에 지원하기 위해 다시 지능 검사를 받았는데, 연구자들은 이때의 IQ를 조사했다. 심리학자들은 13세 때는 IQ와 SES, 학교 성적에서 차이가 없었던 소년들이 학교교육을 받는 기간이 1년 짧아질 때마다 IQ가 2점씩 낮아진다는 것을 발견했다. 4년 먼저 학교를 그만둔 소년의 IQ 손실은 8점으로 이는 .5 표준편차에 해당한다. 이 연구에서 주목할 점은 똑똑한 아이들이 학교를 더 오래 다녀서 더 똑똑해지는 게 아니라는 점이다. 13세 때의 IQ에 관계없이, 학교에 남아 있는 것은 큰 이득이 되었다. 혹은 학교를 중도에 그만두는 학생이 큰 손실을 입는다고 볼 수도 있다. IQ 평균은 같은 연령 집단 내에서 항상 100이기 때문에, 학교를 중도에 그만둔 학생들의 IQ가 실제로 감소했는지, 학교에 남아 있던 학생들의 IQ가 증가했는지, 혹은 둘 다인지는 확인할 수 없다.

생일을 기준으로 아이의 입학 연도가 정해진다. 이 사실로 학교가 아이들을 더 똑똑하게 만드는지 확인해볼 수 있는 재미있는 방법을 찾을 수 있다. 예를 들어 많은 지역에서 입학 기준일은 9월이다(미국 학제 기준—옮긴이). 설명의 편의를 위해, 9월 15일을 입학 기준일로 잡아보자. 9월 16일에 태어난 아이가 학교에 입학하려면 그 전날 태어난 아이보다 1년을 더 기다려야 한다. 이로써 우리는 아주 말끔한 자연실험을 할 수 있다. 한 살이 더 많아서 연령의 이점을 누리는 아이들의 IQ와 1년 더 학교교육을 받아서 교육의 이점을 누리는 아이들의 IQ를 비교해서 연령과 교육 기간 중 무엇이 더 중요한지를 알아볼 수 있다. 시릴 버트 경과 레이번 일가, 그리고 이들을 지지하는 사람들은 분명 한 살 많은 것이 훨씬 더 중요하고, 1년 더 학교교육을 받는 것은 별 이득이 없다고 볼 것이다. 더 정확히 말해 레이번 일가는 문화적 영향에 오염되지 않는, 이른바 순수 유동지능을 측정한다는 레이번 누진 행렬 같은 검사에서

1년간의 학교교육은 아무 소용이 없다고 할 것이다.

그러나 독일과 이스라엘에서 실시한 연구에 따르면 학교교육 1년은 신체나이 한 살보다 두 배 더 중요하다.

서구식 교육은 이전에 비서구식 교육을 받았거나 아무 교육을 받지 않은 아동의 IQ에 큰 영향을 미친다. 서구식 교육은 기억을 향상시키는데, 여기에는 IQ 전문가들이 학교에서의 학습에 거의 또는 전혀 영향을 받지 않는다고 주장하는 기억, 예를 들어 숫자 외우기(소리로 제시되는 숫자를 기억하는 능력)나 부호 쓰기(모양이나 숫자를 연관시키는 능력) 같은 검사에서 측정되는 기억이 포함된다. 흑인 청소년들을 대상으로 한 연구에서는 3개월 정도의 서구식 교육만으로도, IQ 검사에 등장하는 종류의 다양한 공간지각 과제를 수행하는 능력이 .70 표준편차만큼 향상되었다. 여기서 이용한 검사에는 토막 짜기, 도안 기억, 그림 묘사 같은, IQ 연구자들이 학교교육의 영향을 받지 않는 원상태 그대로의 지능을 측정한다고 말하는 검사들이 포함된다.

햄릿의 작가, 물을 구성하는 원소, 어휘력 검사에 나오는 단어와 연산 공식 등 여러 IQ 검사에 등장하는 내용을 학교에서 직접 가르친다는 점을 생각할 때, 일부 IQ 이론가들이 학교가 사람을 더 똑똑하게 만들어준다는 사실을 의심하는 것은 이상한 일이다. 전통적인 IQ 이론가들이 더 놀라워할 사실은, 레이번 누진 행렬 검사처럼 문화의 영향을 받지 않는다고 여겨지던, 문제를 해결하는 능력 또한 학교의 영향을 받는다는 것이다. 많은 IQ 이론가들은 모든 사람이 원과 사각형 그리고 삼각형을 알고 있기 때문에, 완전히 추상적인 검사들은 학교교육의 영향에서 자유로울 거라고 가정한다. 지금부터 보겠지만 이러한 가정은 사실과 동떨어진 것이다.

우리는 할아버지 할머니보다 더 똑똑할까

학교교육이 우리를 똑똑하게 해주며 우리가 100년 전보다 더 많은 교육을 받고 있다는 점을 생각할 때, 우리는 증조부모보다 더 똑똑해야 할 것 같지 않은가? 1900년에 미국의 평균 교육 기간은 7년이었고, 인구의 4분의 1이 학교를 채 4년도 다니지 못했다. 오늘날 미국의 평균 교육 기간은 고등학교까지의 교육에 2년을 더한 14년이고, 미국인 대다수가 고등학교를 마친다.

만약 IQ 평균이 거의 한 세기에 걸쳐 100이었음을 아는 사람이라면, 교육이 지능에 아무런 영향을 미치지 못한다고 생각할 수도 있다. 그러나 IQ 검사는 정의상 평균이 항상 100이 될 수밖에 없다. 따라서 일정하게 100이 유지되었다는 사실은 시간에 따른 지능의 변화에 관해 아무것도 말해주지 않는다. 사람들이 IQ 검사를 더 잘 받게 되었는지 알아내기 위해서는, 옛날과 동일한 검사 방법을 사용하여 그 시대 사람들의 수행과 그 후 동일한 검사를 받은 사람들의 수행을 비교해야 한다. 이것이 어떤 검사를 재표준화할 때 일어나는 일이다. 만약 여러 해에 걸쳐 같은 검사법을 사용한다면 사람들의 IQ는 점점 높아질 것이다. 그래서 IQ 평균을 100으로 유지하기 위해, 더 어려운 새 문제를 검사에 추가한다.

사람들은 실제로 해가 갈수록 점점 나아지고 있다. IQ 검사가 측정하는 종류의 능력들에서 말이다. 아동용 웩슬러 지능 검사 WISC, 성인용 웩슬러 지능 검사, 스탠퍼드비네 검사 같은 주요 IQ 검사에서는 1947~2002년의 55년간, 매년 .33 정도씩 점수가 증가했다. 미국의 경우 한 세대, 즉 30년 동안 총 9점이 증가했다. 제임스 플린은 이러한 증가 현상을 문서로 만들었고, 이 현상은 플린 효과라고 불린다. IQ 변화를 조사한 모든 선진국에서 급격한 IQ 상승 현상이 나타났다.

이 놀랄 만한 IQ 상승의 원인은 무엇일까? 플린의 중요한 저서에 나와 있는 최근 설명을 꼼꼼히 살펴보겠다.

왜 IQ가 높아지는가에 대한 추측 중 하나는 시험 요령의 향상이다. 표준화된 지필 검사에 친숙졌다는 얘기다. 하지만 이 설명은 별로 설득력이 없다. IQ의 증가는 늦어도 1917년부터 일어났다. 1917년 이후 제2차 세계대전 참전을 위한 징집이 시작되기까지 군대에서 실시한 IQ 검사에서는 18세 청소년의 IQ가 12~14점 증가했는데, 사람들은 그 기간에 표준화된 검사를 접할 일이 거의 없었다. 표준화된 검사를 받아본 사람이 거의 없던 시절부터 모든 사람이 표준화된 검사에 수없이 노출된 최근 몇십 년간에 걸쳐 IQ 증가율은 정도의 차이는 있지만 일정하다. 검사 경험이 전혀 없는 사람들이 IQ 검사를 여러 번 받으면, 점수가 다소 증가하지만 많이 증가하지는 않는다. 그런데 우리는 1947~2002년에 IQ가 18점이나 증가한 현상을 보고 있는 것이다.

그렇다면 영양 상태가 원인일까? 이 또한 별로 설득력이 없다. 요즘에도 세계 일부 지역에서 부실한 영양 상태가 IQ에 부정적인 영향을 미치고 있고, 미국과 유럽에서도 제2차 세계대전 이전에는 그러했지만, 오늘날 많은 사람들이 정신 발달을 저해할 정도의 영양 결핍 상태에 있다는 증거는 거의 없다. 선진국에서 발생하는 영양 결핍 사례는 대개 태아기나 출산 직후에 일어나고 최근 몇십 년간 감소했기 때문에, 전체 인구의 IQ에 미치는 효과의 총합은 아마도 거의 없을 것이라고들 해왔다. 더 나아진 주산기 영양 상태 덕분에 지능이 향상된 아이들도 있지만, 죽음의 위기를 넘기고 지적 능력에 영구적 손상을 입는 아이들의 숫자도 그만큼은 된다. 아무튼 모든 가능성을 고려하더라도, 선진국에서 최근 몇십 년간 영양 결핍을 겪은 아이들의 수는 매우 적다.

영양 상태로 IQ 증가를 설명하는 데 대한 또 다른 반증은 이 현상이 모든 범위에 걸쳐 고르게 나타났다는 것이다. 상위 3분의 1에 해당하는 사람들은 영양 결핍을 겪지 않았다고 할 수 있는데, 이 사람들의 IQ 증가량은 하위 3분의 1에 해당하는 사람들의 IQ 증가량과 같았다. 이야기가 나온 김에 덧붙이자면, IQ 증가가 전체에 걸쳐 균일하게 일어났다는 사실은 하위 50퍼센트에 해당하는 사람들의 IQ를 향상시킬 방법이 별로 없다는 찰스 머리의 주장이 틀렸음을 보여준다.

그렇다면 이러한 IQ 증가는 무엇을 의미할까? 우리는 IQ가 55년에 걸쳐 18점이나 증가했다는 사실과 그 증가율이 거의 일정하거나 최근 30년간 좀 더 빨라졌다는 사실의 함의를 파악해야 한다. IQ 100을 1947년 지능의 실제 값으로 간주해보자. IQ가 100인 사람의 전형적인 직업에는 숙련 노동자, 책임이 그렇게 무겁지 않은 직급의 사무직 노동자, 그리고 판매원이 포함된다. 설사 대학에 진학할 수 있었다 하더라도, 4년간 이들은 큰 어려움을 겪었을 것이다. 이 평균적인 사람의 평균적인 손자는 동일한 IQ 검사에서 118점을 받을 것이다. IQ가 118인 사람은 대학에서 아주 뛰어난 능력을 발휘할 수 있을 뿐만 아니라 대학원 이상의 공부를 할 수 있으며, 의사나 변호사, 높은 직급의 관리자, 혹은 성공적인 기업인 같은 전문가가 될 수 있다. 사람들이 이렇게나 똑똑해진다는 것이 가능한 일일까?

혹은 시간을 거꾸로 돌려서 생각해보자. 2002년에 평균적인 사람의 실제 IQ가 100이라고 하자. 이 평균적인 사람의 평균적인 할아버지, 할머니의 IQ는 오늘날 손자들에게 사용되는 IQ 검사로 측정할 경우 82가 될 것이다. 이분들은 많은 책임감을 요하는 사무직 업무를 수행할 능력이 없고, 대부분의 숙련 노동자들에게 요구되는 조건을 충족시키기도 어려울 것이다. 고등학교를 잘 마칠 수 있을지조차 의심스럽다.

혹은 시간을 30년 더 과거로 돌려서 1917년으로 가보자. 오늘날 평균적인 사람의 증조부모의 IQ를 오늘날의 검사 도구로 측정한다면 73점일 것이다! 이분들은 숙련 노동자로 일할 수 없고, 고등학교를 마치기도 불가능하다. 그리고 오늘날의 기준에 의하면, 인구의 절반은 정신지체로 판명될 것이다!

이 그림은 분명히 심각하게 잘못되어 있다. 우리가 그렇게까지 똑똑하지도 않고, 우리 이전 세대들이 그렇게까지 멍청하지도 않았으니 말이다.

우리는 어떤 식으로 더 똑똑한가

한편 우리는 학교교육으로 더 똑똑해질 뿐 아니라 조상들보다 훨씬 더 많은 교육을 받았기 때문에 전보다 더 똑똑해졌다는 것도 알고 있다. 그러면 도대체 얼마나 더, 어떤 방식으로 똑똑하다는 말일까?

이 질문에 답하기 위해, WISC IQ 검사와 가장 널리 쓰이는 '문화적 영향을 받지 않는culture-free' 검사, 즉 레이번 누진 행렬 검사 점수를 들여다보자. 〈그림 3-1〉은 1947~2002년 레이번 누진 행렬 검사 점수와 아동용 웩슬러 지능 검사의 전체 IQ, WISC에서 유동지능을 측정하는 다섯 가지 '동작성' 하위 검사(빠진 곳 찾기, 토막 짜기, 모양 맞추기, 차례 맞추기, 부호 쓰기), WISC에서 결정지능을 측정하는 두 가지 언어적 하위 검사(유사성과 이해력), 그리고 결정지능을 측정하는 세 가지 또 다른 WISC 하위 검사(상식, 어휘력, 산수) 점수의 변화를 보여준다. 여기서 모든 검사 점수는 쉽게 비교

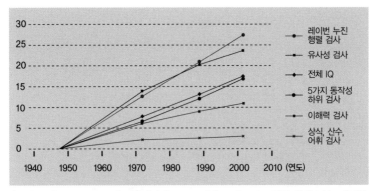

〈그림 3-1〉 1947~2002년 미국에서의 WISC 전체 IQ와 WISC 하위 검사 점수, 레이번
누진 행렬 검사 점수의 변화

할 수 있도록 평균이 100으로 설정되어 있다.

그래프는 흥미로운 패턴을 보여준다. 레이번 행렬 검사 점수와
WISC의 일부 하위 검사 점수는 눈에 띄게 증가한 반면, 다른 점수
는 거의 변하지 않았다.

소위 문화적 영향을 받지 않는다는 레이번 행렬을 논의해보자.
이 검사는 원지능$^{\text{raw intelligence}}$을 그대로 반영하도록 되어 있어서 문
화나 학교교육의 영향에 둔감한 것으로 알려져 있는데, 무려 28점
이상의 평균 증가율을 보였다! 1947년에 IQ 100인 사람의 손자
는 이 검사에 따르면 현재 천재라고 불릴 만한 평균 IQ를 보이는
것이다. 일반적인 문제해결 능력만으로 정의되는 지능이 실제로
이렇게 급증할 가능성은 절대 없다. 또한 레이번 검사가 문화의 영
향을 받지 않을 가능성도 배제할 수 있다. 우리는 그 기간에 유전

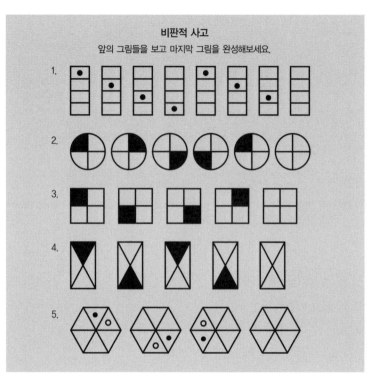

〈그림 3-2〉 현재 산수 교과서에 등장하는 시각적 문제의 예

자가 그렇게 크게 변할 수 없고, 영양 상태라든가 지능에 영향을
미칠 수 있는 다른 생물학적 요인들도 그렇게까지 변할 수 없다는
것을 알고 있다.

　그러면 레이번 검사 점수는 왜 그렇게 많이 증가했을까? 정확히
알 수 없지만, 몇 가지 정보를 활용해 짐작해볼 수는 있다. 발달심
리학자 클랜시 블레어 ^{Clancy Blair}와 동료들은 초등학교와 유치원 수

학 교육이, 단순한 숫자 세기나 사칙 연산 방법을 가르치던 것에서 시각적 형태와 기하학적 도형을 제시하고 패턴을 알아내는 방법을 가르치는 것으로 변했음을 보여주었다. 〈그림 3-2〉에는 최근 몇십 년간 아이들이 교과서에서 본 시각적 표현의 예가 제시되어 있다. 당신은 이것이 레이번 검사 같은 문제를 푸는 데 어떻게 도움이 될지 알아챘을 것이다. 발달심리학자 웬디 윌리엄스는 학교교육이 옛날에 비해 추상적 지각 과제를 훨씬 더 강조하고 있음을 보여주었다. 블레어와 동료들 또한 현재의 수학 문제가 레이번 과제를 풀기 위해 필요한 작업 기억에 필수적인 다중순차조작을 과거보다 더 많이 요구한다고 말한다.

그러나 〈그림 3-2〉는 교과서, 텔레비전, 아동용 게임북, 컴퓨터, 컴퓨터 게임 등의 시각적 자극을 점점 더 강조하는 문화가 단순히 레이번 검사 같은 문제를 해결하는 능력뿐만 아니라 사실상 동작성 유동지능을 반영하는 능력 전체를 향상시켰음을 보여준다. 예를 들어 WISC의 동작성 하위 검사들은 많은 시각적 구성요소를 가지고 있고, 작업 기억상에서 이루어지는 다중조작이 필요하다.

이런 시각적 연습이 실제로 유동지능과 관련된 능력과 그 기초인 실행 기능을 향상시킨다는 점은 확실해 보인다. 예를 들어 비디오 게임을 하는 사람이 하지 않는 사람에 비해 한 번에 더 많은 영역에 주의를 기울일 수 있다. 비디오 게임을 하는 사람은 불필요한 자극은 효과적으로 무시하면서도 더 넓은 시야를 과시했다. 컴퓨터 게임을 하는 사람들에게서 관찰된 사실이 단순히 자기선택(유동지능의 명수가 컴퓨터 게임을 할 가능성이 더 많은 것)이 아님을 확인하기 위해 연구자들은 게임을 하지 않는 사람들에게 주의 통제 능력을 길러 줄 것으로 기대되는 게임 '메달 오브 아너 Medal of Honor'를 배우도록 했다. 그리고 게임을 하지 않는 또 다른 사람들에게는 주의력 통제를 길러주지 않을 듯한 테트리스를 배우도록 했다. 참가자들은 매일 한 시간씩 열흘간 컴퓨터 게임을 했다. 이 기간이 지난 뒤에 '메달 오브 아너'를 한 사람은 테트리스를 한 사람에 비해 주의력 통제 과제를 더 잘해냈다.

신경과학자들에 따르면 컴퓨터 게임을 이용해 아주 어린 아이들에게 유동지능의 근간이 되는 실행 기능을 가르칠 수 있다. 로사리오 루에다 Rosario Rueda와 동료들은 주의력 통제 과제를 집중 연구했다. 이들은 4세 아동들이 컴퓨터를 이용한 다양한 연습을 5일간 하도록 했다. 예를 들어 아이들은 조이스틱을 움직여 그린 고양이가 풀이 난 지역에 머물도록 하고, 진흙이 있는 곳에서 벗어나게 하는 과제를 수행했다. 그리고 예측 연습(예를 들어 연못을 건너는 오리의 운동 방향을 예측하기)을 했고 다양한 만화 인물의 속성을 외우는 과제도 수행했다. 여러 숫자가 나열된 두 배열 중에서 숫자의 개수가 많은 배열을 고르는 과제도 있었다. 여기서 숫자의 개수가 많은 배열은 더 작은 숫자로 이루어져 있었다. 예를 들어 7이 다섯 개 있는 것 대신 4가 아홉 개 있는 배열을 골라야 했다. 또한 이 아이들은 억제 조절 연습도 했다. 이 과제에서는 양 그림이 나오면 가능한 한 빨리 그림을 클릭하고, 양 가죽을 쓴 늑대가 나오면 클

릭을 하지 않아야 했다.

이러한 주의 관리와 실행 조절 과제는 레이번 검사 과제와 비슷한 행렬 과제 수행에 아주 효과적이었다. 훈련 받은 아이들의 점수는 그렇지 않은 아이들에 비해서 .40 표준편차 이상 높았다. 놀랍게도 뇌파에서도 효과를 관찰할 수 있었다. 아이들이 일부 과제를 하는 동안에 뇌파를 측정했는데, 주의 통제를 매개하는 뇌 영역의 활동이 크게 변해서, 훈련된 4세 아동의 뇌파 패턴은 훈련되지 않은 4세 아동보다는 6세 아동에 더 가까웠다.

따라서 문화가 옛날에 비해 실행 조절 기능을 더 우수하게 만들고, 이렇게 변화한 실행 기능이 유동지능 검사 과제에서의 수행을 향상시킨다는 것은 분명해 보인다. 레이번 행렬 검사는 물론이고, WISC 동작성 검사 패키지에 포함된 다른 유동지능 검사에서도 그런 것 같다. 한편 루에다와 동료들이 사용한 종류의 컴퓨터 훈련 과제는 주의력결핍과잉행동장애[ADHD] 아동들의 주의력 조절을 향상시킬 수 있다. ADHD 연구자들은 ADHD에 걸리지 않은 성인의 작업 기억 또한 향상시킬 수 있었다.

인지신경과학자 아델 다이아몬드[Adele Diamond]와 동료들은 평범한 놀이 활동으로도 실행 기능을 향상시킬 수 있음을 보여주었다. 연구자들은 어린이집 아동을 위해 실행 기능의 핵심 측면인 주의 조절과 억제를 가르치는 방식으로 놀이를 구조화했다. 아이들은 놀이를 하면서 활동 계획을 명시적으로 표현하고, 잘 기억하도록 해주는 기법을 활용하는 등의 정해진 방식에 따라 행동했고, 친구와 역할을 바꾸어보기도 했다. 이러한 활동으로 표준 실행 기능 검사에서 과제 수행을 향상시켰다.

그러면 55년간 레이번 검사 점수가 2 표준편차, WISC 동작성 검사 점수가 1 표준편차 이상 증가했다는 사실이 실제로 지능이 그만큼이나 크게 변화했음을 의미할까? 아마도 아닐 것이다. 유동지능을 기반으로 하는 능력이 크게 변화한 것은 사실이지만, 검사에서 사용되는 과제들과 매우 동떨어진 영역의 문제해결 능력에는 영향을 주지 않았을 것이다. 지금 이 시점에서는 유동지능 검사를 통해 파악할 수 있는 지능의 범위가 얼마나 넓은지 알 수 없다.

레이번 행렬이 문화적 영향을 받지 않는 IQ 검사라는 주장은 이제 완전히 효력을 상실했다. 이 검사를 이용해 문맹인 아마존 원주민이나 서구식 학교교육을 아주 조금만 받은 아프리카 사람들을, 대단히 복잡하고 교육 수준이 높고 컴퓨터를 사용하는 미국, 스웨덴, 스페인 사람들과 비교하는 것을 이제는 지지할 수 없다.

하지만 이것이 한 문화권 내에서 똑똑한 사람이 똑똑하지 않은 사람보다 레이번 검사 과제를 더 잘하는 게 아니라는 뜻은 아니다. 우리는 지금도 그렇고 두 세대 이전에도 똑똑할수록 레이번 검사 과제를 더 잘한다는 것을 알고 있다. 레이번 검사의 점수는 실제로 학업 능력과 직장에서의 성공을 어느 정도 예측하기 때문이다. 레이번 검사가 문화의 영향을 받는다는 사실을 통해 말하려는 것은, 레이번 검사와 다른 유동지능 검사들이 점점 더 쉬워지는 이유가 수학과 컴퓨터 교육을 포함한 문화적 변화 때문이라는 점이다.

언어 능력 또는 결정지능을 측정하는 두 가지 검사 점수도 많이 향상되었다. WISC의 공통성 검사에서의 수행은 1947~2002년의 55년간 24점 증가했다. 공통성 하위 검사에서 좋은 점수를 받으려면, 당신은 여름과 겨울이 모두 계절이기 때문에 비슷하다고 대답할 수 있어야 한다. 만약 당신이 매우 똑똑하다면, 둘 다 지점至點 (태양이 공전 궤도의 맨 끝에 위치하는 하지와 동지―옮긴이)이 있다고 해야 한다. 여름과 겨울이 1년 중의 한때를 나타낸다고 대답한다면 부분 점수밖에 받지 못하며, '자연의 일부'라거나, '바람이 분다'고 대답하면 점수를 얻지 못한다. 당신은 또한 복수와 용서의 비슷한 점에 대하여, 누군가 당신에게 잘못을 저질렀을 때 당신이 하는 선택이라고 대답할 수 있어야 한다. 만약 이 두 가지 모두 의사결정 방법이라거나, 다른 사람에게 취할 수 있는 행동이라고 대답하면 부분 점수만을 받고, 둘 다 느낌을 나타내는 말이라거나 해결 방법의 하나라고 말한다면 점수를 전혀 받을 수 없다. 요약하면, 당신은 검사 항목의 속성을 추상적으로 추출해내 가장 흥미롭고 정보가 많이 담긴 공통 속성을 찾아낼 수 있어야 한다.

공통성 하위 검사 수행력의 향상이 우리가 과거 두 세대에 비해 1.60 표준편차만큼 더 똑똑해졌다는 것을 의미할까? 그렇지 않다. 하지만 우리에게 은유와 직유를 이해하고 그것을 구사할 수 있는 분석적 사고를 할 능력이 있으며, 사물과 사건을 과학적 분류기준에 맞게 범주화하는 능력이 향상되었음을 의미하기는 한다.

한편 공통성 검사는 결정지능을 대표한다고 알려져 있고, 이 검사에서 문제에 정확히 답하는 능력은 그 사람의 정보량에 달려 있다. 그러나 상위 수준 문제에서는 유동지능적 요소도 상당히 많다. 여름과 겨울이 계절이라는 사실을 암기해야 하지만, 복수와 용서의 공통점을 찾아내기 위해서 추론해야 하고, 추론한 특징들 중에서 무엇이 가장 적절한지 평가해야 한다.

최근 몇십 년 동안 유의미한 향상을 보인 또 다른 결정지능 검사로는 이해력 검사가 있다. 여러 면에서 나는 이것이 사람들이 정말로 똑똑해졌음을 보여주는 가장 설득력 있는 검사라고 생각한다. 요즘 어린아이들은 사용하지 않는 전등을 꺼야 하는 이유를 옛날보다 더 잘 이해한다. 나이가 좀 더 많은 아이들은 사람들이 세금을 내는 이유를 말할 수 있다. 이는 매우 인상적이다. 이해력 검사 점수는 상당히 크게, 30년 동안 3분의 1 표준편차 향상되었다. 이러한 향상의 원인을 어디에서 찾아야 할까? 알 수 없다. 그러나 추측건대, 이해력의 향상은 텔레비전과 큰 상관이 있는 것 같다. 아이들은 세상이 돌아가는 방식에 대한 많은 사실을 〈세서미 스트리트 Sesame Street〉(미국에서 인기 있는 어린이 프로) 같은 교육적 TV 프로그램을 통해 배우거나, 심지어 오락 프로그램에서도 배운다.

이해력 하위 검사에서의 변화가 독서량의 증가 때문은 아닌 듯하다. 점수가 거의 변하지 않은 세 가지 결정지능 검사를 보자. 어휘력 검사는 .25 표준편차를 약간 넘는 정도만 증가했다. 이 정도의 변화가 아무것도 아니라고는 할 수 없지만, 이해력 하위 검사에서의 향상과 같은 수준이라고 볼 수는 없다. 요즘 사람들이 옛날보다 책을 덜 읽는다는 점에서 이해할 만한 결과다. 취미 삼아 책을 읽는 일이 전혀 없는 17세 아동의 비율이 지난 20년간 두 배 증가했다. 한편 우리는 다른 증거들로 유아가 35년 전보다 글 읽는 법을 좀 더 일찍 배운다는 것을 알고 있다. 9세, 13세, 17세 아이들을 대상으로 1970년대 초반부터 몇 년 단위로 실시된 미국 학업 성취도 평가NAEP: National Assessment of Educational Progress에 따르면, 9세 아동은 한 세대마다 .25 표준편차의 읽기 능력 향상을 보였다. 13세 아동의 읽기 능력은 약간 향상되었고, 17세 아동은 전혀 향상되지 않았다. 일반적으로, NAEP의 읽기 시험 결과는 어휘력 하위 검사 결과와 상당히 유사하다. 지난 몇십 년 동안 미국 중고등학교 교과서 수준이 두 학년 정도 낮아졌음을 고려할 때, 아이들의 읽기 능력이 아주 미미한 향상을 보였다는 사실은 기대보다는 더 나은 결과라고 할 수 있다.

  이해하기 어려운 것은 지난 두 세대에 걸쳐 상식 검사 점수가 거의 향상되지 않았다는 점이다. 그러나 요즘 아이들이 정보를 암기하는 데 시간을 덜 들인다는 것을 생각하면 놀라운 결과가 아니다. 나는 모든 주도를 외워야 했으나, 켄터키주의 주도가 렉싱턴이 아니라 프랑크포트라는 사실을 안다고 해서 살아가는 데 별 도움이 되지 않았다. 그런데 상식 검사의 평균 점수가 거의 증가하지 않은 반면, 세상이 왜 그런 방식으로 돌아가는지 알아차리는 이해력 점수가 그렇게 크게 증가했다니 조금 의아하다.

또 다른 수수께끼는, 수학 능력이 실제로 향상되었다는 증거들이 있음에도 WISC의 산수 검사 점수가 지난 30년 동안 증가하지 않았다는 사실이다.

20세기 초에는 대학생이나 상위권 고등학생들에게만 기하학을 가르쳤다. 20세기 중반에는 10학년(고등학교 1학년) 이전에는 기하학을 가르치지 않았다. 그리고 현재는 중학교 후반부나 고등학교 초반에 기하학을 가르친다. 기하학 준비 단계의 도형 문제와 계산은 초등학교 때 가르친다. 1900년에는 미적분학을 대학 4학년 이전에 가르치면 안 된다고 생각했는데, 이때는 미국 인구의 10퍼센트 이하만 대학에 다녔다. 20세기 중반에는 미적분학을 상위권 대학의 저학년이나 최상위권 공립 고등학교, 사립 고등학교 졸업반에서 가르쳤다. 요즘은 미적분학을 일반적으로 고등학교의 마지막 학년 때 배우고, 엘리트 학교에서는 중학교 때 배우기도 한다. 1920년에는 20퍼센트 미만의 미국인들이 고등학교를 다녔다. 1983년에는 80퍼센트 이상이 고등학교를 다녔다. 따라서 WISC의 산수 점수가 60년간 향상되지 않았다는 것은 정말 이상하다.

그러나 적어도 고등학교 이전까지는 학생들이 실제로 수학을 더 잘하게 되었다는 의미 있는 증거가 있다. NAEP에 따르면 9세 아동의 수학 점수는 1978년에서 2004년 사이에 3분의 2 표준편차만큼 증가했다. 13세 아동은 .5 표준편차 이상 증가했다. 17세 아동은 약 4분의 1 표준편차 증가했다. WISC는 학교에서 배운 계산법의 기계적 적용을 강조하는 반면, NAEP는 수학적 추론과 작업 기억을 강조하는 다중조작 문제를 강조한다. 이러한 점을 유념한다면 WISC 결과와 NAEP 결과 간의 모순을 해명할 수도 있을 것 같다. 하지만 자신 있게 둘 간의 괴리를 설명할 수는 없다.

IQ 점수는 무한히 증가할 것인가? 미국 내에서는 증가 속도가 늘어지고 있다는 증거가 없지만, 물론 무한히 증가하지는 않을 것이다. 스칸디나비아에서는 정말 IQ의 증가가 멈추고 있는 것처럼 보인다. 반면 개발도상국에서는 IQ 증가가 막 시작된 것 같다. 케냐의 어떤 지역에서는 14년간 7세 아동의 레이번 누진 행렬 검사 점수가 1.70 표준편차, 언어지능은 .50 표준편차 상승했다. 검사 대상이 된 아이들은 7세로, 학교에 다닌 지 겨우 4개월밖에 되지 않았기 때문에, 학교교육이 큰 역할을 한 것 같지는 않다. 선진국에서는 비디오 게임 같은 대중문화에 노출되는 시간이 증가해왔으나, 그것으로 이 지역의 IQ 향상을 설명하지는 못한다. 그럴듯한 설명으로, 14년간 부모 교육 수준의 뚜렷한 향상, 영양 상태의 현저한 개선, 십이지장충병 감소를 들 수 있다. 도미니카의 카리브해에 있는 섬에서 실시한 연구로 25년간 레이번 누진 행렬 검사 점수가 18점, 어휘력 검사 점수가 20점 향상되었다는 사실이 밝혀졌다. 그렇다면 IQ 향상에 대해 우리가 할 수 있는 이야기는 무엇일까?

1. 학교교육은 분명히 사람들을 똑똑하게 만든다. 학교에서 가르치는 상식과 문제해결 기술은 IQ를 높인다. IQ 향상에서

학교교육 1년은 나이가 두 살 많은 것만큼의 가치가 있다.

2. IQ 측정용 과제 일부에 대한 사람들의 수행 능력은 시간이 갈수록 향상되었다. 더 많은 사람들이 교육을 받고 있고, 교육이 높은 IQ 점수를 받는 데 필요한 능력을 가르치는 방향으로 변화하고 있으며, 대중문화의 어떤 측면은 지적인 자극을 제공한다는 점에서 이는 필연적 결과라고 할 수 있다.

3. 어떤 IQ 향상(예를 들어 이해력이나 공통성 하위 검사에서의 향상)은 분명 일상의 문제들을 다루는 데 필요한 지적 능력의 향상과 같다.

4. 어떤 IQ 향상은 학업 성취로 이어지며 추상 능력, 논리력, 즉각적인 추론 능력이 필요한 과제(산업 현장과 과학 분야에서 부딪히는 과제)를 완수할 수 있는 능력을 향상시킬 것이라는 점에서 매우 중요하다. 이러한 유동지능을 측정하는 검사들에는 WISC의 하위 검사인 토막 짜기, 모양 맞추기, 차례 맞추기, 빠진 곳 찾기, 레이번 누진 행렬 검사가 있다.

5. 유동지능의 향상이 일상에서의 실용적 추론 과제를 수행하는 능력에는 크게 도움이 되지 않을 수도 있다.

6. IQ 향상은 레이번 누진 행렬 검사같이 동작성 유동지능을 측정하는 유형의 검사들이, 여전히 일부 IQ 연구자들이 주장하는 바대로 문화의 영향을 받지 않는 지능 측정치가 아니라는 점을 분명히 보여준다. 이런 유동지능 과제들은 결정지능 과제보다 훨씬 더 문화의 영향을 크게 받는 culture – saturated 과제

다. 사실 이런 검사들에서의 지능 향상은 과연 문화의 영향을 받지 않는 지능 측정치를 낼 수 있는가라는 의문을 제기한다.

7. 학교교육이 IQ를 향상시킨다는 사실이 그렇듯이, 사회가 중요하게 생각하는 일상에서 필요한 기술과 과학이나 산업, 전문 분야에서 고급 업무를 수행하는 데 필요한 능력이 갈수록 향상되고 있다. 이 사실은 사람들이 실제로 중요한 의미에서 더 똑똑해질 수 있음을 보여준다.

8. 마지막으로, 많은 증거들이 찰스 머리의 매우 비관적인 주장 두 가지를 반박하고 있다. 머리는 아무리 완벽한 교육이라도 IQ 분포의 하위 50퍼센트에 머무른 사람들을 크게 변화시킬 수는 없을 것이라고 했다. 그러나 하위 50퍼센트에 머무른 사람들의 평균 IQ는 60년간 1 표준편차 이상 향상되었다. 그리고 오랫동안 지능의 표준으로 여겨졌던 레이번 누진 행렬 검사의 수행 능력이 2 표준편차 이상 향상되었다. 머리는 또한 IQ가 높은 사람들은 낮은 사람보다 아이를 더 적게 낳을 것이므로 인구 전체의 평균 IQ는 낮아질 거라고 주장했다. 그러나 우리가 살펴본 증거로는 그 반대다.

다음 장에서는 학교교육이 지금보다 훨씬 더 나아질 가능성을 살펴본다. 그리고 7장에서는 IQ 분포의 하위 50퍼센트에 해당하는 사람들의 IQ를 향상시켜 상위 50퍼센트를 차지한 사람들과의 격차를 줄일 수 있는지 알아볼 것이다.

INTELLIGENCE
AND HOW TO GET IT

4장

학교를 바꾸자

저는 그 애를 가르치려고 엄청나게 노력했답니다.
어릴 때는 거리를 뛰어다니면서
혼자 힘으로 할 수 있게 내버려두세요.
그게 소년을 영민하게 키우는 유일한 방법입니다.

찰스 디킨스 《피크위크 클럽의 기록》 (1836)에서 웰러 씨의 말

지난 한 세기 동안 사람들이 똑똑해졌다면, 이것이 더 나은 학교교육을 많이 받은 덕분이라면, 학생들의 지능을 더 높이기 위해 학교교육을 개선할 수 있지 않을까? 만약 그렇다면 무슨 일을 할 수 있을까? 이 질문은 특히 미국인들을 겨냥한 것이다. 미국은 대부분의 선진국에 비해 학업 성취 수준이 많이 떨어지기 때문이다. 일반 지식 평가 general knowledge assessment에서 백분위 점수가 95퍼센트(상위 5퍼센트—옮긴이)인 미국 학생은 상위권 국가에서 75퍼센트(상위 25퍼센트—옮긴이)에 해당하는 학생과 비슷한 수준이다. 미국에서 최상위 5퍼센트 안에 드는 학생들은 대학 미적분학 선이수 과목AP calculus(AP는 Advanced placement의 약자로 우수한 고등학생들이 대학생 수준의 과목을 선이수할 수 있도록 하는 제도를 말한다—옮긴이)을, 1퍼센트 안에 드는 학생들은 대학 물리학 선이수 과목AP physics을 수강한다. 그런데 이 학생들이 받은 점수는 다른 나라의 상위 10~20퍼센트에 해당하는 학생들이 받은 점수와 같다. 이렇게 가장 우수한 학생들을 비교하더라도 미국과 다른 선진국 간의 격차가 크다는 것을 알 수 있다. 개선의 여지는 충분하다. 지금부터 아이들이 더 똑똑해지고 학업 성취도도 향상시킬 수 있도록 돕기 위해 무슨 일을 할 수 있을지 살펴보자.

돈이 중요한가

학교 개선에 효과가 없는 방법을 알고 싶은가. 여기 놀라운 증거들이 있다. 1970년대 이래, 연구자들은 학교에서 지출하는 돈의 액수가 교육 효과와 크게 관련이 없다는 견해를 고수해왔다. 이러한 결론은 주로 많은 수의 독립변인들 중에서 한 변인이 종속변인에 영향을 미치는 정도를 알아보는 다중회귀 연구에 근거한다. 이 연구들은 기본적으로 다른 모든 변인을 통제했을 때, 지출한 금액이 교육 효과에 차이를 낳는지를 알아본다. 이 연구의 결론은 이렇다. 어떤 연구자가 북동부의 부유층 아이들이 모여 있는 학교를 조사해보면 돈은 별로 영향을 미치지 않음을 알 수 있을 것이다. 남부의 가난한 소수집단 아이들로 구성된 학교를 조사한다고 해도 마찬가지다.

돈을 많이 쓰는 것만으로는 교육에 아무런 영향을 주지 못한다는 것은 분명해 보인다. 법원에서는 때때로 지역사회가 빈곤층 아이들이 다니는 학교에 부유층 아이들이 다니는 학교만큼 많은 예산을 할당하도록 강제한다. 이렇게 추가 배정한 예산은 충분한 생각과 계획 없이 허비될 수 있다. 이런 식으로 예산을 강제 배정하여 빈곤층 아동들의 성적이 향상되었다는 증거는 거의 없다. 고전적인 사례로 캔자스시티에서 일어난 일을 들 수 있다. 이곳에서는 사법부의 명령으로 학교에 배정되는 예산이 크게 증가했다. 올림픽 경기장 수준의 수영장을 지었고, 최신식 과학 실험실을 만들었으며, 모든 학생에게 컴퓨터를 제공했다. 그러나 성적은 전혀 향상되지 않았다. 돈 그 자체는 학생의 수행과 아무 상관이 없다. 특히 일부 대도시 지역의 사례에서처럼 행정 관료들이 무능하거나 부패한 경우에는 더욱 그렇다. 선진국의 학생 1인당 지출 규모와 수학 과학 성취도 추이 변화 국제 비교 연구[TIMSS]를 봐도 돈 그 자체가 성취도 점수에 별 효과가 없음을 알 수 있다. 어떤 상위권 국가들의 1인당 지출은 중간 이하인 반면 어떤 하위권 국가들의 1인당 지출은 중간 이상이다.

그렇다고 돈이 전혀 중요하지 않다는 의미는 아니다. 지출을 늘려서 특히 빈곤층과 소수집단을 위한 교육을 개선할 수 있는 방법이 있는지 다음 장에서 알아볼 것이다.

교육비 지불 보증 시스템과 협약학교의 효과

교육 비평가들은 교육비 지불 보증제도 voucher system (부모에게 교육비를 지급해서 아이들을 사립학교에 보낼 수 있도록 하는 제도)를 도입해야 한다고 주장해왔다. 그러나 연구자들이 이 제도의 효과를 제대로 알아보려면, 부모가 국가의 교육비 지불 보증을 받고 실제로 자녀를 입학시킨 경우와 그렇지 않은 경우를 비교해서는 안 된다. 자기 선택의 문제 때문이다. 교육 수준이 높고, 지적이며, 동기 부여가 잘된 부모들은 당연히 이 제도를 더 잘 활용할 것이다. 교육비 지불 보증 프로그램이 큰 효과를 거두고 있다고 주장하는 학자들은, 실제로 지불 보증을 받아 잘 활용하는 경우와 지불 보증을 받지 않은 경우를 비교해왔다. 이 연구에서는 흑인과 백인의 시험 점수 차이가 약 33퍼센트나 줄어들었다. 그러나 이러한 '향상'은 일부 부모가 프로그램 등록을 관철할 만큼 자녀들에게 신경을 쓰는 경우와, 기회가 주어진다 하더라도 그 기회를 활용할지 안 할지 모르는 경우의 차이를 반영한다. 연구자들은 이 효과를 통제하기 위해 교육비 지불 보증제도의 혜택을 받지는 않았지만, 이 제도의 혜택을 받은 사람들과 여러 측면에서 비교 가능한 통제집단을 구성했다고 주장하지만, 이것은 허풍에 지나지 않는다. 자기선택의 문제를 정정당당하게 받아들인다면, 그렇게 뒤로 슬쩍 짜맞추는 방법으로는 이 문제를 해결하지 못한다. 자녀에게 유익한 기회를 잘 활용하는 부모들은 그렇지 못한 통제집단의 부모들과는 다를 수 있다.

교육비 지불 보증제도의 효과를 제대로 연구하려면 이 제도의 덕을 본 아이들과, 비슷한 수준의 추첨에서 떨어져 혜택을 받지 못한 학생들의 학업 성취도 점수를 비교해야 한다. 이 경우 교육비 지불 보증을 받은 아이들이 .10 표준편차 정도 더 나은 수행을 보였다. 이런 비교를 '처치 의도를 고려한 설계intend-to-treat design'라고 부른다. 즉 처치집단 학생들을 분석하면서 실제 처치를 받았는지 여부에 관계없이 처치 의도가 있었던 경우를 모두 포함한 설계다. 이 방법은 불가피하게 처치의 효과를 평가절하하지만, 처치 기회를 이용할 만큼 부모가 신경을 쓰는 학생들만을 고려할 때 발생할 수 있는 심각한 자기선택 문제를 피할 수 있도록 해준다.

협약학교charter school가 특별히 유익하다는 증거도 거의 없다. 협약학교는 정부가 재정을 부담하지만 다른 공립학교들에 적용되는 일부 규정이나 법규의 규제를 받지 않는다. 대신 이런 학교는 정해진 결과를 내겠다는 책임 보증 협약을 맺는다. 무선할당법random assignment(통제집단과 처치집단에 연구 참가자들을 무작위로 할당하는 방법—옮긴이)을 사용한 관련 연구에서 협약학교와 공립학교를 비교했다. 불행히도 협약학교는 일반 공립학교에 비해 약간 더 나은 결과를 냈을 뿐이다. 적어도 처음 몇 년간은 그랬다. 수학과 독해 능력의 경우, 협약학교의 저학년 아이들은 표준화된 시험에서 겨우 몇 점의 향상만을 보였다. 협약학교에 갓 입학한 고학년 학생들은 공립학교 학생들보다 성적이 오히려 더 나빠졌다. 하지만 협약학교를 10년 이상 운영한 경우 공립학교에 비해 약 10퍼센트의 향상을 보였다. 그중 어떤 결과도 협약학교가 공립학교보다 더 나을 수 없다는 의미로 받아들여서는 안 된다. 나중에 이례적으로 행복한 사례 한 가지를 제시하겠다.

학급의 크기

학급의 크기는 어떨까? 여기에 관해서는 매우 상충되는 증거들이 있다. 우리는 다중회귀분석을 통해 대개 학급의 크기가 학생의 성취에 별다른 변화를 가져오지 못한다는 것을 알 수 있다. 반면 학급 크기의 효과에 관한 대부분의 연구를 수행해온 경제학자 앨런 크루거 Alan Krueger는 관련 연구의 70퍼센트에서 긍정적 효과가 발견될 뿐 아니라, 연구가 출판된 학술지가 훌륭할수록 더 그렇다고 주장했다. 크루거와 나의 관점에서 볼 때 가장 적절한 연구가 있다. 1980년대 테네시주에서 이루어진 연구로, 유치원부터 초등학교 3학년 사이의 교사와 학생들이 보통 크기(평균 22명)의 학급과 작은 크기(평균 15명)의 학급에 무작위로 배정되었다. 작은 학급에 배정된 아이들이 성취도 검사에서 더 좋은 성적을 보였고, 향상 정도는 평균 .19~.28 표준편차였다. 즉 작은 학급에 있는 것만으로도 백분위 성적이 50퍼센트였던 아이가 60퍼센트에 가까운 수준까지 향상된다는 것이다. 작은 학급의 효과는 중산층과 백인 아동들보다는 빈곤층과 소수집단 아동들에게서 더 크게 나타났다.

교사의 중요성

교사는 어떨까? 중요할까? 어떤 교사가 다른 교사들보다 확실히 더 낫다고 할 수 있을까? 그렇다. 그렇지만 교사의 자격증이 가르치는 능력을 보증해주는 것은 아니다. 놀랍게도 석사학위를 가지고 있어도 마찬가지다.

그럼에도 교사들이 변화를 가져올 수 있다는 점은 거의 확실하다. 첫째, 경험이 중요하다. 1년 경력의 교사에게 배운 아이들과 10년 경력의 교사에게 배운 아이들의 성취도 시험의 독해 점수 차이는 .17 표준편차다. 교사 경험에 따른 기대 효과는 성취도 시험에서 백분위 점수 7점과 같다. 그러나 여기서 경험 부족의 폐해는 교사 경력의 첫 해에만 해당한다. 따라서 당신의 자녀가 신임 교사의 학급에 배정되지 않도록 노력해볼 가치는 분명히 있다.

교사의 자질은, 교사가 맡은 학급의 평균적인 학생의 성취도 점수가 1년 전보다 향상된 정도로 정의할 수 있다. 이 값은 어떤 학생이 이전 학년에서 또래에 비해 얼마나 잘했는지를 고려했을 때 기대 수준보다 얼마나 더 높은 점수를 얻었는지를 나타낸다. 이런 방식으로 정의했을 때, 교사의 자질이 1 표준편차 증가할 때마다 성취도 점수는 약 .20 표준편차 증가한다. 그러나 이것은 한 학교 내에서 교사들의 차이를 평가한 것이다. 어떤 학교의 교사들은 다른 학교의 교사들보다 전반적으로 더 뛰어나다. 따라서 한 학교 내에서 성취도의 차이는 교사 자질에 따른 차이를 최소한으로 반영하는 추정치다. 경제학자 에릭 하누세크[Eric Hanushek]가 추정한 여러 학교에 걸친 교사 자질의 영향력은 .27 표준편차다. 이것은 어떤 아이의 성취도 시험 백분위 점수를 50퍼센트에서 60퍼센트로 끌어올릴 만큼 충분히 큰 차이다. 자질이 평균보다 1 표준편차 더 뛰어난 것으로 평가 받은 교사에게 배운 아이와 평균보다 1 표준편차 낮은 것으로 평가 받은 교사에게 배운 아이의 성취도 차이는, 정확히 계산하기는 어렵지만 분명 매우 클 것이다.

그러나 선생님 한 사람 한 사람이 인생에서 얼마나 중요했는지를 고백하는 이야기들을 생각하면, 이런 통계는 교사의 자질이 의미하는 바를 퇴색시킨다. 내가 아는 사람들 대부분은 적어도 한두 명의 선생님이 자신의 삶에 큰 변화를 일으켰고, 이것은 의심할 여지 없는 사실이라고 믿는다. 어떤 1학년 교사가 학생들에게 미친 영향에 관한 연구는 이런 일화에 깊이 공감하게 한다.

교사 A는 34년 동안 재학생 대부분의 사회경제적 지위가 낮고, 재학생의 3분의 1이 흑인인 학교에서 아이들을 가르쳤다. 이 연구에서는 11년 이상 이 학교에 다닌 학생 60명을 인터뷰했다. 그중 3분의 1은 1학년때 담임이 A 교사였다. 다른 교사가 담임이었던 아이들 중 3분의 1은 담임의 이름을 기억하지 못했다. A 교사가 담임이었던 학생들은 모두 그녀의 이름을 기억했다. 다른 교사가 담임이었던 아이들은, 교사의 이름을 기억하는지 여부에 관계없이 단지 3분의 1만이 자신의 담임을 '매우 좋음' 또는 '가장 뛰어남'으로 평가했다. A 교사의 학생들은 4분의 3이 이 같은 높은 평가를 했다. 다른 교사의 학생은 25퍼센트만이 교사의 노력에 A를 줬지만, A 교사의 학생들은 71퍼센트가 A를 줬다. 연구자들이 A 교사가 어떻게 가르쳤는지를 물어보자, 아이들은 '많은 사랑으로'

가르쳤다고 대답했다. 아이들은 또한 A 교사가 학생 모두에게 공부를 잘할 수 있는 능력이 있다는 믿음을 보여주었다고 한다. 글을 읽을 줄 모르는 상태로 떠난 학생은 아무도 없었다. 그녀는 배우는 속도가 느린 아이들을 위해 방과후에도 학교에 남았다. 그리고 도시락을 잊어버리고 가져오지 않은 학생들에게 자신의 점심을 나누어줬다.

A 교사가 가르친 학생들은 초등학교, 그리고 청소년, 성인이 되었을 때의 삶의 결과가 훨씬 뛰어났다. 그 학생 중 3분의 2가 2학년 때 성취도 평가에서 상위 3분의 1 안에 들었다. 다른 교사들이 가르친 학생들의 경우 겨우 28퍼센트만 상위 3분의 1 안에 들었다. 학생들이 성인이 되었을 때의 지위, 예를 들어 교육 수준, 직장에서의 성취, 가정환경도 측정했다. A 교사의 학생들 중 64퍼센트는 최상위에 속했지만, 다른 교사들의 학생들은 겨우 29퍼센트만 최상위에 속했다.

이 이야기는 한 개인의 사례에 기초한 까닭에 교사, 특히 1학년 담임의 중요성에 관한 더 설득력 있고 충분한 증거가 없었더라면, 의미가 퇴색될지도 모른다. 그러나 이러한 증거들이 분명히 있다. 교육학자 브리짓 하머Bridget Hamre와 로버트 피앤타Robert Pianta는 미국 아동보건과 인간발달연구소National Institute of Child Health and Human Development의 지원으로 실시된 대규모 유아교육 종단 연구Study of Early Child Care 자료를 조사했다. 연구자들은 약 900명의 아이들을 대상으로 유치원에서부터 초등학교 1학년까지의 발달 과정을 추적했다. 어떤 아이는 어머니의 교육 수준에 기초한 사회경제적 지위에 따라 학교 부적응 위험이 있는 아이로 분류되었고, 어떤 아이는 유치원 교사들이 보고한 행동, 주의력, 학업 수행에서 보이는 문제점들에 기초하여 위험군으로 분류되었다.

관찰자들은 이 아이들이 속한 학급에서 3시간 동안 참관한 뒤, 각 아동의 1학년 교육의 질을 평가했다. 각 학급은 두 차원에서 차이가 있었다. 첫 번째 차원은 이른바 '교육적 지원'으로, 이 차원은 문해文解 교육의 질, 아동에게 제공되는 평가 피드백의 질, 교육을 고려한 의사소통의 정도, 그리고 아동의 책임감에 대한 평가 점수의 합계로 구성된다. 두 번째 차원은 '정서적 지원'으로, 이는 정서적 분위기, 학급의 효율적 관리, 교사가 아이들과 얼마나 밀접한 관계를 맺는지, 그리고 지나친 간섭을 하지 않는지를 평가한 점수의 합계로 구성된다.

각 학급은 교육적 지원의 정도에 따라 세 수준으로 구분되었다. 모든 아동의 능력은 널리 쓰이는 우드콕-존슨 인지 능력 검사와 학업 성취도 검사로 측정했다.

어머니의 낮은 교육 수준에 기초해서 위험군으로 분류된 아동이 교육적 지지도가 낮은 학급에 배정된 경우, 이 아동의 성취도 점수는 교육적 지지도가 높은 학급에 배정되었더라면 기대할 수 있는 정도에 비해 .40 표준편차 이상 낮았다. 위험도가 비슷한 아동이 교육적 지지도가 높은 학급에 배정되는 경우, 이 아동의 능력은 같은 반 아이들 중에서 부모의 교육 수준이 높은 아이들과 동일하게 높았다.

정서적 지원에 따라서도 학급을 세 수준으로 나누었다. 일반적으로, 한 학급의 교육적 지지도가 높을 경우 정서적 지지도도 높았고, 교육적 지지도가 낮은 경우 정서적 지지도도 낮았지만, 이 두 차원이 완전히 일치하지는 않았다. 유치원에서 사회적·정서적 기능이 뒤떨어지는 편에 속해 실패 위험이 높은 것으로 평가받은 아이들이 정서적 지지 수준이 낮거나 중간 정도인 학급에 배정된 경우, 정서적 지지도가 높은 학급에 배정되었을 때 기대되는 정도보다 .40 표준편차 낮은 점수를 보였다. 유치원에서의 기능을 근거로 위험군으로 분류된 아동이 지지 수준이 매우 높은 학급에 배정된 경우, 이 아동은 위험군이 아닌 아이들과 같은 수준의 능력을 보였다.

두 번째 발견은 겉으로 보이는 것보다 훨씬 더 중요할 수 있다. 하머와 피앤타는 이전에 수행한 연구에서, 아이들이 유치원에서 보인 문제점들이 취학 이후의 학업 문제와도 관련이 있음을 발견했다. 1학년 때의 교사 자질이 미치는 영향으로 보아 이러한 문제점을 안고 있는 아동들이 제대로 된 1학년 학급에 배정된다면, 학업 능력의 하강 곡선을 일찌감치 상승 곡선으로 바꿀 수 있을 듯하다.

교장은 교사 자질의 중요성을 알고 있다. 적어도 극단적인 사례는 알고 있다. 그러나 교장들이 우수한 교사를 발굴하고 적절한 보상을 한다는 증거는 거의 없다. 사실 공립학교 교장이 이렇게 하기란 쉽지 않다. 교육 노조는 교사들에게 비슷한 임금 기준 적용을 강요하고, 근속 연수와 자격증 그리고 학위에 따른 임금 격차만을 허용하는 경향이 있다. 앞에서 기록했듯이, 자격증과 높은 학위가 더 나은 교수 능력과 관련되어 있다는 증거는 거의 없으며, 부임 첫 해를 제외한다면 근속 연수도 상관이 없다. 이 사실을 알고 있는 연구자들은 다음 두 가지 정책 중 하나를 지지하는 입장에 선다. 규칙을 바꾸어 잘 가르치는 교사에게 보상을 주거나, 이것이 정치적으로 달성하기 어려운 문제라는 점을 받아들이고 대신 교사들에게 어떻게 하면 더 좋은 교사가 될 수 있는지를 가르치는 데 집중하는 것이다.

교육을 위해서 우리가 할 수 있는 가장 중요한 일 중 하나는, 교수법을 향상시키는 것이다. 이 일을 시작할 만한 곳 중 하나는 교육대학일 것이다. 신임 교사의 공통된 불만은 교육학 시간에 지나치게 많은 이론을 배우고, 실습 훈련은 너무 적게 받는다는 것이다. 교수법을 향상시킬 수 있는 또 다른 길은 잘 가르치는 교사들에게 인센티브를 제공하는 것이다. 이스라엘 연구자들은 두 가지 인센티브 프로그램에 관한 연구를 수행했다. 한 프로그램에서는 학생들의 성취도를 기준으로 상위 3분의 1에 해당하는 교사들에게 보너스를 지급했다. 보너스는 기본 임금의 1~3퍼센트였다. 다른 프로그램에서는 자원을 제공했는데, 주로 우수한 학교에 교사 연수 프로그램을 제공하고, 수업 시간을 줄여주는 것이었다. 두 프로그램에서 모두 학생들의 성취도 점수가 향상되었고, 중퇴생 비율도 감소했다. 그러나 교사의 임금에 인센티브를 주는 프로그램이 비용 면에서 조금 더 효과적이었다. 학교 단위로 인센티브를 제공한다면 교육 노조의 반대를 피할 수 있을 것이다. 만약 이런 인센티브가 부수적인 것으로 인식되고, 그 대상을 개인이 아니라 학교 단위로 결정한다면, 교사들이나 교육 노조가 '못해도 본전'인 보상 체계하에서의 경쟁을 받아들일 것이다. 물론 학교의 질을 평가하는 방법은 교사 개개인의 자질을 평가하는 것 못지않게 큰 정치적 논쟁거리가 될 수 있다.

효과적인 학교

최근까지 어떤 교육 기법이 다른 기법보다 더 효과적이라는 것을 설득력 있게 보여준 연구는 거의 없었다. 학생들의 학업 성취가 기대 수준을 넘어서는 소위 '효과적인 학교'에 대한 문헌은 많았다. 그러나 이런 증거는 대개 일화에 그친다. 좋은 학교의 교장은 아이들이 누구라도 배울 수 있다는 확신을 갖고, 세심하게 교사를 선발하여 관찰하며, 무능력한 교사가 학교를 떠나게 하는 방법을 알고 있고, 교과과정과 교수법을 강조하며, 그 교수법이 제대로 작동하는지 확인하기 위해 학생의 수행을 보여주는 자료를 모니터하고, 자녀 교육에 학부모의 참여를 요구한다는 식이다. 좋은 교사는 고립되어 있지 않고, 시간과 장소를 가리지 않고 교육 이야기를 하는 경향이 있으며, 평가받고 싶어 하고, 평가의 중요성을 인식하고 있으며, 교수법이 제대로 작동하는지 알기 위해 학생들의 수행을 보여주는 자료를 모니터한다.

효과적인 학교에 관한 많은 문헌은 소외계층이 다니는 학교의 사례를 다룬다. 이 문헌들은 소외계층에는 기초를 강조하는 학교가 더 효과적이라고 주장한다. 반면 어떤 사람들은 오히려 좋은 사립학교가 매우 효과적이며 그 이유는 교과과정이 풍부하기 때문이라고 주장한다.

한마디로 좋은 성과를 내는 학교에는 훌륭한 전략을 가진 유능한 교장이 있고, 학생의 발전을 고대하며 헌신적으로 노력하는 좋은 선생님이 있다. 그러나 나는 이러한 요인이 진실로 성공의 원인이며, 단지 이 학교 학생들이 가르치기 쉬운 편에 속한다는 사실을 반영하는 게 아니라는 점을 확신하게 하는 문헌은 거의 찾지 못했다. 만약 학생들이 문제 투성이라면, 교과과정과 교사 평가에 초점을 맞추기보다 우선 규율을 강제할 것이다. 뛰어난 학교에 관한 많은 일화가 있지만, 뒤처지는 학교를 개선할 수 있는 방법이라고 자신 있게 말할 수 있을 만한 증거들은 많지 않다.

교육학 연구와 그 적들

수천만 달러의 예산이 혁신적인 교육 프로그램에 투입되고, 수만 건의 연구가 그 효과를 평가하고 있지만, 교육학 연구 상황은 부끄

러운 수준이다. 대부분이 일화적 연구에 머물러 있고, 교육 프로그램 평가자를 자처하는 사람들은 대부분 실험 연구 방법, 즉 어떤 집단에서 무작위로 뽑은 아이들에게 한 교육 기법을 적용하고, 무작위로 뽑은 또 다른 아이들에게 비교 대상인 다른 교육 기법을 적용하여 비교하는 식의 과학적 방법을 거의 사용하지 않고, 이에 위배되는 비과학적 방법을 사용한다. 과학적으로 받아들일 수 있는 연구는 거의 없다.

이런 상황은 제약회사에서, 병에 걸린 몇 사람에게만 약을 주고 (치료를 받지 않고도 회복된 사람들의 비율은 고려하지 않은 채) 회복된 환자의 비율을 보고한 연구를 제외하고는 그 효과를 입증할 근거가 없는 약을 버젓이 판매하는 것만큼이나 충격적이다. 환자 중 일부는 처치 조건에, 일부는 무처치 또는 대안 처치 조건에 무선할당하여 비교한 약물 시험만이 적합한 연구라고 할 수 있다. 그러나 이 기준은 교육 개입에 관한 연구에서는 거의 충족되지 않는다. 누군가 당신에게 교육학 연구의 평가에서는 무선할당을 사용하지 않는 실험도 괜찮거나 더 낫다고 말한다면, 당신은 교육학 연구에 약물 연구와 다른 기준을 적용해야 하는 이유가 무엇인지 물어야 한다.

사람들은 실험 연구 방법을 사용하지 않는 이유를 차고 넘치도록 대고 있다. 윤리적 문제를 생각할 때, 개입이 가장 필요한 학생들에게 조치를 취해야 한다는 주장이 있다. 그러나 정말 윤리적 문제를 고려한다면, 연구자들이 연구를 제대로 해야 한다. 다시 말해 개입이 가장 필요한 학생들을 찾아 그중 절반을 처치집단에, 나머지 절반을 통제집단에 할당하는 방법을 사용하는 것이다. 그들이 제시하는 가장 미심쩍은 이유는, 처치의 어떤 요소가 효과를 나타내는 원인인지를 알아내는 데 실험이 방해가 된다는 것이다. 그러나 처치가 효과적이라는 사실을 알지 못하고서 그 처치가 어떻게 효과를 발휘했는가를 알 도리는 없다.

학교에 관한 최근 연구들은 어떤 형태이든 적어도 통제집단은 이용한다. 어떤 연구에서는, 예를 들어 개입을 허락한 학교에 컴퓨터를 이용한 새로운 방식의 수학 교육법을 도입한 뒤, 이 학교의 수행을 사회적 계층이나 인종 등이 비슷하지만 새로운 교육법을 도입하지 않은 학교의 수행과 비교했다. 이러한 연구는 통제집단이 없는 연구보다는 낫지만, 아주 좋다고 할 수는 없다. 자기선택 문제에 취약하기 때문이다. 개입을 제안받은 학교는 그렇지 않은 학교와 연구자가 모르는 몇 가지 점에서 체계적으로 다를 수 있다. 이 문제는 문자 그대로 자기선택, 즉 개입을 제안받은 학교 중 일부만 그 제안을 수용하는 경우 특히 심각하다. 개입을 받아들이지 않는 학교에 비해 개입을 받아들이는 학교가 개입 이전부터 개입 효과와 관련된 몇 가지 차원에서 더 나은 평가를 받을 가능성이 있다.

개입 직전의 점수와 개입 이후의 점수만을 비교하는 연구 또한 부적절하다. 일반적으로 이런 연구에서 나타나는 효과의 크기는 개입이 있었던 학교와 개입은 없었지만 다른 면에서 유사한 학교를 비교하는 방식으로 이루어진 연구에 비해 훨씬 크다. 이 규칙의 예외는 개입의 효과가 극단적으로 큰 경우, 그래서 개입이 없었을 때 기대되는 정도와 질적으로 구별되는 불연속적인 차이를 보이는 경우다. 이런 상황에서는 개입 효과가 있다는 주장이 설득력을 얻을 수도 있다.

전 학교 개입 프로그램

평가 대상이 된 학교 개입 프로그램 중에는 포괄적 학교 개선 comprehensive school reform으로 알려진 전^全 학교 개입 프로그램도 있다. 이 프로그램에 관한 설명은 주로 교육심리학자 제프리 보어먼 Geoffrey Borman과 동료들이 가장 전도유망한 프로그램을 개관한 연구에 기초한다. 나는 여기서 독립적인 제3자가 세 번 이상 검증한 프로그램 그리고 개입이 있었던 학교를 대조군과 비교한 경우만을 언급할 것이다.

전 학교 개입 프로그램 중 하나인 석세스 포 올 Success for All은 제3의 연구자들이 무려 25번이나 평가했다. 현재 수백 개 사립학교에서 이 프로그램을 실시하고 있다. 석세스 포 올은 자체 개발한 교과과정에 쓰는 수업 자료를 제공하며, 여기에는 교사들을 위한 매뉴얼도 포함되어 있다. 이 프로그램은 읽기와 쓰기, 언어의 교수법 훈련과 학교 현장에서 실시하는 26일간의 교사 연수를 제공한다. 그리고 학생의 성취도 평가와 학교의 조직 구성을 강조하고,

각 학교에 퍼실리테이터^{facilitator}(교육 과정이나 워크숍의 진행을 돕는 촉진자)를 파견한다. 읽기에 어려움을 겪는 학생들에게는 일대일 개인 교습을 실시한다. 학부모와의 교류도 강조한다. 원래 이 프로그램은 유치원 입학 전부터 6학년까지를 대상으로 했으나, 현재는 중학생용 프로그램도 있다. 어떤 학교는 좀 더 광범위한 석세스 포 올이라고 할 수 있는 루츠 앤 윙즈^{Roots & Wings}라는 프로그램에도 참여하고 있는데, 이 프로그램은 수학과 과학, 사회 과목들을 위한 개입을 제공한다.

석세스 포 올은 성취도를 변화시키는 것으로 보이지만, 더 나은 연구 설계를 이용하고 더 독립적으로 설계된 평가를 적용할수록 효과는 더 미약한 것으로 나타난다. 모든 평가에서 효과 크기의 평균은 겨우 .08 표준편차에 불과했다. 하지만 완전한 무선할당법을 이용한 특별히 잘 설계된 연구에서는, 유치원에서부터 2학년 때까지 이 프로그램에 참가한 아이들의 읽기 능력에 대한 평균 효과 크기가 .27 표준편차로 나타났다. 루츠 앤 윙즈 프로그램을 포함한 네 가지 평가에서 효과의 크기는 .77 표준편차로, 이는 괄목할 만한 향상이다. 실제로 이렇게 큰 효과가 나타나는지 확인하기 위해서는 아주 설득력 있고 독립적이며 무선할당을 이용한 연구를 두세 건 더 수행할 필요가 있다. 이러한 연구에도 불구하고, '석세스 포 올'에 대한 결론은 아직 내리기 어렵다. 무선할당법을 이용한 연구를 하기 전까지는 프로그램의 효과에 대한 확실한 결론을 얻기 힘들 것이다.

또 다른 유명한 프로그램으로 30년 전 예일대 정신과 의사 제임스 카머James Comer가 시작한 학교 발전 프로그램School Development Program이 있다. 이 프로그램은 특정 교과과정이나 교수법을 정해놓지는 않았지만 교원과 학부모, 지역사회 간의 원활한 관계를 확립하고 학생들의 건강을 개선하기 위한 개입을 시도했다. 이 프로그램에서는 각 학교에 필요한 요소를 평가하여, 학교별 맞춤 개선법을 개발하고 실행에 옮기도록 도와주는 팀을 파견했다. 제3자에 의한 비교 연구에 따르면 효과는 .11 표준편차에 불과했다.

이 프로그램보다는 좀 더 성공적이었던 것으로, 초등학교를 대상으로 하는 다이렉트 인스트럭션Direct Instruction이라는 프로그램이 있다. 이 프로그램은 기본적으로 소외계층을 대상으로 한다. 읽기와 수학 프로그램은 맥그로힐 출판사가 배포했고, 교사들을 위한 훈련 과정도 제공했다. 전체 프로그램을 시행하기 위해서는 광범위한 전문 교과과정 개발과 교사 연수 과정을 제공하는 계약을 맺어야 한다. 교안은 매우 세세한 지시 사항을 제공하며 폭넓은 글쓰기를 요구한다. 수업은 수행 수준에 따른 소그룹 단위로 진행되고, 학생의 발전 정도를 수시로 평가했다. 제3자의 비교 연구에 따르면 효과 크기는 .15 표준편차다.

일부 전 학교 개입 프로그램의 비용은 다소 높은 편이다. 따라서 효과 크기를 정확히 알아내야 할 뿐만 아니라 비용 대비 효과를 철저히 평가해야 한다. 공평하게 말해서, 위에서 소개한 프로그램을 비롯해 아직 광범위한 평가를 받지 못한 다른 프로그램들을 도입한 학교들 중에서 일부는 프로그램을 제대로 시행하지 못했다. 제대로 시행하지 않은 개입 프로그램은 언제나 효과가 없는 것으로 나오게 마련이고, 프로그램을 잘 시행한 학교, 잘 시행하지 못한 학교, 그리고 엉망으로 시행한 학교들의 결과를 평균한 것이 효과크기의 추정치가 되는 것이다.

교수법

특정 교수법의 효과에 관한 연구도 있다. 주로 교육 프로그램 평가를 연구하는 제임스 쿨릭James Kulik은 소위 통합 학습 시스템Integrated learning systems이라는 교수법을 여럿 검토했다. 이 시스템은 컴퓨터를 이용하며, 학생들의 개인별 성취 수준에 맞춘 수업 자료를 제공하고, 학생들이 어떻게 하고 있는지 기록하며, 수행에 대한 알찬 피드백을 제공한다. 쿨릭은 몇 가지 명확한 결론에 도달했다. 잘 통제된 16개 연구를 검토한 결과, 컴퓨터를 이용한 교육의 효과크기의 중간값이 .40 표준편차라는 것을 알아냈다. 이렇게 큰 효과는 교육적으로 의미가 있다. 한 번 컴퓨터를 구매하고 나면, 프로그램 시행 비용도 적게 든다. 워드프로세스 프로그램도 작문을 통한 읽기 학습에 큰 효과가 있다. 고학년에서 그 효과는 .25 표준편차였고, 유치원과 1학년 학생들에게는 효과가 훨씬 더 컸다. 작문을 강조하지 않고 읽기만 가르치도록 되어 있는 컴퓨터 읽기 학습 프로그램의 효과 크기의 중간값은 겨우 .06 표준편차였다. 마지막으로, 컴퓨터를 이용한 교습은 자연과학과 사회과학을 가르치는데 특히 효과적이었다. 효과 크기의 중간값은 .59 표준편차로, 매우 컸다. 또한 학생들은 컴퓨터를 이용해 학습한 과학 과목에 훨씬더 호의적인 태도를 보였고, 이 효과의 크기는 1.10 표준편차였다.

지금까지의 개입 중 가장 인상적인 것은 **협동학습**cooperative learning이라는 교수법이다. 이것은 학생들이 소집단으로 함께 공부하면서 수업 자료를 학습하기 위해 서로 돕는 기법으로, 어떤 과목에든 적용할 수 있다. 학생들 모두 자신이 속한 그룹에서 필요한 부분을 완수해야만 집단의 교육 목표를 달성할 수 있다. 이 방법은 2학년부터 12학년(고3)까지 적용할 수 있다. 교육학자 로버트 슬라빈Robert Slavin은 이 기법 전반을 다룬 책을 썼다. 슬라빈이 조사 대상에 포함한 연구에는 동일한 수업 자료를 학습하는 대조군이 반드시 있어야 하는데, 이 대조군은 적절해야 한다. 개인, 학급 또는 학교 수준에서 무선할당이 이루어지거나, 협동학습 프로그램을 적용한 학생들과 여러 기준에서 유사한 학생들을 찾아 적절히 매치시킨 대조군이 있는 연구만 조사에 포함했다. 무선할당이 훨씬 더 뛰어난 방법이지만, 매칭을 이용한 연구 결과도 이 방법을 이용한 연구와 거의 동일했다. 이 교수법의 변형 중 하나인 팀성취 분배 보상기법 STAD: Student Team Achievement Divisions에서, 학생들은 4인으로 구성된 팀(주로 성취 수준이나 인종이 비슷하거나 둘 다 비슷한 학생들로 구성)에 배정된다. 학생들은 수업 자료를 함께 공부하고, 평가는 개별적으로 받았다. 슬라빈의 연구에 따르면 효과 크기는 .30 표준편차 이상이다. '구조화된 짝 structured dyad'이라는 교수법은 특히 인상적인데, 이 기법은 두 사람이 짝을 이루어 한 학생이 개인 교사가 되어 다른 학생을 가르친 후 서로 역할을 바꾸는 것이다. 이 교수법은 다양한 방법으로 적용 가능하며, 모든 경우에서 효과의 크기가 매우 큰 것으로 보고되었다. 이러한 일반적 교수법은 충분히 연구되었으니, 2~12학년 교육에 협동학습을 반드시 포함할 것을 제안한다.

연구 결과 요약

지금까지의 내용을 요약해보자. 학교는 새로운 절차를 도입해서 사람들을 더 똑똑하게 만들어줄 수 있을까? 다양한 이유에서 "아니요"라는 대답을 할 수 있을 것이며, 잘해야 "아직은 아니다"라든가 "별로 아니다"라는 대답을 할 수 있다. 투자한 돈 자체는 큰 차이를 낳지 않는다. 교육비 지불 보증제도를 이용한 경우도 그렇고 협약학교들도 일반 공립학교들에 비해 두드러진 학업 성취를 보여주지 못했다. 교사들의 학위나 자격증은 학생의 성취와 관계없다. 교사의 경험은 중요하다. 적어도 한 가지 면에서는 그렇다. 신임 교사는 경험 있는 교사보다 못하지만 몇 년 더 가르치면서 잘 가르치는 법을 배울 것이다.

교사의 자질은 매우 중요하다. 어떤 교사는 다른 교사보다 훨씬 뛰어나다. 그러나 현재 시스템은 가장 뛰어난 교사에게 보상을 주거나 가장 형편없는 교사들을 축출하지 못한다. 아직 초기 단계의 연구이기는 하지만, 가장 성공적인 교사에게 인센티브를 제공하는 것이 교육 성과를 향상시킨다는 증거가 있으며, 심각한 정치적 문제에 부딪히지 않고도 인센티브를 제공할 수 있는 방안을 마련할 수도 있다.

'효과적인 학교'에 관한 문헌은 성과를 내는 학교의 교장과 교사들의 특성을 보여주지만, 인과의 방향은 알 수 없다. 어디까지가 헌신적인 교장과 목적의식 있는 교사들이 기여한 부분일까? 어디까지가 가르치기 좋은 학생들 덕분일까? 전 학교 개입 프로그램 중 일부는 효과적이었지만, 매우 큰 효과를 보인 프로그램은 아직 없다.

컴퓨터를 이용한 교육이 매우 유익하며, 특히 수학과 과학 과목에 효과적이라는 점은 확실하다. 학생들이 공동의 학습 목표를 정해 함께 공부하는 협동학습 기법 또한 매우 효과적이다.

미국 교육부는 《왓 워크스 클리어링하우스What Works Clearinghouse》 (클리어링하우스는 특정 영역에서 필요한 정보들을 수집하고 배포하는 정보센터를 말한다. 여기서는 미국 교육부에서 운영하는 정보센터를 말한다—옮긴이)라는 프로그램을 운영하고 있다. 이것은 아주 환영할 만한 진전이다. 이 서비스로 교육 프로그램 평가 연구를 통해 효과가 입증된 개입 방법을 가려낸다. 불행히도 이 서비스의 평가 연구는 전형적인 무선할당법을 이용한 실험 연구의 기준에는 미치지 못하지만, 그래도 일화적 보고 수준보다는 훨씬 낫다. 클리어링하우스에서 이용하는 연구들은 최소한 '특별히 탄탄하게 설계된 준실험 설계법을 이용한 연구'여야 한다. 이는 대부분의 평가 연구에 적용되는 기준보다 훨씬 높다. 결과적으로, 우리는 교육자들이 《왓 워크스 클리어링하우스》에서 효과를 인정한 개입 프로그램만을 시행하기를 바란다. 그러지 않으면, 분노에 찬 사람들에게 납득할 만한 이유를 대야 할 것이다.

베네수엘라 프로젝트

전형적인 학년별 학습자료의 내용을 가르치는 대신에 아이들을 더 똑똑하게 만들어주는 일반적 문제해결 능력을 직접 가르친다면, 무슨 일이 벌어질까? 이 질문에 대한 답은 베네수엘라에서 실행한 야심 찬 연구에서 찾을 수 있다. 이 연구를 이끈 사람은 다른 사람도 아니고, 바로 《벨 곡선》의 공동저자인 리처드 헌스타인이었다. 헌스타인과 동료들은 특정 과목에 국한되지 않은 일반적 문제해결의 기초 개념을 7학년(중1) 학생들에게 가르치기 위한 아주 진보한 수업 자료를 고안했다. 연구자들은 이 편리한 학습 도구로 아이들을 더 똑똑하게 만들어보려 했다.

　여기서 가르치는 개념과 절차들은 중학교보다 고등학교나 대학 수준에 가까웠다. 연구자들은 45분짜리 수업을 60회 실시했다. 수업 주제는 범주화와 가설 검증의 기초 개념을 체계화할 수 있는 차원 찾기, 유비추론 분석, 단순 명제의 구조 파악, 논리학의 원리 이해, 복잡한 논증의 구성과 평가, 결과의 바람직성과 발생 확률 간의 균형을 찾는 방법, 자료의 신뢰성과 적절성 평가 등이었다. 이러한 도구적 능력은 교사들이 명시적으로 가르치려는 것이라기보다 주로 어떤 과목이나 학문을 배우면 뒤따르는 부수적인 결과다. 이러한 능력을 어린아이들에게도 직접 가르치고, 이를 수업에서 다룬 것과 다른 새 문제에 적용할 수 있을까?

한마디로, 그렇다고 할 수 있다. 교육을 통해 아이들의 문제해결 능력을 크게 변화시킬 수 있다. 효과의 크기는 다음과 같다. 언어 이해에서 .62 표준편차, '문제 공간'을 표상하는 방법을 배우는 영역에서 .46 표준편차, 의사 결정에서 .77 표준편차, 그리고 발명적 사고에서 .50 표준편차다. 요컨대, 일반적 문제해결 능력을 직접 가르치는 것이 가능할 뿐만 아니라, 짧은 기간 안에 그렇게 할 수 있다.

그렇다면 IQ 검사로 측정되는 '진짜' 지능은 어떨까? 문제해결 능력을 가르치면 IQ가 향상될까? 나는 IQ 검사가 지능을 측정하는 유일한 방법이라기보다는 여러 방법 중 하나에 지나지 않는다고 생각한다. 만약 사람들의 추론과 의사 결정 능력을 향상시킬 수만 있다면, 이것이 IQ 검사에서의 수행을 높여주는지 여부는 중요하지 않다. 그러나 베네수엘라에서의 연구에서는 실제로 일반 능력 검사 점수가 통제집단에 비해 실험집단에서 .35 표준편차만큼 더 향상되었다. 전형적인 IQ 검사인 오티스레넌 학교 능력 검사 Otis-Lennon School Ability Test에서, 실험집단은 통제집단에 비해 .43 표준편차의 향상을 보였다. 레이번 누진 행렬 검사와 유사한 검사로, 공간 IQ에 아주 특화된 카텔 문화 공평성 검사 Cattell Culture Fair Intelligence Test 점수는 .11 표준편차 향상되었다. 헌스타인과 동료들이 가르친 것 같은 일반적 문제해결 능력으로 측정하든, 전통적인 IQ 검사로 측정하든 지능에 미치는 훈련의 효과는 매우 컸다.

당신은 연구자들이 그 후 무슨 일을 했을지 궁금할 것이다. 8학년 학생들을 위한 더 세련된 도구를 개발했을까? 불행히도, 베네수엘라의 정부가 바뀌었고, 중학생의 지능 향상은 부차적인 문제일 뿐이다. 이 프로그램의 눈부신 성공을 생각할 때, 베네수엘라 프로젝트를 아무도 계속하지 않았다니, 놀랍고도 실망스럽다.

효과적 개인 교습

마지막으로, 많은 교육이 일대일 교습 방식으로 실시된다는 점을 기억해보자. 그리고 당연히 개인 교사들의 능력은 제각각이다. 실제로 마크 레퍼 Mark Lepper와 동료들은 대학생 개인 교사와 초등학교 개인 교사들의 능력이 무익한 수준에서부터 아주 도움이 되는 수준까지 다양하다는 것을 발견했다. 연구자들은 유능한 개인 교사들에게서 몇 가지 흥미로운 특징을 발견했다.

먼저, 당신이 무능한 개인 교사가 되려면 어떻게 해야 할까? 가장 확실한 방법은 자신이 잘못을 고쳐주는 사람이라고 생각하는 것이다. 학생들에게 실수를 명확히 지적해주고, 오류를 바로잡는 방법을 알려주되, 추상적으로 표현된 규칙을 알려주는 편이 좋다. 레퍼의 연구에서 가장 능력이 뛰어난 개인 교사는 이렇게 엄격하게 인지적인 방식으로 오류를 수정하는 태도를 취하지 않았다.

유능한 개인 교사가 되려면 어떻게 해야 할까? 레퍼는 5C **법칙**을 제안한다.

통제감^{sense of control}을 길러주어야 한다. 학생 스스로 수업 자료 통제권을 가지고 있다고 느끼도록 하라.

보다 도전^{challenge}적인 과제로 학생들을 자극해야 한다. 그러나 학생의 능력에 적합한 수준의 난이도를 유지하라.

자신감^{confidence}을 주어야 한다. 성공을 극대화하고(학생이 어려운 문제를 해결했음을 확인시켜주고 자신감을 끌어내라) 실패는 극소화하라 (실수를 용인하고 학생이 잘한 부분을 강조하라).

호기심^{curiosity}을 길러주어야 한다. 소크라테스식 문답법을 이용하고(학생에게 유도 질문을 던지고) 문제를 예전에 이미 보았지만 표면적으로는 달라 보이는 다른 문제들과 연결지으라.

문제에 맥락을 부여^{contextualize}해야 한다. 문제를 실생활 또는 영화나 TV에서 가져온 맥락에 위치시키라.

전문 개인 교사들은 몇 가지 전략을 가지고 있다. 그들은 덧셈

기호를 빠뜨리는 것 같은 사소한 오류를 바로잡으려고 애쓰지 않는다. 또 학생들이 실수를 저지르려고 하면 생각의 방향을 바꾸어주고 실수를 예방하게 하려고 노력한다. 혹은 실수가 학생들에게 중요한 배움의 기회를 준다고 생각하는 경우에는 그냥 내버려둔다. 그들은 학습 자료의 수준을 낮추어 학생들의 자존심을 세워주는 일은 절대로 하지 않는다. 대신 자료를 제시하는 방법에 변화를 준다. 전문 개인 교사가 하는 일은 대부분 질문하는 것이다. 그들은 유도 질문을 던지고 학생들에게 추론 과정을 설명하도록 한다. 좋은 교사가 다른 개인 교사에 비해 긍정적 피드백을 더 많이 제공하는 편은 아니다. 레퍼의 이론에 따르면, 긍정적 피드백이 개인 교습 시간을 너무 평가 분위기로 몰고 가기 때문이다. 마지막으로, 전문 개인 교사들은 항상 양육하듯 가르치고 자주 공감한다.

뛰어난 전문 개인 교사의 전략은 모두 열정적인 개인 교사, 열정적인 학교 선생님들에게 가르칠 수 있다.

우리는 학교가 지금까지 해온 것보다 훨씬 더 잘할 수 있다는 것을 안다. 효과적인 방법도 잘 알고 있다. 무엇이 효과적인가를 보여준 연구들을 생각할 때, 학교가 실제로 할 수 있는 것보다 잘해내지 못했다는 점에는 변명의 여지가 없다.

교육은 특정한 부류의 피교육자에게 특히 더 효과적이다. 다음 두 장에서는 두 부류의 피교육자들을 살펴보고, 그다음 장에서는 이들의 교육 상황을 개선하기 위해 무엇을 해야 할지 생각해본다.

INTELLIGENCE
AND HOW TO GET IT

5장

부자가 더 똑똑한가

현대사회의 계층구조는
본질적으로 각 계층을 이루는 사람들의
선천적으로 다른 지적 능력과
그 밖의 자질들의 함수다.

한스 아이젠크 《인간의 불평등The Inequality of Man》 (1973)

한스 아이젠크$^{Hans\ Eysenck}$는 계층과 지능에 대해 IQ 전문가들의 주요 견해를 상당 부분 대변한다. 즉 사회계층은 지능의 결과라는 것이다. 가난한 사람들은 똑똑치 못해서 그리 된 것이지, 돈이나 계층, 양육 방식 때문에 그런 것이 아니다. 여기서 계층은 유전 문제다.

우리는 앞에서 이러한 관점이 얼마나 잘못된 것인지 살펴보았다. 물론 서로 다른 사회계층에 속하는 사람은 보통 서로 다른 지능의 유전형을 가지고 있다. 그러나 계층 자체가 지능에 엄청난 영향을 미친다. 2장의 유전율에 관한 내용에서 살펴보았듯이, 하위계층에서 태어났지만 중상계층에서 양육된 아이들은 하위계층에서 태어나 계속 자란 아이들보다 IQ가 평균 12~18점이나 높다. 이 연구에 참여한 하위계층은 전체 계층에서 하위 15퍼센트에, 중상층은 상위 15퍼센트에 해당했다. 연구 결과에 따르면 사회경제적 계층구조에서 하위 3분의 1에 해당하는 아이들의 평균 IQ는 95이고, 상위 3분의 1에 해당하는 아이들의 IQ는 105다. 사회계층 상

하위 3분의 1에 해당하는 집단 간 10점의 차이는 사회계층 간의 IQ 차이를 낳는 모든 요인(유전자, 태아기 · 주산기 · 출산 직후의 생물학적 요인들, 사는 동네 · 학교 · 양육 방식을 포함한 계층과 관련된 모든 사회적 요인)의 산물이다. 그러나 입양아 연구는 출산 후의 환경 요인이 유전 요인보다 훨씬 더 중요함을 보여주었다.

아이젠크와 다른 유전론자들의 주장은 완전히 틀렸다. 경제적 빈곤과 풍요로움의 차이는 지능에 엄청난 격차를 가져온다.

나는 이 장에서 지능에 직접 영향을 미치는 사회계층 간의 차이를 체계적으로 살펴보고자 한다. 물론 어떤 요인이 정확히 얼마나 큰 차이를 가져오는지 측정할 수는 없다. 그러나 우리는 여러 요인이 지능에 어느 정도씩 영향을 미친다는 점을 안다. 중요한 사실은 이 요인들 중 일부는 빈곤을 해결하면 개선할 수 있다는 것이다. 특히 미국 내 빈곤층과 노동자 계층이 대부분의 선진국에 비해 경제적으로 열악한 처지라는 점을 감안하면 개선의 여지는 충분하다.

사회계층에 따라 양육 방식도 다르다. 사회경제적 지위^{SES}가 낮은 사람은 자신도 모르는 사이에 자녀를 SES가 높은 사람과는 다른 직업을 갖고 다른 사회적 역할을 하도록 준비시킨다. 가난한 아이의 학업 성취를 도와주기 위해서는, 이 아이가 학교교육에 얼마나 잘못 준비되어 있는지 파악할 필요가 있다.

우선, 몇 가지 용어를 분명히 정의할 필요가 있다. 여기서 말하는 빈곤층은 거듭 실업 상태에 놓이는 사람들, 만성적인 생활보호 대상자, 그리고 비숙련 노동자를 말한다. 노동계층이란 기계공 같은 숙련 노동자와 반숙련 노동자, 서비스직과 직급이 낮은 사무직 종사자를 가리킨다. 중간층은 직급이 높은 사무직원, 교사나 강사, 그리고 낮은 직급의 관리감독 직원을 말한다. 중상층은 전문직과 직급이 높은 관리자를 말한다. 이 두 계층을 하나로 묶어서 'SES가 높은 사람들'이라고 부를 것이다. 물론 이러한 정의는 임의적이다. 사회계층을 나누는 다른 방법도 있지만, 이 정의는 2장에서 언급한 연구에서 사용한 기준을 따른 것이다. 여기서 볼 사회경제적 지위에 따른 차이는 인종에 관계없이 발견된다. 인종과 계층이 어떻게 상호작용하는지에 관해서는 다음 장에서 논의할 것이다.

생물학적 특성에 영향을 주는 환경 요인

빈곤은 IQ와 학업 성취도를 낮추는 다양한 생물학적 환경 요인들과 연관되어 있다.

사회경제적 지위, 즉 SES가 낮은 사람과 높은 사람은 우선 영양 상태에서 차이를 보인다. 흥미롭게도 산모의 부실한 영양 상태가 태아의 지능에 영향을 준다는 연구 결과는 찾을 수 없다. 그러나 기아 상태에 있는 아동에게 음식을 충분히 공급하면 IQ가 향상된다는 증거가 있다. 서구사회의 사회계층 간 영양 상태의 차이가 IQ 차이를 유발하는지 여부에는 논란의 여지가 있지만, 소수의 빈곤층이 기아를 겪고 있는 것은 사실이다. 또한 SES가 낮은 아이는 비타민과 무기질 결핍을 겪을 가능성이 더 높다. 그런데 비타민과 무기질이 부족한 아이들에게 비타민과 무기질 보충제를 제공하면 IQ가 향상된다는 증거가 있다. 또한 도심 빈민가 아이들은 환경오염을 통해, 그리고 오래되어 칠이 벗겨지는 페인트를 통해 IQ에 아주 해로운 물질인 납에 더 많이 노출된다.

임신 중에는 약 60밀리리터 이하의 알코올 섭취만으로도 태아의 IQ에 부정적인 영향을 줄 수 있다. 어머니가 임신 중에 술을 마실 경우 태어난 아이는 주의력과 기억력, 추론 능력에 결핍이 생겨서 학업에서 어려움을 겪는다. 그런데 SES가 낮은 여성들이 SES가 높은 여성들보다 임신 중 과음을 할 가능성이 더 높다.

SES가 낮은 사람은 건강이 좋지 않을 가능성이 높은데, 이는 여러 면에서 학습에 방해 요인이 된다. 아픈 아이는 건강한 아이보다 공부하기가 더 어렵다. 특히 빈곤층에서 흔히 발견되는 건강 문제가 있다. 빈곤층 아이는 치아 건강이 좋지 않고, 흡연과 오염물질에 더 많이 노출되어 천식에 취약하며, 시력과 청력이 좋지 않다. 이런 건강 문제는 낮은 IQ와 저조한 학업 수행과 관련 있다.

SES가 낮은 아동은 출생 시 저체중인 경우가 더 많다. 그런데 저체중은 낮은 IQ와 관련이 있다. SES가 낮은 가정에서는 사람들이 더는 사용하지 않는 살충제를 여전히 사용하기도 하는데, 이는 작은 머리 둘레 그리고 낮은 IQ와 연관이 있다.

모유수유도 중요한 생물학적 요인이라 할 수 있다. SES가 낮은 어머니들은 모유수유를 잘 하지 않는다. 모유수유는 IQ를 약 6점 향상시키는 것으로 보인다. 모유를 먹이면 우유나 분유에 없는 특정 지방산이 작용해 뇌 발달에 좋은 영향을 미친다. 그러나 모유수유 여부가 IQ에 영향을 미친다는 주장은 아직 논쟁 중이다. 어떤 연구에서는 모유수유를 한 아동과 그렇지 않은 형제 사이에서 IQ 차이를 발견하지 못했다. 그러나 만약 모유수유와 IQ 간에 실제로 인과관계가 있다면, 계층 간 IQ에서 최대 2점의 차이는 모유수유 때문에 유발된다고 추정할 수 있다.

빈곤층은 건강관리 상태도 열악하다. 청력과 시력, 천식이나 생물학적 요인들과 관련된 문제들이 악화될 뿐만 아니라 추가로 여러 문제가 생긴다. SES가 낮은 사람은 높은 사람에 비해 의료보험에 가입되어 있지 않을 확률이 거의 두 배에 이른다. 설사 보험에 가입되어 있다 하더라도, 노동계층 부모가 자녀를 의사에게 데리고 가기는 어려운 일이다. 그랬다가는 일당을 받지 못하거나, 직장에 결근하게 되어 불이익을 받기 때문이다. 게다가 빈곤층 주변에는 의사가 많지 않다. 중상층 백인 거주지의 의사 수는 빈곤층 비백인 거주지의 세 배에 달한다.

생물학적 환경 요인들 중 일부는 SES가 낮은 사람들 사이에서도 드물다. 예를 들어 납 중독이나 태내 알코올 노출은 매우 해롭지만 SES가 낮은 사람들 사이에서도 흔치 않으며, 또 어떤 요인은 아주 해롭지는 않지만 흔히 발견된다. 천식을 유발할 수 있는 오염된 공기 노출이 그렇다. 우리는 이런 요인들이 IQ와 학업 성취에 정확히 얼마나 해를 끼치는지 알 수 없다. 각 요인이 빚어내는 차이를 단순히 합해서, 이들이 사회계층에 따른 IQ 차이의 많은 부분을 설명한다고 주장할 수도 없다. 왜냐하면 이 요인들 자체가 상관관계에 놓여 있기 때문이다. 예를 들어, 알코올 중독자 어머니에게서 태어난 아이는 칠이 벗겨진 페인트에 노출되고 치아 건강이 나빠질 가능성이 더 높다. 따라서 각 요인의 영향력을 서로 독립적이라고 보고 단순히 이들의 영향력을 합산해서 볼 수는 없는 노릇이다.

사회적 속성을 갖는 환경 요인

어떤 환경 요인은 일견 생물학적인 게 아닌 듯하다. 그러나 이러한 요인도 뇌신경생리학적 요인에 영향을 미쳐서 지능에 매우 해로운 결과를 초래할 수 있다. 이러한 유해 환경의 하나로 SES가 낮은 아이들 가정의 잦은 이사를 들 수 있다. 이 아이들은 SES가 높은 아이들에 비해 이사를 더 자주 다니기 때문에 이사로 인한 스트레스를 더 자주 받으며, 준비되지 않은 상태로 학급에 배정받거나, 이미 알고 있는 학습 자료를 공부해야 한다. 설사 자신은 이사를 다니지 않고 한 동네에 오래 머물러 있다 하더라도, 다른 아이들이 계속 학급을 떠나거나 새로 들어와 학습 환경이 열악해진다.

SES가 낮은 아동은 품행이 바르지 않은 경우가 많아 그 학생을 다루는 모든 사람을 힘들게 만든다. 게다가 SES가 높은 아동보다 온갖 불안정한 환경에 더 많이 노출된다. 예를 들어 빈곤층 거주지역은 일반적으로 스트레스를 더 많이 유발하는 환경에 놓여 있으며, 빈곤층 가정에서는 다툼과 말썽이 더 자주 일어난다.

SES가 낮은 부모들은 높은 부모들보다 자녀에게 덜 따뜻이 대하고, 덜 지지적이며, 규칙을 위반하면 더 가혹하게 처벌하는 경향이 있다. 발달심리학자 보니 맥로이드Vonnie McLoyd는 SES가 낮은 부모는 높은 부모에 비해 체벌하거나 스트레스를 주는 방식으로 자녀를 양육한다는 사실을 발견했다.

어릴 때의 정서적 외상은 뇌의 전전두피질을 손상시키는데, 이 영역은 유동지능과 밀접하게 관련되어 있다. 어느 정도의 스트레스를 받으면 중추신경계가 손상되는지 알 수 없지만, 극단적인 경우에는 SES가 낮은 가정의 양육 방식 때문에 발생하는 스트레스와 하위계층이기 때문에 겪는 스트레스가 함께 작용하여 전전두피질의 손상을 유발할 수도 있다.

물론 SES가 낮은 아동 모두가 극단적인 어려움을 겪는 것은 아니다. 대부분의 아이들은 부모가 자녀의 신체적·정신적 발달에 깊은 관심을 갖고 사랑으로 돌보는 가정에서 자란다. SES가 낮은 아이들 중 상당수는 문제가 많지 않은 주거 지역에서 산다. 그렇다치더라도, SES가 낮은 아이의 친구들은 높은 아이의 친구들에 비해 지적인 자극을 주지 못할 가능성이 많다. 또한 SES가 낮은 아이들은 교사의 실력이 떨어지고, 학급당 학생 수도 많고, 시설이 열악하며, 학부모의 관여도가 낮은 학교에 다닐 가능성이 더 높다.

결국 하위계층 환경은 IQ와 학업 성취도를 떨어뜨린다.

계층, 돈, 그리고 학력

빈곤층이 지금보다 부유해진다면 상위계층과의 IQ와 성취도 차이가 줄어들까? 그렇다면 얼마나 줄어들까? 미국은 다른 선진국에 비해 SES가 낮은 아동의 저조한 학업 성취를 자연스럽게 받아들이는 경향이 있다. SES에 따른 성취도 차이를 미국 내 심각한 빈부격차의 관점에서 살펴볼 필요가 있다. 미국의 소득 불균형은 유럽연합이나 일본에 비해 훨씬 심각하다. 미국의 1인당 국민소득은 다른 선진국보다 25~35퍼센트 더 높지만, 소득 분포의 하위 3분의 1에 해당하는 노동자는 유럽연합이나 일본 노동자보다 더 가난하다. 유럽연합 국가 중 평균에 해당하는 국가의 소득 분포 하위 10퍼센트에 해당하는 노동자의 소득은 같은 처지의 미국 노동자보다 44퍼센트나 더 높다. 이것도 매우 큰 차이지만, 이러한 통계치에 반영되지 않는 심각한 차이들이 더 있다. 단적으로 유럽은 국가 의료보험제도를 비롯해 경제적인 완충 장치들로 빈부격차 문제를 해소한다. 그러나 대부분의 저소득층 미국인들은 자신의 호주머니에서 보험료를 지불하거나, 아예 보험 혜택을 못 받는다.

　미국 내 소득 격차는 어떤 선진국보다 빠르게 증가하고 있다. 1979년에는 상위 10퍼센트의 사람들이 하위 10퍼센트의 사람들보다 시간당 3.5배를 더 벌었다. 그러나 25년이 흐른 후에는 상위 10퍼센트의 사람들이 하위 10퍼센트의 사람들보다 5.8배 더 많이 벌어들였다. 아이가 있는 가정의 경우, 하위 20퍼센트의 세후 소득은

1979~2002년에 겨우 2.3퍼센트 증가했다. 이와 대조적으로 중간층 가계 소득은 같은 기간에 17퍼센트 증가했다. 1997~2006년에 법정 최저임금은 전혀 증가하지 않았다. 최저임금을 높이는 법안이 최근에 통과되었지만, 물가상승률을 고려했을 때 2009년 최저임금은 아무리 높아야 실질적으로 1968년의 73퍼센트 수준이다.

미국에서 사회계층 간의 능력 격차는 대부분의 유럽 국가보다 큰데, 이는 소득 불균형을 반영한다. 여기서 말하는 능력이란 OECD에서 측정하고 있는 문해력, 수학, 과학 능력을 말한다. 미국에서 SES가 상위 25퍼센트에 해당하는 사람들의 점수는 하위 25퍼센트의 사람들보다 약 1 표준편차 더 높다. 스칸디나비아 반도 국가에서는 계층 간 차이가 3분의 2 표준편차 이하다. 이는 스칸디나비아 국가들의 SES 하위 25퍼센트에 해당하는 사람들의 수행이 비슷한 계층의 미국인들보다 더 뛰어나기 때문이다. 계층 간 독해와 수학 실력 차이는 조사 대상 22개 산업 국가들 중에 미국에서 가장 크게 나타났다. 미국과 한국의 차이가 가장 두드러졌는데, 한국에서 사회경제적 지표상으로 하위 25퍼센트에 해당하는 사람들과 상위 25퍼센트에 해당하는 사람들 간의 학업 성취도 차이는 겨우 3분의 1에서 2분의 1 표준편차에 불과했다. 사실 미국에서 하위 25퍼센트와 상위 25퍼센트 간의 성취도 차이는 선진국보다는 개발도상국에서 나타나는 계층 간 차이와 더 유사했다.

SES가 낮은 사람들의 소득이 더 높아진다면, 미국에서도 계층 간 IQ와 성취도의 차이가 줄어들 것이라는 점은 확실하다. 소득이 낮으면 영양 결핍과 건강, 잦은 이사로 인한 혼란, 교육이 주는 보상에 대한 낮은 기대 같은 갖가지 문제들에 부딪힌다. 하위계층에 속한 미국 청소년들은 학업 성취도가 떨어져서 노동시장에서의 가치가 낮고, 결국 계속 낮은 SES에 머물게 되는 악순환이 반복된다.

한마디로 빈곤층을 더 똑똑하게 만들기 위해서는 그들을 더 부유하게 만들어주는 방법을 찾아야 한다.

인지 문화

그러나 계층 간에는 돈으로 쉽게 극복할 수 없는 차이도 있다. 바로 가정에서의 **인지 문화**다. SES가 낮은 계층의 부모는 아이들이 가정에서 잘 배우지 못하고, 학교에서 수업도 잘 따라가지 못하게 만들어버리는 양육 습관을 갖고 있다.

SES가 높은 계층에서는 자녀들이 경쟁으로 가득 찬 세상에서 살아갈 수 있도록 일찍부터 준비시킨다. SES가 높은 부모는 아이가 요람에 있을 때부터 전문직 종사자나 고위직 관리자들에게 필요한 분석적 사고와 질문하는 법을 가르친다. SES가 낮은 부모들은 이런 사고 기술을 심어주지 못하기에 결국 의사나 CEO를 키우지 않는 셈이다. 결국 그들은 질문하기보다는 잘 복종하고 착하게 행동하는 법을 가르쳐서 평범한 노동자를 길러낸다.

캔자스대학교의 심리학자 베티 하트[Betty Hart]와 토드 리즐리[Todd

Risley는 부모들의 언어 사용 방식을 연구했다. 그들은 백인 전문직 종사자, 노동계층의 흑인과 백인, 그리고 최하층 생활보호 대상자인 흑인 들의 차이를 살펴보기 위해 가정을 방문하여 여러 시간 동안 부모와 자녀를 관찰했다. 여기서는 전문직 가정과 노동자 가정에서 발견한 차이를 집중 소개한다.

전문직 부모는 노동계층의 부모보다 자녀에게 말을 더 많이 걸었다. 전문직 어머니는 세상을, 그리고 자기 자신의 경험과 정서를 자세히 설명하고, 자녀의 필요와 요구, 관심거리에 대해 '질문' 하면서, 한마디로 자녀를 단어로 목욕시키다시피 했다. 노동계층의 부모는 자녀에게 말을 별로 걸지 않았고, 말하는 내용 또한 대개 '요구' 형태를 띠고 있어서 아이의 지적 호기심을 자극하지 못했다. 전문직 가족은 저녁 식사를 하면서 아이와 함께 대화를 나누었고, 논의 중인 문제에 아이를 참여시키려 했으며, 아이들에게 많은 어휘를 들려주었다. 이와 대조적으로, 노동계층 부모는 마치 아이는 대화 주제에 전혀 관심이 없을뿐더러 전혀 기여할 수 없으리라 가정하고 아예 대화에 끼워주지 않았다.

전문직 부모는 아이에게 시간당 약 2,000단어를 말했지만, 노동계층 부모는 약 1,300단어를 말했다. 그래서 세 살이 되면, 전문직 가정의 아이는 약 3,000만 단어를 듣고, 노동계층 가정의 아이는 2,000만 단어를 듣게 된다. 결국 세 살이 되었을 때, 전문직 가정의 아이들은 노동계층의 가정 아이들보다 50퍼센트 더 많은 어휘를 구사할 수 있게 되는 셈이다.

부모가 자녀를 정서적으로 대하는 방식에도 차이가 나며, 이것은 지적 호기심과 성취도 발달에 영향을 미친다. 전문직 부모는 꾸중 한 번에 칭찬을 여섯 번 한다. 노동계층 부모는 꾸중 한 번에 칭찬은 겨우 두 번만 할 뿐이다. 부모가 해주는 격려의 말은 자녀의 지적 탐구심과 자신감과 밀접한 관련이 있다. 전문직 부모는 이 점에서 이미 앞서가는 것이다.

중산층은 세상을 분석하는 법을 가르친다

사회계층에 따라 아동의 문해력과 취학 준비가 어떻게 달라지는가? 이에 대해서는 인류학자 셜리 브라이스 히스Shirley Brice Heath의 사회화에 관한 고전적인 연구를 통해 알려졌다. 히스는 노스캐롤라이나의 한 마을에서 여러 달을 보내면서 백인 중산층 가정(부모 중 한 사람이 교사), 백인 노동자 가정(대부분 아버지가 직물공장 노동자), 흑인 노동자 가정(대부분 농장 노동자, 공장 노동자, 혹은 생활보호 대상자)을 연구했다. 히스는 연구에 참여한 가족들과 함께 살면서 밤낮으로 그들을 관찰했으며, 아이들과 함께 학교에도 갔다. 그녀는 세 집단이 문해력과 관련된 활동과 초등학교 취학 준비에서 큰 차이를 보인다는 점을 발견했다. 히스의 연구는 1970년대 후반에 이루어졌고, 특정 지역 소수 가족들에 기초했다는 한계가 있지만, 더 광범위한 지역에서 더 많은 참가자를 대상으로 한 최근 연구에서도 유사한 결과가 보고되었다. 앞으로 이야기할 내용은 기본적으로 히스의 연구와 아네트 라로^{Annette Lareau}의 최근 연구에 바탕을 두었다.

중산층 부모는 노동계층 부모에 비해 아이에게 책을 훨씬 더 많이 읽어준다. 중산층 가정에는 아동용 책도 많고, 아이가 몸을 가누고 눈으로 책을 볼 수 있는 순간, 즉 생후 6개월부터 책을 읽어주기 시작한다. 단순히 재미로 읽어주는 게 아니라, 아이가 책 속의 대상과 바깥세상의 대상을 연결짓도록 도와준다("빌리에게는 검정 강아지가 있어. 우리가 아는 사람 중 누가 검정 강아지를 갖고 있었지?", "참새구나. 우리가 어디서 참새 이야기를 읽었지? 참새는 무엇을 먹고 살지?"). 또한 아이가 책 내용을 분석하도록 한다("이 다음에는 무슨 일이 일어날까? 이 사람은 무엇을 하고 싶어 할까? 이 사람은 왜 그 일을 하고 싶어 하지?").

중산층 가정의 아이는 아주 어릴 때부터 책 내용을 질문받으리라 기대할 뿐 아니라, 어떻게 대답해야 할지도 알고 있다. 부모는 아이에게 대상의 속성을 질문하고 그 특징에 근거해 범주화하는 방법을 가르친다. 언젠가 비행기에 탔는데 아버지와 세 살짜리 아들이 내 앞에 앉았다. 아버지는 그림책을 보면서 아들에게 어떤 물건이 긴지 짧은지 물어보고 있었다. "아니야 제이슨, 파자마는 길어." 중산층 부모는 먼저 무엇인지 물어본 다음("저건 뭐지?", "바비가 무슨 일을 하려고 했지?"), 이유를 물어보고("왜 바비가 그런 일을 했지?"), 평가해보도록 한다("어떤 군인이 더 좋아?", "왜 그 군인이 더 좋아?"). 어른들은 아이들이 책 내용에 관해 이야기하도록 하고, 심지어는 책을 읽고 이야기를 만들어보도록 독려한다.

중산층 가정의 아이들은 학교에 갈 준비가 잘되어 있다. 이 아이들은 책에서 정보를 얻는 방법을 알고, 정답이 있는 질문, 즉 질문하는 사람이 답을 알고 있는 질문에 답하는 방식에 익숙하다. 이런 아이에게 저학년 공부는 수월하다. 이 아이는 또한 분석과 평가 능력이 중요한 고학년 학습에도 잘 준비돼 있다.

노동계층은 아이를 공장 노동자로 키운다

노동계층의 아이가 병원에서 태어나 처음 집으로 갈 때, 그 집에도 아동용 책이 몇 권 있다. 아마도 《리틀 골든 북스Little Golden Books》와 아동용 성경 이야기책을 모두 합쳐 열두 권 정도 있을지도 모른다. 벽에는 자장가의 내용을 그린 그림 장식이 붙어 있고 모빌도 있다. 가족, 친구, 이웃이 아이에게 말도 건넨다.

이 노동계층 아이는 책에서 읽은 내용에 관해 질문을 받겠지만, 부모는 책에 나오는 것들을 바깥세상과 연결해주려 노력하지 않는다. 책에는 새끼 오리들이 나오고, 어머니는 아이에게 호수에서 본 오리를 기억하는지 물어볼 수도 있다. 그러나 이 어머니는 아마 솜털 보송보송한 노란 새끼 오리가 호수에서 본 어른 청둥오리와 어떻게 관련돼 있는지 설명해주지 않을 것이다. 약 세 살이 지나면, 아이는 책을 읽어주는 사람과 대화하도록 양육되지 않는다. 대신 "이제 너는 잘 듣는 법을 배워야 해"라는 말을 듣게 될 것이다. 이 아이는 주의 깊게 어른의 말을 들어야 하고, 자기 의견을 말하거나 질문하는 것은 어른의 말을 가로막는 것으로 여길 것이다.

필라델피아에서 실행한 연구는 사회계층에 따른 문해력 차이의 증상과 원인을 잘 보여준다. 어른 대부분이 대졸 이상인 지역 서점에는 아동 100명당 1,300권의 아동용 서적을 보유하고 있었으나, 노동자가 대부분인 아일랜드계와 동유럽계 거주지에서는 아동 100명당 겨우 30권의 아동용 책을 보유하고 있었다.

중산층 가정에서는 주로 '단어'를 가지고 논다. 아버지는 아이에게 야구공을 치는 방법을 가르쳐주면서 "손가락 위쪽부터 배트 아래쪽을 감싸 쥐어. 엄지손가락은 여기에 놓고, 이 선을 넘어서 잡으면 안 돼. 배트를 어깨 위에 놓지 말고, 어깨 위에서 몇 센티미터 떨어지게 들어"라고 말할 것이다. 노동계층의 아이는 그런 자세한 설명을 듣거나 이를 행동으로 옮기는 방법을 배울 기회가 없다. 대신 이런 말을 듣는다. "이렇게 해. 아니, 이렇게 하란 말이야." 중산층 가정에서는 새로운 게임을 하면, 설명서를 큰 소리로 읽어주고 그에 대한 의견을 말한다. 노동계층 가정에서는 게임을 어떻게 하는지 짐작만 한 채 바로 시작하고 게임을 하면서 규칙을 만들어가는 경향이 있다. 중산층 어머니들은 요리하면서 조리법을 큰 소리로 읽어줌으로써 아이가 사용하는 재료나 진행 중인 조리 과정을 연결할 수 있도록 한다. 노동계층 어머니는 적혀 있는 조리법을 잘 따르지 않고, 아이들이 조리법에 나온 내용과 사용하는 재료의 연관성을 가까이에서 배울 수 있는 기회를 주지 않는다.

노동계층 아이도 저학년 학습을 제법 잘할 수 있을 만큼은 준비된 상태로 입학한다. 알파벳, 색깔의 이름이나 숫자도 알며, 셀 수도 있다. 집 주소나 부모님의 이름도 말할 줄 안다. 이 아이들은 가만히 앉아서 이야기에 귀를 기울일 수 있고, 사실과 관련된 문제, 이를테면 그것이 무엇인지를 물어보는 질문에 어떻게 대답해야 하는지 알고 있다. 그러나 "이 이야기에 대해서 어떻게 생각하니?"라는 질문에는 대답할 준비가 되어 있지 않다. "너 같으면 어떻게 했을 것 같니?"라는 질문을 받으면 말문이 막힌다. 범주화와 분석, 평가 능력의 중요성이 강조되는 고학년이 되면 이런 아이들은 확실히 불리해진다. 이야기를 쓰라고 하면, 이 아이들은 단순히 책에서 읽은 내용을 그대로 쓰는 경향이 있다. "만약 빌리가 경찰에게 이야기하지 않았더라면 무슨 일이 벌어졌을까?" 같은, 사후가정사고counterfactuals가 필요한 질문을 받으면 망연자실해 한다.

이런 어려움에 직면하는 아이들은 중학교에 가면 사기가 저하되고 소외되는 경향이 있으며 고등학교를 중퇴할 가능성이 높다.

히스가 발견한 문해력과 학교 적응의 계층 간 차이를 이용해서, 아이들 여름방학 동안에 무슨 일이 벌어지는지 짐작해볼 수 있다. 중산층 아동의 IQ와 학업 능력은 이 기간에 그대로 유지된다. 그러나 SES가 낮은 아동의 학업 능력은 떨어진다. 이 아동의 가족은 중산층 가족이 제공하는 문화적 자극을 주지 않기 때문이다. 중산층 아이들은 여름방학 동안 별로 뒤처지지 않는다. 왜냐하면 방학 동안 많은 교육 활동에 참가하기 때문이다. 이를테면 직접 책을 읽거나, 부모가 책을 읽어주고, 저녁 식사 중에 지적으로 자극이 되는 대화를 하며, 박물관과 동물원에 가고, 미술이나 음악을 비롯한 학과목 수업도 들을 것이다. 한 연구에 따르면 유치원에서 초등학교 1학년으로 올라가는 여름방학 동안(미국의 학제에서는 9월에 새로운 학년이 시작되므로 유치원과 초등학교 1학년 사이에 여름방학이 있다—옮긴이) SES가 상위 20퍼센트에 해당하는 아이들은 학업 능력이 향상되는 반면, 하위 20퍼센트에 해당하는 아이들의 학업 능력은 크게 감소한다. 따라서 중산층과 하위계층 아동의 IQ와 학업 능력 차이는 상당 부분 여름방학을 어떻게 보내느냐에 달려 있으며, 이렇게 뒤처진 능력은 학기 중에 회복하기 결코 쉽지 않다.

유전론자가 지금 이 장을 읽고 있다면 이렇게 생각할지도 모른다. "사회화 방식의 차이가 지능과 학업 성취의 계층 간 격차의 원인이라는 것을 어떻게 알 수 있는가? SES가 높은 부모의 자녀가 낮은 부모의 자녀보다 더 지능이 뛰어난 이유가, 행운의 유전자를 물려받았기 때문이 아니고 환경의 영향 때문이라는 것을 어떻게 알 수 있을까? 똑똑한 유전자를 가진 부모들은 제대로 된 지적 자극을 줄 수 있고, 이것은 유전자가 그런 일을 더 즐겁게 느끼도록 해주기 때문이며, 똑똑한 부모의 자녀도 더 똑똑하기 때문에 이런 일에서 더 많은 보상을 받는 것이다."

물론 유전론자의 이런 생각이 전혀 틀린 것은 아니다. 양육 환경의 차이는 SES가 높은 부모의 높은 IQ 유전자와 SES가 낮은 부모의 낮은 IQ 유전자 때문에 어느 정도 생겨난다.

그러나 유전자가 IQ와 성취도 격차의 많은 부분을 설명해줄 수 없다는 점을 반드시 기억해야 한다. SES 상위계층과 하위계층(대략 상위 15퍼센트와 하위 15퍼센트) 간의 IQ 차이에서 순수한 환경의 영향은 대략 12~18점이다. 여기에는 유전이 개입할 여지가 별로 없다. SES 하위 3분의 1과 상위 3분의 1에 속하는 계층 간의 차이는 10점이며, 연구는 이 차이가 환경에서 기인한 것임을 보여준다.

다음 장에서는 노동계층과 하위계층 아동의 지능 향상을 어느 정도까지 기대할 수 있는지 논의할 것이다. 이때 환경의 역할이 매우 중요하다고 확신해야 하며 바로 이 점이 중요하다.

빈곤층의 경제 상황을 개선하면 분명 큰 효과가 나타날 것이다. 그러나 경제 상황이 좋아진다 하더라도, 첫 세대부터 IQ와 성취도가 크게 나아지는 것은 아니다. 장수가 이전의 전투 경험을 바탕으로 새로운 전투에 대비하듯이, 부모는 새로운 삶의 환경에 맞게 자녀를 사회화시키기보다 과거에 부모가 자신을 양육했던 그 방식을 적용한다. 실제로, 가정에 추가 수입이 생긴 첫 세대에서 자녀에게 나타나는 지적 효과는 미미하다. 부유함으로 인한 향상은 여러 세대에 걸쳐 점진적으로 나타난다.

곧 보겠지만, 다행스럽게도 '학교'가 SES 하위계층 아이들이 더 나은 위치에서 정보화시대를 살 수 있도록 계층 간 격차를 줄이는 역할을 할 수 있다. 우선 다음 장에서는 IQ와 학업 수행의 인종 간 격차를 먼저 살펴보자. 인종 간 격차의 원인 중 일부는 계층 간 격차의 원인과 같다. 하지만 다른 원인들도 있다.

INTELLIGENCE
AND HOW TO GET IT

6장

흑인과 백인의
IQ는 왜 다른가

인종과 IQ를 논하는 것조차 금기시되어
이를 더 이상 토론할 수 없게 되어버렸다. 이는 결국 인종 간 IQ 차이가
유전의 영향이라는 견해가 계속 유지되도록 만들었다.
어떤 문제를 토론조차 할 수 없다면 검증은 애초에 불가능한 것이다.

토머스 소웰 (1994)

(흑인) 애들은 흑인이 백인보다 열등하다는 생각을
무의식적으로 하는 것 같아요.
그리고 이런 생각이 아주 나쁜 영향을 미친다고 생각해요.

인류학자 존 오그부가 인터뷰한(2003) 오하이오의 흑인 남자 고등학생 사람들이 흑인과 백인의 지능에 선천적 차이가 있는지 궁금해 하기 시작한 것은 1000년도 더 된 일로, 무어족이 유럽을 침략했던 시절로 거슬러 올라간다. 무어족은 유럽 사람들이 추상적 사고 능력 없이 태어났다고 생각했다! 사실 1000년 전에는 남부유럽 사람들도 북부유럽 사람들에 대해 이 같은 의심을 품었다. 키케로는 영국인들을 가르치기란 너무 힘든 일이어서 로마인들은 영국인 노예를 쓰지 않는 것이 좋겠다고 했다. 이에 대해 율리우스 시저는 "그래도 험한 일을 시킬 만한 값어치는 있다"고 말했다. 그러나 19세기에 이르자 이제는 거꾸로 대부분의 유럽인은 자신들이 아프리카인보다 타고난 지적 능력이 더 우수하다고 믿게 되었다.

20세기 초에 개발된 IQ 검사는 지능에 대한 유전적 관점을 결정적으로 강화했다. IQ 검사에서 백인이 흑인보다 높은 점수를 받았기 때문에, 많은 심리학자는 IQ가 많은 부분 유전된다는 가정에 근거해 흑인과 백인의 IQ 차이에 유전적 요인이 있다고 생각한 것이다.

　지난 수십 년 동안의 지능 검사에서 백인의 평균은 100점이었지만 흑인의 평균은 85점이었다(15점의 차이는 1 표준편차에 해당). 만약 이 격차의 전부 혹은 상당 부분이 유전 때문이라면, 그 함의는 무시무시하다. 왜냐하면 환경 요인이 동등해지더라도 백인에 비해 훨씬 많은 흑인이 삶의 질을 높이는 데 어려움을 겪을 것이며, 백인에 비해 훨씬 적은 흑인이 사업이나 전문직에서 성공할 수 있음을 의미하기 때문이다.

　이 장에서 나는 흑인과 백인의 IQ 차이에서 유전의 중요성을 탐구한 연구를 살펴볼 것이다. 또한 흑인이 학업과 직업에서 큰 어려움을 겪는 더 중요한 이유는 여전히 남아 있는 심각한 사회적 장벽과 관행이라는 점을 보여줄 것이다.

유전자 탓이 아니다

학자뿐 아니라 일반인도 IQ의 인종 간 차이가 유전에 기인하는지 아니면 환경에 기인하는지에 대해서 의견이 갈린다. 물론 내가 아는 일부 과학자와 일반인 중에는 지능이 인종에 따라 유전적으로 차이 나기란 '선험적 a priori'으로 불가능하다고 믿는 사람이 있다. 그러나 지능이 유전적으로 차이가 날 수 있는 방법에는 수백 가지가 있을 수 있다. 따라서 우리가 답해야 하는 질문은 '과연 인종들 사이의 지적 불평등을 가정하는 것이 말이 되느냐'라는 선험적 문제라기보다는, 과연 그 차이가 유전인지 아닌지를 규명해보는 경험적empirical인 것이다.

심리학자 헌스타인과 정치학자 머리는 《벨 곡선》에서 흑인의 IQ가 백인보다 확실히 더 낮다고 주장했다. 그리고 이것이 인종 간 IQ 차이가 유전 때문이라는 결론에 이르게 하는 여러 증거를 고려한 균형 잡힌 관점이라고 말한다. 머리는 이 책에서 지능의 인종 간 차이에 유전자가 기여하는 정도에 대해서 찬반 입장을 고르게 다루었다고 몇 번이나 주장했다. 그러나 두 사람은 유전적 관점에 호의적인 증거들을 주로 제시했다. 사람들은 이 책의 내용을 흑인과 백인의 지능 차이가 유전에 기인한다는 믿음을 지지하는 강력한 근거로 받아들인다.

이 장에서 나는 헌스타인과 머리의 책, 그리고 J. 필립 러시턴J. Philippe Rushton과 아서 젠센이 2005년에 출판한 60페이지 분량의 개관 연구에 나타난 흑인과 백인의 차이에 대한 유전적 결정론을 둘러싼 논쟁을 소개할 것이다.

흑인과 백인의 차이는, 흑인의 경우 영어에 익숙하지 않다거나, IQ 검사 수행 동기가 떨어진다거나, 수행에 대한 교사나 IQ 검사자의 기대치가 낮다는 등의 인위적 요인에서 비롯된 것은 아니다.

오히려 흑인은 자신의 인종이 부각되는 상황에서 IQ 검사나 성취도 검사에서 저조한 수행을 보인다는 증거가 무수히 많다. 이런 현상을 심리학에서는 '고정관념 위협'이라고 한다. 백인 검사자가 흑인의 지적 수준에 대해 갖고 있는 고정관념을 자신이 확인해줄 수도 있다는 불안 때문에, 인종이 부각되지 않은 편안한 상황에서 검사를 받을 때보다 수행이 저조해지는 것이다. 사회심리학자 클라우드 스틸Claude Steele과 조슈아 애론슨Joshua Aronson이 처음 제기한 이후, 수많은 후속 연구를 통해 이 현상이 확증되었다. 흑인의 수행은 흑인과 백인이 함께 검사를 받는 상황에서, 그리고 이 검사가 지능을 측정하기 위한 검사임을 분명히 밝혔을 때 훨씬 더 저조했다. 반면 그것이 지능 검사가 아니라 단순한 퍼즐이라거나, 그 검사에는 흑인과 백인의 차이가 없다고 알려주면, 흑인의 수행은 위협적인 상황에서보다 나으며 때로는 월등하기도 하다.

일반적으로 흑인의 학교 성적이나 직장에서의 수행 정도는 IQ가 동일한 백인보다 떨어진다. 젠센이 개관 연구를 한 1980년까지, 흑인의 학업 수행과 직업적 성취는 IQ에 비추어 낮게 나타났다. 한마디로 IQ가 같더라도 백인보다 흑인의 수행이 더 저조한 것이다.

흑인은 대부분 SES가 낮고, SES가 낮은 사람들은 IQ가 낮다. 그러나 이 사실로 흑백 간 IQ 차이가 유전 때문이라 할 수는 없다. 왜냐하면 SES가 낮아서 IQ가 낮아진 부분도 있을 수 있고, IQ가 낮아서 SES가 낮아진 부분도 있을 수 있는데 그 정도를 정확히 알기 어렵기 때문이다. 뿐만 아니라 흑인은 SES의 수준이 어떻든 백인보다 IQ가 낮다. 따라서 SES의 차이가 흑인과 백인의 IQ 차이를 전적으로 결정한다고 볼 수는 없다.

유전론자들은 흑인과 백인의 IQ 차이가 유전에 근거한 것이라는 많은 증거를 내놓았지만, 모두 간접적인 증거다. 예를 들어 두뇌의 크기가 지능과 상관 있다는 증거가 있다. 두뇌의 크기와 IQ 간의 상관은 .40에 이른다. 그런데 러시턴이 수행한 몇 가지 연구에 따르면, 흑인의 뇌가 백인의 뇌보다 작다. 대체로 이런 간접 증거들인 것이다.

그러나 두뇌의 크기와 IQ 간의 상관에서 인과관계를 발견할 수 없다. 만약 뇌가 클수록 똑똑하다면, 우리는 가족 내에서도 그러한 상관을 발견할 것으로 기대할 수 있다. 운 좋게도 더 큰 뇌를 가지고 태어난 형제들은 IQ도 높을 것이다. 그러나 그런 상관은 존재하지 않는다.

더구나 남자와 여자의 두뇌 크기의 차이는 러시턴과 젠센이 보고한 흑인과 백인의 차이보다 훨씬 더 크다. 그러나 남자와 여자의 IQ 평균은 같다. 에콰도르 어느 지역 사람들은 유전적 이상으로 아주 작은 머리를 가지고 태어나는데 따라서 뇌의 크기도 작다. 그러나 이들의 지능은 정상인 친척들만큼 높고, 학업 성취는 그 지역 대부분의 사람들보다 대체로 더 뛰어나다. 덧붙이자면, 최근 수천 년간 진화는 뇌의 크기가 작아지는 방향으로 일어났다. 재미 삼아 이야기하는데, 알베르트 아인슈타인의 뇌는 1,230그램으로, 러시턴이 확인한 흑인의 평균 두뇌 크기보다 단연코 더 작았다.

유전론자들이 제시하는 증거는 대부분 두뇌 크기에 관한 증거처럼 간접적이다. 만약 직접적인 증거를 찾을 수 있었다면, 굳이 간접적인 발견에만 의존할 필요는 없을 것이다. 유럽인의 유전자가 아프리카인의 유전자보다 IQ를 더 높여주는지를 보다 직접적으로 검증하려면 다음과 같은 자연실험을 해볼 수 있다. 미국 흑인 유전자의 약 20퍼센트는 유럽인 유전자다. 이는 한 흑인의 유전자가 100퍼센트 아프리카인 유전자인 경우에서 거의 대부분 유럽인 유전자인 경우까지 다양할 수 있다는 얘기다. 따라서 만약 유럽인의 지능 유전자가 더 우수하다면, 흑인 중에서도 상대적으로 유럽계 유전자를 많이 가진 사람이 아프리카계 유전자를 더 많이 가진 사람보다 IQ가 높을 것이다. 한 연구에서는 이 가설을 검증하기 위해 흑인 중에서 신체적 특징을 근거로 유럽계 혈통을 많이 이어받은 것으로 보이는 사람들이 IQ가 더 높은지 알아보았다. 그러나 어떤 흑인이 유럽계 혈통임을 보여주는 두 가지 중요 단서(밝은 피부색, 전형적인 유럽인다움)와 IQ 사이에는 아주 미약한 관련성만 있었다(.10~.15의 상관관계).

유전론적 가설을 검증하기 위한 또 다른 연구는 제2차 세계대전으로 흑인이나 백인 미군 아버지와 독일인 어머니 사이에서 태어난 아이들을 대상으로 진행되었다. 따라서 어떤 아이는 100퍼센트 유럽계 혈통(백인 미군 아버지와 독일 어머니 사이의 자녀)이었고, 어떤 아이는 아프리카계 유전자가 더 많았다. 그런데 흥미롭게도 아동기 후기에 측정된 결과에 따르면 백인 아버지를 둔 독일 아이들의 평균 IQ는 97.0이었고, 흑인 아버지를 둔 아이들의 평균 IQ도 평균 96.5로 그 차이가 아주 미미했다.

만약 유럽계 유전자가 지능에 유리하다면, 똑똑한 흑인일수록 유럽계 유전자를 많이 지니고 있을 거라고 기대할 수 있다. 그러나 연구자들이 시카고 학군에서 가장 똑똑한 흑인 아이들을 찾아내 부모와 조부모의 인종을 조사한 결과, 다른 흑인들에 비해서 이 아이들에게 유럽계 조상이 더 많은 것은 아니라는 사실을 발견했다.

흑인이 유럽계 유전자를 얼마나 가졌는지 측정하기 위해 혈액검사를 이용한 연구도 있는데, 이 역시 유럽계 혈통과 IQ가 아무런 연관성이 없음을 보여준다. 흑인 중에서 뛰어난 지적 수행을 보인 사람들이 유럽계 유전자를 더 많이 갖고 있는 것도 아니었다.

유전 대 환경이라는 문제에 답하기 위한 방법 중 하나로 백인 환경에서 성장한 흑인 아동을 조사하는 방법을 생각해볼 수 있다. 만약 흑인의 낮은 IQ가 전적으로 환경 때문이라면, 흑인이 백인 환경에서 자랄 경우 흑인 환경에서 자라는 것보다 IQ가 더 높아야 한다. 유전론자들은 백인 가정에 입양된 흑인 아동이 흑인 가정에 입양된 백인 아동보다 IQ가 더 낮다는 1980년대 연구를 증거로 인용한다. 이 연구에서 혼혈인 입양아의 IQ는 흑인과 백인 아동의 중간이었다. 그러나 이 연구자들도 인정했듯이, 이 연구에는 많은 문제점이 있었다. 예를 들어 입양된 흑인 아동은 혼혈 아동에 비해 훨씬 더 늦게 입양되었는데, 늦은 입양은 낮은 IQ와 관련이 있다.

발달심리학자 엘시 무어^{Elsie Moore}가 수행한 연구는 방법론적으로 이보다 훨씬 더 우수하다. 이 연구에서는 흑인 가정이든 백인 가정이든 관계없이 중산층 가정에 입양된 흑인 아동과 혼혈 아동을 조사했는데, 흑인 아동과 혼혈 아동 간에 어떤 IQ 차이도 발견하지 못했다.

최근에 수행된 한 연구는 정확히 어떤 요인이 IQ의 인종적 차이를 낳는지에 대한 중요한 정보를 제공한다. 심리학자 조지프 페이건^{Joseph Fagan}과 신시아 홀런드^{Cynthia Holland}는 지역 전문대학에 다니는 흑인과 백인 학생의 단어와 개념에 대한 지식 그리고 학습과 추론 능력을 검사했다. 그 결과 백인 학생이 흑인 학생보다 다양한 단어와 개념에 대해 훨씬 더 많은 지식을 가지고 있었다. 그러나 단어를 배우는 일이나, 어떤 단어의 의미를 구체적인 맥락에서 파악하는 일에서는 흑인도 백인만큼 잘했다.

또한 흑인보다 백인이 더 잘 아는 단어나 개념을 요구하는 경우에는 백인들이 이야기를 더 잘 이해했고, 유사성을 인지하는 능력과 유추 능력이 더 뛰어났다. 그러나 이런 추론 능력을 흑인과 백인이 똑같이 아는 단어와 개념을 이용하여 검사하면 차이가 없었다. 같은 인종 내에서는 사전 지식에 따라 학습과 추론 능력이 다르게 나타났으나, 인종 간에는 사전 지식에서만 차이가 있을 뿐, 학습과 추론 능력에는 차이가 없었던 것이다.

학습과 추론 능력에 인종 간 차이가 없다면 검사 결과의 차이는 사전 지식의 차이로 인한 것이라고 볼 수 있는데, 이는 전적으로 환경의 영향이다. 물론 단어와 개념을 아는 정도, 즉 사전 지식의 정도는 지능의 일부다. 나는 이 사실을 부정하는 것이 아니라, 지식이 유전과 상관없다고 이야기하는 것이다. 페이건과 홀런드의 연구는 매우 중요하지만, 그 함의를 확신하기 위해서는 다른 참가자를 대상으로 다른 종류의 검사를 이용해 반복 검증해 보아야 할 것이다.

환경의 중요성을 보여주는 가장 설득력 있는 증거 중 하나로 세대에 따른 IQ 변화에 관한 플린의 연구를 들 수 있다. 제3장에서 이미 기술했듯이, 이 연구에 따르면 선진국의 경우 1947~2002년에 IQ가 현저히 증가했다. 미국에서만도 IQ가 18점 상승했다. 유전자는 그렇게 짧은 기간에 그 정도의 변화를 가져올 만큼 변할 수 없다. 따라서 이 변화는 틀림없이 강력한 환경 요인에 의한 것이다. 그리고 그런 요인이 전체 집단에서 큰 변화를 일으킬 수 있다면, 한 집단 내의 하위 집단들 사이에서도 그러할 것이다. 실제로 흑인의 현재 IQ는 1950년 백인 IQ보다 높다. 만약 흑인 유전자가 백인 유전자보다 IQ에서 더 열등하다면, 이런 일은 결코 일어날 수 없었을 것이다.

마지막으로, 흑인의 환경이 백인에 비해 빠른 속도로 좋아지고 있기 때문에 흑인과 백인의 격차는 과거보다 더 줄어들어야 할 것이다. 실제로, 12세 성인 IQ의 흑백 차이는 30년 동안 15점에서 9.5점으로 감소했다. 미국 학업 성취도 평가NAEP의 경향 분석에서도 흑인들은 동일한 정도의 향상을 보여주었다. 즉 읽기와 수학 영역에서 백인의 향상 정도는 미미했으나 흑인의 경우 매우 컸다. 실제로 NAEP에서의 흑인과 백인 간 차이가 감소한 정도는 디킨스와 플린이 IQ 검사에서 발견한 5.5점 감소(15 → 9.5)와 거의 비슷하다.

이 정도의 격차 감소는 매우 중요한 의미를 지닌다. 집단의 평균에 차이가 있을 때, 종 모양 분포^{bell curve}의 양 꼬리 부분의 차이는 매우 크다. 만약 백인이 흑인보다 IQ가 평균 15점 더 높다면 IQ 130 이상인 사람이 백인일 확률은 흑인일 확률의 열여덟 배에 달한다. 다시 말해 이는 성공적인 의사, 과학자, 전문직 종사자들 중에는 흑인보다 백인이 훨씬 더 많다는 것을 의미한다. 그러나 만약 차이가 10점이라면, 백인 대 흑인의 비율은 6 대 1이 된다. 백인들이 최고 수준에 도달할 가능성이 훨씬 높겠지만, 두 집단의 차이는 이전만큼은 크지 않게 된다. IQ 분포의 반대쪽 끝도 똑같이 중요하다. 만약 집단 간 차이가 15점이라면, 스스로 생계를 꾸려갈 수 없는 사람이 흑인일 가능성이 백인일 가능성보다 엄청나게 높다. 만약 차이가 10점이라면, 그 사람이 흑인일 가능성이 백인일 가능성보다 높기는 하겠지만 15점 차이만큼 크지는 않을 것이다.

무엇이 흑인의 성취를 가로막는가

그렇다면 왜 흑인은 IQ 검사에서 나쁜 점수를 받아왔고, 학업 성취도 낮으며, 직업적으로 성공한 사례도 적은 것일까? 연구에 따르면 여기에 유전자는 별다른 역할을 하지 않는다. 그러므로 우리는 이제 환경의 역할을 이야기해야 한다.

첫째, SES가 낮은 사람의 성취를 가로막은 장애 요인은 빈곤층이 특별히 많은 흑인들에게서 더욱 심화된다. 앞 장에서 소개한 장애 요인을 다시 한번 정리하면 다음과 같다. 태내 영양 부족, 상대적으로 드문 모유수유, 기아, 비타민과 무기질 결핍, 납 중독, 태아 알코올 중독, 부실한 의료 혜택, 천식 유발 오염물질 노출, 정서적 트라우마, 열악한 학교, 가난한 주거 지역, 문제아 친구, 잦은 이사와 그로 인한 교육 차질. 백인 빈곤층보다 흑인 빈곤층에게 이러한 문제는 더 심각하다.

흑인에게는 또 다른 문제가 있다. 2002년 흑인의 가계소득은 백인의 67퍼센트였다. 그러나 흑인 가구의 재산은 백인 가구의 12퍼센트에 불과했다! 소득과 재산 간의 이런 괴리는 부분적으로 '특정 경계 지역 지정^{redlining}', 그러니까 부동산으로 더 좋은 투자 수익을 올릴 수 있는 백인 거주지에 흑인이 진입하지 못하도록 막는 행위(은행, 보험회사 등에서 개인의 신용도에 관계없이 특정 지역 거주민이나 특정 인종에게 담보 융자나 보험 등의 금융 서비스를 제한하는 것—옮긴이) 때문에 일어난다. 흑인은 재산이 적기 때문에 불완전 고용 상태에 있거나 실업 상태일 때 기댈 만한 경제적 완충 장치가 별로 없다. 이것은 특히 하위계층 흑인에게는 꿈도 꿀 수 없는 일이다. 또한 이러한 재산의 격차는 중간계층 흑인들이라 하더라도 그들

대부분은 이제 막 중간계층으로 진입했다는 사실을 의미한다. 중간계층에 갓 들어선 흑인의 양육 방식은 전형적인 백인 중간계층보다는 하위계층의 양육 방식과 더 유사할 수밖에 없다.

미혼모 비율에서도 차이가 있다. 백인 미혼모 비율이 24퍼센트인 데 비해서 흑인 미혼모의 비율은 72퍼센트다. 이러한 통계치는 흑인 아동의 수많은 문제를 대변한다. 편부모 가정에서의 빈곤율은 부모가 모두 있는 가정보다 훨씬 더 높다. 편부모 가정에는 어른이 한 사람밖에 없는데, 어른 수가 적으면 적을수록 환경이 주는 지적 자극은 더 적어진다.

흑인의 경제적 상황은 유동적이다. 미국 내 흑인 사회에서는 두 가지 변화가 일어나고 있는데, 하나는 흑인에게 유리한 변화이고 다른 하나는 매우 불리한 변화다.

첫째, 점점 더 많은 흑인이 중간계층으로 이동하고 있고, 이미 중간계층에 진입한 흑인들은 경제적 입지를 더 탄탄하게 다지고 있다. 적극적 고용 개선 조치Affirmative action(또는 소수자 우대 조치)가 이에 기여했을 것이다. 참고로 일부 연구자들은 적극적 고용 개선 조치 이전에 이미 상당한 발전이 있었다고 주장한다.

두 번째 변화는 아직 하위계층에 남아 있는 흑인의 경제적 상황이 점점 열악해지고 있다는 것이다. 빈곤층과 노동계층의 실질임금이 과거에 비해 더 낮아졌다는 앞 장의 내용을 기억할 것이다. SES가 낮은 흑인들에게는 적극적 고용 개선 조치의 효과가 거의 없다. 따라서 흑인 다수의 경제 상황은 과거보다 더 나빠졌고, 특히 젊은 흑인 남성들의 상황이 그렇다.

흑인, 특히 젊은 흑인 남성들의 일하려는 의욕은 이들을 신뢰하지 않는 사회의 태도에 부딪혀 꺾인다. 고용주들은 젊은 흑인 남성이 미덥지 않고 열정, 협동심, 친근함, 팀워크에 기여하는 능력, 의사소통 기술이 부족하다고 생각한다.

불행히도 고용주들은 이러한 고정관념에 명백히 반하는 사람들을 보고도 그걸 없애지 못한다는 증거가 있다. 비슷한 자격을 가진 흑인과 백인 지원자가 지원하면 백인 지원자가 채용될 가능성이 더 높다. 흑인과 백인 대학 졸업생들이 견습직 지원자로 위장해 실시한 실험 결과는 정말 오싹하다. 참여자들은 모두 잘 차려입고 말도 또렷하게 잘했는데, 자신들을 고등학교 졸업자라고 소개했다. 결과는 충격적이었다. 중죄를 지은 전과가 있는 백인 지원자가, 흠잡을 것 없는 흑인 지원자보다 더 좋은 평가를 얻었다.

멀쩡하게 고등학교 졸업장을 가진 흑인 남자조차 고정관념의 피해자가 되는 것이다. 이는 현실적으로 흑인 남성들에게는 졸업장의 가치가 덜하다는 것을 의미한다. 이것이 교육을 끝까지 마치고자 하는 흑인 남성들의 동기를 꺾어놓는다. 이런 점에서 흑인 여성들이 흑인 남성보다 더 좋은 교육 성과를 거두고, 더 나은 직업을 얻는 것은 이해할 만하다. 1965년 패트릭 모이니한Patrick Moynihan이 흑인 가정의 지위에 관한 유명한 보고서를 발표했을 때, 이미 흑인 여성의 고등학교 졸업률은 흑인 남성보다 30퍼센트 더 높았다. 2005년 조사에 따르면 25~29세 흑인 중 여성과 남성의 대학 졸업 비율은 1.69 대 1이었다.

우리는 실제로 학교교육을 더 많이 받은 사람이 더 똑똑하다는 사실을 알고 있다. 따라서 1980년경, IQ가 120 이상인 흑인 여성의 숫자가 흑인 남성의 두 배에 달했다는 사실은 그렇게 충격적으로 다가오지 않을 것이다. 이러한 차이는 유전 때문이 아니다. 백인의 경우 남성과 여성 간에는 평균 IQ의 차이가 없고, 오히려 IQ 분포의 최상위에 남성들이 더 많다(최하위에도 남성이 더 많다. 그래서 남녀의 평균이 같아지는 것이다). 연방정부의 사무직에 흑인 남성보다 흑인 여성이 두 배나 더 많이 종사하는 이유는 흑인 여성의 학력 우위 때문이다.

결국 SES가 낮은 흑인은 낮은 계층으로 인한 어려움뿐 아니라, 인종으로 인한 어려움이라는 이중고를 안고 있는 것이다. 흑인에 대한 부정적인 편견은 흑인들의 학습 의욕을 떨어뜨리고, 훌륭한 직업을 구할 수 있는 역량을 저해하여 그들의 삶을 파괴한다.

흑인에 대한 미국의 카스트제도

군나르 뮈르달 Gunnar Myrdahl이 말했듯이, 인종 문제는 '미국의 딜레마'다. 그러나 세계 어느 곳에서나 하층계급 사람들이 겪는 문제는 유사하다. 아프리카인 인류학자 존 오그부 John Ogbu가 개관한 연구들에 따르면, 뉴질랜드의 마오리족이나 일본의 특수 부락민, 북아일랜드의 가톨릭교도, 이스라엘의 세파르디 유대인, 인도의 지정指定 카스트(불가촉천민) 같은 소수집단은 학교에서의 수행이 떨어지고, 학교를 중퇴할 가능성이 높으며, IQ가 낮고, 범죄와 청소년 비행 비율이 높다. 인도에서 높은 카스트와 낮은 카스트 간의 IQ 차이는 미국에서의 흑백 차이를 뛰어넘는다. 뿐만 아니라 지구상에는 IQ 평균이 85 이하인 집단이 많다. 85는 과거 미국 흑인들에게서 흔히 관찰된 IQ지만 현재 흑인들에게서는 상당히 찾아보기 힘든 수치다. 20세기 초반 애팔래치아 산맥 지역에 살았던 백인과 미국으로 건너온 이탈리아계 이민 1세대, 영국의 운하용 보트 거주민 canal boat community, 스코틀랜드 외곽의 헤브리디스제도 거주민의 IQ가 이 수준이었다.

오그부는 강제로 미국에 끌려온 흑인 집단 같은 '비자발적' 소수집단(카스트적 소수집단)과 자신들의 선택에 의해 주류사회에서 격리된 몰몬교도나 아미시, 또는 이민자들 같은 '자발적' 소수집단을 구분했다.

이민자들은 새로 정착한 나라의 주류와 자신을 비교하기보다는 모국의 주류와 자신을 비교하여 자신들의 형편이 더 낫다고 생각하는 경향이 있다. 카스트의 하층에 있는 소수집단과는 달리, 이민자 집단은 본토인보다 범죄율이 더 낮은 경향이 있다. 그러나 이민자 자녀들의 범죄율은 더 높다. 아마도 그들이 자신의 상황을 사회의 주류와 비교해 불리하게 인식하기 때문일 것이다.

오그부는 카스트적 소수집단이 그들에게 주어지는 기회를 충분히 이용하지 못하는 이유를 '노력 낙관주의^{effort optimism}'의 부재, 즉 노력하면 보상이 있을 것이라는 확신의 부재로 설명한다. 사회 체제에 대한 신뢰의 부재로 소수집단 사람들은 노력에 대한 보상을 기대하지 않고, 학교에서도 열심히 공부하지 않는다. 심지어 이 집단 젊은이들은 주류사회에서 지향하는 교육의 가치를 전도시키기도 한다. 예를 들어, 미국의 젊은 흑인들은 학업에 열중하는 태도를 '백인처럼 행동하기'로 치부해버린다. 오그부는 지난 수십 년 동안 어린 흑인, 특히 남학생들의 태도를 연구해왔다. 어린 흑인 학생들은, 심지어 중간계층 학교에 다니는 중간계층 학생들조차 숙제를 덜한 상태로 수업에 들어가는 경향이 많고 더 산만하다. 놀랄 만큼 많은 학생들이 자신은 체육 특기생 장학금을 받고 대학에 진학할 수 있으므로 좋은 성적을 받을 필요가 없다고 생각한다. 그들은 선생님이나 상담 교사의 권유에도 불구하고, 학습에 자극이 되는 어려운 수업은 듣지 않으려 한다.

오늘날 인종 문제를 이해하기 위해서는 미국 흑인의 역사를 알아야 한다. 여기서 나는 그 역사를 되짚어보고 이를 과거에 커다란 편견의 대상이었던 아일랜드계 미국인의 역사와 비교해 살펴볼 것이다. 19세기 미국 북부의 경우, 21세기가 된다 한들 아일랜드인과 흑인의 삶이 과연 더 나아질지 불분명할 정도로 이들의 삶은 척박했다. 아래에서 이들에 관해 소개할 내용은 주로 토머스 소웰Thomas Sowell과 제임스 플린의 연구에 의존한다.

흑인들은 미국에 유럽인들이 정착하던 아주 이른 시기에도 존재했다. 식민지 건설 후 12년이 지난 뒤, 흑인 연한계약 노동자 indentured servants(계약 기간이 정해진 한시적 노동자—옮긴이) 스무 명이 버지니아주의 제임스타운으로 건너왔다. 18세기 버지니아에서는 흑인과 백인이 오늘날처럼, 그리고 어떤 점에서는 오늘날보다 더 차별 없이 어울려 지냈다. 흑인과 백인은 같은 교회에 다녔고, 목사가 흑인인 경우도 드물지 않았다. 유럽계 이주자들은 농경 방식, 요리법, 신화에 이르기까지 아프리카 문화를 받아들이고 흑인들과 함께 공동의 삶을 건설하였다.

18세기 미국 북부와 남부에서 흑인들은, 비록 식탁에서는 같은 자리에 앉지 않았을지라도, 사회에서 인정과 존중을 받는 지위를 누렸다. 흑인들의 삶은 대개 백인 연한계약 노동자와 크게 다르지 않았다. 그들은 일정 기간 도제로 일하다 자신의 선택에 따라 자유를 찾을 수 있었다. 흑인들은 평생 한 사람의 주인에게 종속되지는 않았다.

미국 북부의 많은 흑인은 본래 한 번도 노예였던 적이 없거나, 노예 계약에서 해방된 사람들이었다. 북부 대도시에서는 20세기 초반까지도 아일랜드인보다 흑인이 '자유 유색인free persons of color'이라는 이름으로 직원이나 이웃으로 더 선호되었다. 이때까지는 공장이나 가게 창문에 "흑인 선호, 아일랜드인은 지원할 필요 없음"이라는 문구를 볼 수 있었다. 북부 흑인 대부분은 하인이거나 반숙련 또는 비숙련 노동자였지만 기계공, 상인, 숙련 노동자도 여럿 있었다. 1860년 보스턴에서는 흑인이 아일랜드인보다 더 좋은 직업을 구했고, 뉴욕 호텔에서는 아일랜드인보다 흑인 직원들에게 더 많은 임금을 지불했다.

　1855∼1880년에 남부와 북부 지역에 거주한 흑인 가족의 85퍼센트는 가장이 남성이었다. 필라델피아에서는 다른 어떤 인종 집단보다 흑인에게서 남성이 가장인 가족의 비율이 가장 높았다. 19세기에 남성이 가장인 가족의 비율은 흑인보다 아일랜드인에게서 훨씬 더 낮았다. 북부 도시에서는 20세기 이전까지는 인종차별이 별로 없었다. 따라서 1910년 시카고에서는 흑인의 4분의 3 이상이 백인 거주지에 살았다.

　자유 유색인이 오늘날 도시 흑인urban black과 얼마나 달랐는지 이해하기 위해서, 1800년에 워싱턴D.C.에 살았던 흑인 500명과 그 후손들을 생각해보자. 이들은 1807년에 그들만의 학교를 세웠는데, 1862년에 흑인이 공립학교에 받아들여지기 전까지 흑인 아이들은 이 학교를 다녔다. 1870년에는 최초의 흑인 고등학교를 설립했다. 그때부터 20세기 중반까지, 그 고등학교 학생의 4분의 3이 대학에 진학했다. 이것은 오늘날의 백인 평균 대학 진학률마저 웃도는 것이다. 1900년대 초반 흑인 고등학생은 시에서 실시하는 성취도 평가에서 워싱턴D.C.에 있는 어떤 백인 고등학생보다 높은 점수를 받았다. IQ 검사에서도 이 고등학생들의 점수는 전국 평균을 웃돌았다. 이 고등학교의 졸업생들 중에는 최초의 흑인 장군, 최초의 흑인 각료, 최초의 연방 판사, 남북 재통합Reconstruction 이래 최초의 상원의원, 그리고 혈장을 발견한 과학자가 있다.

미국 북부에서 자유 유색인은 백인과 동등한 시민이 될 수 없는 운명이 아니었던 것이다. 그들은 아일랜드인보다 유리한 출발을 했다. 북부 흑인의 노력이 수포로 돌아가게 된 까닭은, 남부에서 수많은 흑인들이 노예화되고 이 가난하고 교육받지 못한 흑인이 19세기 후반부터 북부 도시로 이주했기 때문이다.

노예제도로 인한 남부 흑인의 상황은 아일랜드에 살았던 아일랜드인들의 상황과 크게 다르지 않았다. 이들 두 집단에서 중요하게 살펴보아야 할 점은 노동이 당사자들에게 어떤 혜택도 주지 못했다는 점이다. 따라서 열심히 일하는 것은 두 집단에서 문화적으로 인정받는 가치가 아니었다. 노예의 노동은 노예 소유주에게만 이익을 주었고, 아일랜드인의 노동은 영국인 부재지주에게만 이익을 주었다. 심지어 아일랜드인이 살았던 시골의 작은 오두막조차 지주가 소유하고 있었다. 아일랜드 사람들은 노력해봤자 그 이익이 지주에게 돌아가기 때문에 재산을 늘리려 애쓸 이유가 없었다. 전통적으로 아일랜드인이 노동을 싫어하게 된 또 다른 이유는 생태학적 조건 때문이다. 아일랜드의 토양을 가장 생산적으로 이용할 수 있는 방법은 감자를 기르는 것이었는데, 감자 농사는 1년에 겨우 2~3주만 일하면 된다. 19세기 중반 많은 아일랜드인이 처음으로 미국에 건너왔을 때, 그들에게는 꾸준히 일하는 문화가 없었다. 아일랜드인이 게으르다는 평판이 사라지기까지는 한 세기 이상이 걸렸다.

남부의 노예제도 철폐는 흑인들에게 경제적 자유를 주지 않았다. 노예제도하의 흑인들 상황이 남북전쟁 이후의 상황보다 여러 모로 오히려 더 나았다. 비록 흑인들이 처음에는 남북 재통합 기간의 정치적 자유를 즐겼고, 남군을 지지한 남부의 백인이 투표하거나 입후보하는 것이 금지되었기 때문에 연방정부 공무원으로 선출되기도 했으나, 또 한편 엄청나게 많은 흑인은 소작농 형식의 날품팔이로 살아가야 했다. 19세기 후반, 짐 크로^{Jim Crow} 인종차별법 (남북 재통합 이후 1876~1965에 다시 등장한 인종차별법을 짐 크로 법이라고 부른다. 짐 크로는 19세기 촌극의 주인공으로 흔히 흑인을 빗대어 부르는 말이었다—옮긴이)이 시행된 이후, 대다수 흑인의 경제 상황은 절망적이었다. 가난과 차별을 벗어나기 위해 많은 흑인이 북부 도심 지역으로 옮겨 갔다. 북부 지역으로의 이주는 19세기 말에 시작되어 1940년까지 10년마다 두 배씩 증가했다.

북부에 도착한 사람들은 절망적으로 가난했고, 기술은 거의 없었으며, 교육도 거의 받지 못했고, 시골 사람의 생활 습관과 태도가 철저히 몸에 배어 있었다. 그들은 수적으로 북부 자유 흑인들의 후손들을 압도했다. 그리고 북부 흑인 사회의 본질을 훼손했고 여러 사회병리적 문제를 야기했다.

만약 북부의 노동시장이 새 이주민에게 완전히 열려 있었더라면, 20세기 북부 도시 지역 흑인의 역사는 밝았을 것이다. 그러나 대부분의 산업에서 흑인들은 배제되었다. 조합원증을 가지고 있어야 임금이 높은 직업에 진입할 수 있던 시절에, 흑인들은 노동조합 가입을 거부당했다. 그나마 디트로이트의 자동차산업 같은 일부 지역의 일부 산업에서만 흑인이 조합에 가입할 수 있었다. 나머지 산업 부문에서 흑인들은 반숙련직이나 비숙련직으로 밀려났다. 심지어 이런 직종들에서조차 흑인들은 가장 늦게 고용되고 가장 먼저 해고되었다.

이에 반해 아일랜드인들은 백인이었기 때문에 조합에 받아들여졌고, 점차 최하층에서 하위계층으로, 궁극적으로는 다수가 중간계층으로 상승했다. 이외에도 정치적 요인과 가난한 가톨릭 이민자들 교육에 쏟은 가톨릭교회의 노력이 아일랜드인들의 신분상승을 도왔다.

20세기 중반 아일랜드에 사는 아일랜드인의 IQ는 미국 흑인과 같은 수준이었다. 영국 심리학자 아이젱크는 이 현상이 지능이 높은 아일랜드 사람이 지능이 낮은 사람을 남겨둔 채 다른 지역으로 이주했기 때문에 발생한 유전적 결과라고 설명했다. 그러나 이는 전적으로 틀린 주장이다. 오늘날 아일랜드의 1인당 국내총생산GDP은 영국보다 높고, 아동의 문해력은 영연방보다 높다. 이러한 성취는 우연이 아니다. 1960년대에 시작된 교육개혁의 결과, 고등학교 이상의 교육을 받은 사람의 비율이 1965년에 11퍼센트였으나 2003년에는 57퍼센트로 증가했다.

남부에서 이주해온 흑인들이 높은 임금을 받을 수 있는 노동조합에서 거의 배척당하는 등 형편이 좋지 않았는데도 경제적 여건은 남부에서 경험한 상황보다는 훨씬 나았다. 대공황기를 제외하고, 도시 빈민의 경제 여건은 한 세기 동안 지속적으로 향상되었으며, 특히 1960~1970년대에 급속히 향상되었다(바로 이 기간에 태어난 아이들이 가장 높은 학업 향상을 보였는데, 이는 결코 우연이 아니다). 심지어 1970년에 이르면, 부부가 모두 일하는 흑인 가정의 수입은 백인 가정과 거의 같아졌다.

흑인 중간계층은 계속 확대되고 있다. 직업적으로 중간계층에 속하는 흑인의 비율이 1950년 10퍼센트에서 1976년 31퍼센트, 2002년에는 52퍼센트로 증가했다. 그러나 이미 1960년대에 들어서면서, 흑인 사회 내에서 양극화가 진행된다. 다시 말해 중간계층은 성장하고 있었지만, 많은 흑인이 빈곤의 수렁에서 헤어나오지 못하고 있었던 것이다.

흑인 사회의 경제적 양분은 안정적인 결혼으로 인한 차이와 많은 관련이 있다. 직업을 가진 남자가 있는 가정은 아주 잘 굴러간다. 그러나 흑인 가정의 약 3분의 2는 여자가 가장이고, 이런 가정은 대개 가난하다. 학교를 중퇴하고 일자리를 얻지 못하는 흑인 남성은, 어머니 혼자 꾸려가는 편모 가정에서 자랐을 가능성이 높다. 이들은 학교를 중퇴하고 취업과 결혼에서 소외되곤 한다. 이런 식으로 악순환이 반복되는 것이다.

서인도제도인의 문화적 자산

북부의 자유 흑인과 예전에 노예였던 흑인의 후손 말고도 고려해봐야 할, 세 번째 흑인 집단이 존재한다. 이 사람들의 과거는 소름 끼치지만 현재는 과거보다 훨씬 나은 상태이며 미래는 더욱 밝다. 이 집단은 미국으로 건너온 서인도제도의 이민자들이다. 서인도제도인은 미국 인구의 1퍼센트 미만을 차지하지만 마커스 가비 Marcus Garvey에서 콜린 파웰 Colin Powell에 이르기까지 많은 흑인 명사를 배출했다. 1970년 통계에 따르면, 서인도제도인 2세대는 일반적인 미국인보다 소득 수준, 교육 수준, 그리고 전문직 비율에서 앞선다. 남부에서 이주해온 흑인과 달리 이들은 보통의 이민자들과 같은 행동을 취했다. 다시 말해 가능한 직업이라면 무엇이든 받아들였고, 저축을 했으며, 작은 사업을 시작했고, 자녀 교육을 위해 사치를 피하고 자신들을 희생했다. 그래서 본래 미국에 살던 흑인에 비해 전문직 종사자와 기업 고위직까지 올라간 사람의 비율이 훨씬 높다.

서인도제도의 노예제도가 미국보다 훨씬 더 끔찍하고 무자비했다는 점을 생각할 때, 이러한 성취는 매우 놀랍다. 이들의 성공을 유럽계 유전자나 유럽 문화의 유입으로는 설명할 수 없다. 왜냐하면 서인도제도인의 유전자 풀에 혼합된 유럽계 유전자는 미국 흑인보다 훨씬 적기 때문이다. 뿐만 아니라 서인도제도의 문화는 미국 흑인 문화보다 훨씬 더 많은 부분이 아프리카에 뿌리를 두고 있다. 반면 도심 흑인 빈민가 주민들은 서아프리카 문화보다는 18세기 북부 아일랜드나 스코틀랜드 국경 지역의 문화, 그리고 미국 남부 흑인 문화를 모방한 백인 농부의 영향을 훨씬 더 많이 받았다고 소웰은 주장했다.

소웰의 견해에 따르면, 서인도제도인의 이러한 예외적 성공의 열쇠는 그 지역 노예제도의 특징에 있다. 미국 남부 노예는 중앙 부엌에서 밥을 먹거나, 이미 요리된 음식을 분배받아 자신의 거주지에서 먹었다. 서인도제도에서는 흑인이 직접 곡식을 재배했고, 남는 것은 시장에 내다 팔았다. 백인의 숫자가 적었기 때문에, 숙련된 기술이 필요한 노동이나 기능직 노동, 그리고 기업 활동의 대부분을 흑인 인구가 담당했다. 따라서 미국에 이주한 서인도제도인들은 비록 가난했지만 남부에서 북부로 이주해온 흑인들에 비해 주어진 기회를 이용하기에 훨씬 더 유리한 위치에 있었던 것이다.

물론 서인도제도에서 미국으로 온 이민자들이 서인도제도 인구 전체를 대표하는 집단은 아니다. 이들은 서인도제도 인구 전체에 비해 전문직과 관리직에 종사하는 비율이 높다. 최하층 사람들은 별로 포함되어 있지 않았던 것이다. 서인도제도 사회의 하층민을 대표하지는 못한다는 얘기다. 소수 특별한 사람들만이 미국에 이민을 왔기에 성공할 수 있었다고도 할 수 있을 것이다. 어쩌면 이 소수는 유전적인 이점을 어느 정도 가지고 있었는지도 모른다.

이 점을 감안하더라도, 서인도제도인의 직업과 교육에서의 뛰어난 성취는 인종차별의 장벽이 극복 가능한 것임을 보여준다. 다시 말해 인종차별이 얼마나 심하든, 뛰어난 기술과 일에 대한 긍정적인 태도를 가지고 있기만 하다면, 흑인도 높은 수준의 성취를 할 수 있다는 것이다. 실제로 서인도제도 출신이 많이 사는 뉴욕을 비롯한 다른 도시에서 이들에 대한 고정관념은 '믿음직하고 열심히 일한다'처럼 긍정적이다. 그래서 경쾌한 카리브식 억양은 노동시장에서 강점으로 작용한다.

양육 방식

서인도제도인의 문화적 자산이 보기 드물게 훌륭한 반면 미국 본토 출신 흑인의 문화적 자산은 미국 주류집단에 비해 크게 부족하다. 흑인들의 불리한 사회경제적 조건에 더해, 많은 흑인은 그들과 비슷한 사회경제적 환경에 놓인 백인에 비해 IQ와 학업 성취에 도움이 안 되는 방식으로 자녀를 양육하는 문제점을 갖고 있다.

무엇보다 중요한 차이는 흑인 부모가 자녀와 언어적으로 상호작용하는 방식에 있다. 5장에서 이미 전문직 부모의 자녀는 하루에 약 2,000단어를 듣고 노동계층 부모의 아이들은 흑인이든 백인이든 하루에 약 1,300단어를 듣는다는 점을 지적한 바 있다. 하지만 생활보호 혜택을 받는 흑인 가정에서 태어난 아동의 경우에는, 하루에 겨우 600단어만 듣는다. 전문직 부모의 자녀는 세 살까지 3,000만 단어를 듣지만, 생활보호 대상 흑인 가정의 아동은 겨우 1,000만 단어를 듣는 것이다. 전문직 부모의 세 살짜리 아이가 그 부모에게 이야기할 때 사용하는 어휘가 생활보호 대상 가정 어머니가 자녀에게 이야기할 때 사용하는 어휘보다 더 풍부하다!

지난 장에서 다룬 인류학자 히스의 연구로 돌아가보자. 그녀는 1960~1970년대에 세 유형의 가정을 연구했는데, 각 가정에서 수개월간 함께 생활하면서 아이들의 학교에도 따라갔다. 그녀는 부모 중 적어도 한 사람이 교사인 중산층 가족과 백인 노동계층 가족, 흑인 하위계층 가족을 연구했다. 노동계층 가정은 여러 면에서 중산층 가정과 달랐는데, 이런 특징은 흑인 하위계층 가정에서도 발견되었다. 그러나 언어가 사회화되는 과정만은 흑인 하위계층과 백인(중산층이건 노동계층이건 상관없이) 사이에 큰 차이가 나타났고, 흑인 가정의 방식은 아이들의 학업에 치명적이었다.

빈곤층 흑인 아동은 언어적 소통과 비언어적 소통이 모두 빈번한 대가족에서 태어난다. 그러나 어른이 아이에게 직접 말을 거는 법은 거의 없다. 어른들은 아기가 내는 소리가 어떤 단어인지 해석하려고 노력하지 않을뿐더러 아이를 위해 단순한 언어로 바꾸어 쉽게 말해주지 않는다. 사물이나 사건에 이름을 붙여주거나, 한 상황에서 접하는 사물을 다른 맥락에서 만난 사물들과 연결해주려는 노력도 거의 하지 않는다. 다시 말해 한 상황에서의 학습이 다른 상황들로 확장될 수 있도록 사물을 탈맥락화하는 작업을 하지 않는 것이다.

아이는 교육 효과가 있는 장난감을 가지고 놀지 않고 숟가락, 플라스틱 용기, 냄비 뚜껑 등의 안전한 주방용품을 가지고 놀았다. 좀 더 나이가 들면 전기로 작동하는 장난감이나 기계적인 장난감을 가지고 놀지만, 블록, 조립식 장난감, 퍼즐 등 직접 조작해야 하는 장난감을 가지고 놀지는 않았다.

흑인 빈곤층 아동은 책도 별로 없었다. 어른들은 신문, 편지, 달력, 광고지, 성경을 읽어주었지만 주일학교 수업 자료를 제외하면 특별히 아이들을 위한 읽을거리는 없었다. 어른들은 아이를 안고 책을 읽어주지 않았다. 잠자리에 들기 전에 정해진 절차가 없었고, 심지어 취침 시간이 정해져 있지 않아 잠들기 전에 책 읽어주기가 일과로 자리 잡을 수 없었다.

어른들은 아이들에게 자신들의 환경에 대하여 "이게 뭐지?"라는 질문을 하지 않았다. 대신 "저게 뭐랑 비슷하니?" 같은 비특정 비교 질문을 자주 던졌다. 아마 이런 질문 때문에 흑인이 IQ 검사의 유사성 하위 검사를 아주 잘하는지도 모른다. 두 사건을 은유적으로 연결짓는 능력은 학교에서는 아무런 이득이 되지 않는다. 사실 이런 능력은 흑인 학생들이 교사가 의도하지 않은 사물들 간의 연결성을 보도록 만들어 오히려 문제가 되기도 한다. 초등학교 고학년이 되어야 아이들은 비교하고 평가하는 질문을 받고, 이 단계에서는 유사성을 찾아내는 능력이 유용하다. 그러나 이때 아이들은 이미 너무 뒤처져 있고, 교사가 받아들일 만한 유추법을 사용할 언어 능력과 독해력을 갖추지 못했다.

집에서는 어른들이 아이들에게 정답이 있는, 즉 답을 알고 있는 질문("빌리야, 코끼리는 무슨 색이지?")을 하지 않았다. 그 결과 아이들은 그런 질문에 답할 준비가 되어 있지 않은 채 학교에 들어간다. 아이들은 교사가 던진 가장 간단한 질문에도 대답하지 못했다.

왜냐하면 질문의 형태가 너무 낯설어서 어찌할 바를 모르기 때문이다. 이런 식이다. "선생님도 몰라서 물으시는데 내가 모르는 건 당연하지."

이 아이들은 집에서 충분한 시간이 주어지면 이야기를 잘했다. 그러나 집에서 아이들이 하는 이야기는 학교에서는 유용하지 않았고 시작과 끝이 없었다. 듣는 사람들이 흥미를 잃을 때까지 그저 재미를 주기 위해 노력할 뿐이었다. 이 아이들은 백인 노동계층 아이들이나 백인 중산층 아이들보다 화술은 뛰어났다. 흑인의 화술은 특히 엔터테인먼트 산업 종사자나 성직자 사이에서 두드러진다. 최악의 흑인 목사가 한 최악의 주일 설교가 최고의 백인 목사가 한 최고의 주일 설교보다 낫다는 속설이 있을 정도다.

아이들은 학교에서 사물을 형태, 색깔, 크기에 따라 분류할 줄 알아야 한다. 그러나 빈곤층 흑인 아동은 범주화하는 방법을 배운 적이 없어 이런 과제를 아주 낯설어했다. 그리고 책에 있는 장면을 해석하라는 주문을 받으면, 책에 나온 장면을 실제 세상의 구체적인 대상이나 사건과 연결짓기 어려워했다.

1980년대 후반에 히스는 노스캐롤라이나로 돌아가 자신이 20여 년 전에 연구한 아이들의 자녀를 연구했다. 그녀가 처음 방문했던 지역의 본래 모습은 이미 사라졌다. 일부 부모들이 일하던 방직 공장은 문을 닫았고, 농장은 기계화되었으며, 일부 아이들은 이곳을 떠나 도시에서 중간층 직업을 구했다. 히스가 다시 찾아가 연구한 사람들은 옛 마을의 슬럼가에 살거나 애틀랜타의 저소득층 아파트에 사는 사람들이었다.

20년 전에 연구 대상이었던 아이들은 이제 부모가, 대개는 어린 나이에 부모가 되었다. 사실 히스가 연구한 여자아이들 중에서 그 마을에 그대로 살던 아이들은 모두 십대에 엄마가 되었다. 이 엄마들은 자녀에게 아기가 알아들을 수 있는 말로 이야기하지 않았으며, 아이를 위해 주변 사물의 이름을 알려주지도 않았다. 그들은 아이들에게 하루 동안 있었던 일을 물어보지 않았다. 아이가 이야기하면서 알고 있는 지식을 말할 때 엄마는 비웃기도 했다.

많은 경우에 외할머니가 아이를 돌보았고, 십대 엄마는 고등학교로 돌아가 또래들과 관계를 맺었다. 히스가 연구한 십대들 중 한 명은 늘 생활보호 상태에 있었는데, 아이와 거의 상호작용하지 않았고, 어떤 대화에도 아이를 참여시키지 않았다. 아이를 대화에 참여시킨다 하더라도, 상호작용은 대개 1분도 지속되지 않았다. 그녀가 아이에게 만들어주는 환경은 자신이 자란 노스캐롤라이나의 대가족에 비해 언어적으로나 사회적으로 훨씬 열악했다. 언어 경험은 수동적으로 TV를 보거나 영화나 TV 관련 잡지를 읽는 데 머물렀다. 그녀와 친한 사람들은 대부분 그녀가 거친 프로젝트에서 만나 잠시 관계를 맺은 여성들이었다. 이 사람들은 오로지 사회보장을 받기 위한 서류를 어떻게 받아오는지, 탁아소 규칙이 어떻게 바뀔지, 아이들 아버지가 돈을 다시 보내게 만들려면 어떻게 해야 하는지 같은, 눈앞에 닥친 일에 관한 이야기밖에 하지 않았다. 히스의 보고서에 따르면, 적어도 1980년대 후반에 어린 부모에게 태어난 아이들은 분명 인지적·사회적·정서적으로 자신의 부모보다 훨씬 열악한 환경에서 자랐다.

1980년대에 수행된 더 체계적인 연구들도 1980년대와 현재의 흑인 가정환경이 지적으로 매우 빈곤하고 정서적으로 척박하다는 히스의 주장을 확인시켜준다. 메러디스 필립스Meredith Phillips, 잔 브룩스건Jeanne Brooks-Gunn과 동료들은 흑인과 백인의 가정환경을 측정한 연구들을 면밀히 검토했다. 분석은 두 가지 자료에 기초했다. 하나는 CNLSY라는 전국아동종단조사Children of the National Longitudinal Survey of Youth 자료였다. 이 조사는 1986년에 시작되었고, 1979년에 14~22세 부모에게 태어난 아동 6,000명 이상을 대상으로 했다. 광범위한 인구통계학적 변인과 가정환경 변인이 연구되었다. 두 번째 자료는 유아건강과 발달프로그램IHDP: Infant Health and Development Program의 자료로, 여기서는 8개 병원에서 체중이 2.5킬로그램 이하로 태어난 아이들을 연구했다. 이런 아이들은 건강하지 못할 뿐만 아니라 IQ도 낮을 위험이 있다. 다음 장에서 나는 이 아이들의 IQ와 학업 성취도를 향상시키기 위한 아주 야심찬 개입 프로그램에 관해 이야기할 것이다. 여기서는 우선 IHDP의 통제집단에 속한, 출생 시 체중이 2~2.5킬로그램이던 흑인과 백인 아이들 315명만을 소개하고자 한다.

필립스와 동료들은 HOME이라는 측정치로 가정환경을 조사했다. 이 측정치는 가정을 방문한 면접관이 관찰한 내용과 어머니들에게 던진 질문에 기초한다. 조사 대상에는 '집 밖에서의 학습 기

회(박물관에 가는지, 친구 집을 방문하는지, 식료품 가게에 함께 가는지),
가정 내 문해력 학습 기회(아동에게 책이 열 권 이상 있는지, 어머니가
책을 읽어주는지, 가족들이 신문을 읽는지, 가족들이 잡지를 구독하는지),
인지를 자극하는 가정 내 활동들(문자, 숫자, 색깔, 모양, 크기 인식 같
은 능력을 향상시킬 수 있는 도구들이 있는지), 처벌(면접관이 있는 동안 아
이들이 맞은 적이 있는지, 어머니의 훈육 방식은 어떠한지), 어머니의 온
정(면접관이 있는 동안 어머니가 아이에게 뽀뽀해주는지, 쓰다듬어주는지,
껴안아주는지, 어머니가 아이의 성취를 칭찬해주는지), 그리고 물리적 환
경(집 안이 적당히 깨끗하고 정돈되어 있는지, 아동의 놀이 환경이 안전한
지)'이 포함되었다.

두 연구에서 흑인 가정과 백인 가정의 차이는 확연했다. 흑인 가
정의 경우, HOME 점수와 인지적 변인들이 밀접하게 관련돼 있었
다. CNLSY 연구를 보면, 어머니가 매일 책을 읽어주는 경우와 전
혀 읽어주지 않는 경우를 비교했을 때, 5세와 6세 아동들의 어휘
력 점수 차이는 IQ 4점에 해당했다. 또한 IHDP 연구의 경우,
HOME 점수가 1 표준편차 더 높은 가정의 아동은 IQ 점수가 9점
더 높았다.

하트와 리슬리는 5장에서 소개한 캔자스 가족 연구에서, 처벌과
따뜻함 차원에서 부모가 아이들에게 어떻게 대하는지를 관찰한 결
과 집단 간 차이가 크다는 것을 발견했다. 전문직 가정 아이들은
꾸중 한 번에 칭찬 여섯 번을 받고, 노동계층 가정의 아이들은 꾸
중 한 번에 칭찬 두 번을 받았다는 것은 이미 소개한 바 있다. 그런

데 생활보호 대상자인 흑인 가정 아이들은 칭찬 한 번에 꾸중을 두 번 듣는다. 백인 전문직 가정 아이가 3세가 되면, 이 아이는 칭찬 50만 번을 듣고 꾸중 8만 번을 듣는다. 그러나 생활보호를 받는 흑인 가정 아이가 3세가 되면 칭찬 7만 5,000번과 꾸중 20만 번을 듣게 되는 셈이다!

이러한 차이는 인지 발달에 매우 중요한 결과를 가져온다. 아이를 낙담시키는 흑인의 양육 방식은, 적어도 1980년대까지는, 심지어 중산층 흑인 가정에서도 어느 정도 발견된다. 흑인 가정이나 백인 가정에서 양육된 흑인 아동과 다른 유색인종 아동을 비교한 엘시 무어의 연구를 보면, 백인 양부모에게 양육된 흑인과 혼혈 아동의 IQ는 흑인 양부모에게 양육된 흑인과 혼혈 아동보다 13점 더 높았다. 이 차이 중 얼마만큼이 가정환경 때문이고, 얼마만큼이 학교나 거주지 환경 때문인지는 알 수 없다. 그러나 분명한 점은 흑인 가정의 환경이 백인 가정에 비해 아이들의 인지 발달을 촉진하는 데 불리하다는 것이다.

무어의 연구원들은 입양 가정을 방문해 아이에게 어머니 앞에서 토막 짜기 과제를 해보도록 했다. 이 과제는 주어진 그림을 보고 블록을 사용해 그림과 같은 모양이 되도록 맞추는 것이다. 그 결과, 흑인 어머니들에 비해서 백인 어머니들이 훨씬 더 지지적이고 덜 비판적이었다. 아이들이 과제를 어려워하면, 백인 양어머니들은 농담이나 미소, 웃음으로 긴장을 풀어주려 했다. 흑인 양어머니들은 얼굴을 찌푸렸다. 백인 양어머니들은 아이들이 문제를 해결하려고 노력하는 것을 격려했다("이야. 그거 재미있는 생각이다" 또는 "잘하는구나!"). 흑인 양어머니들은 못마땅함을 표현하는 편이었다 ("틀린 거 알잖아" 또는 "네가 정말 열심히 했다면 이것보다 더 잘할 수 있었어"). 백인 어머니는 학습을 촉진하는 방향으로 아이들을 도와줬다. 이를테면 아이들이 스스로 토막 짜기 과제를 하는 방법을 알아낼 수 있도록 제안해주었다("한 번에 한 부분씩 맞추어보는 게 어떨까?"). 흑인 어머니는 아이가 스스로 과제를 완성하는 방법을 발견할 수 있는 기회를 주지 않고, 구체적으로 지시하는 경향이 있었다 ("그렇게 하면 돼. 그걸 이렇게 돌려야지"라고 말하고는 아이에게 적절한 방법을 보여주었다). 백인 어머니의 태도는 기본적으로, '네가 노력했다면, 틀려도 괜찮다'는 식이었다. 흑인 어머니는 화를 내고 믿음이 부족한 태도를 보였다.

그러나 위의 결과에 대해 다음 두 가지를 유념해야 한다. 첫째, 우리는 이러한 행동이 아이들의 지적 발달에 얼마나 영향을 미치는지, 거주지 · 또래 · 학교 같은 환경 요인의 영향은 어느 정도인지 모른다. 둘째, 오늘날 흑인과 백인 중산층 어머니들에게서도 이러한 차이가 여전히 나타날지 의문이다. 이 연구는 거의 25년 전에 실시되었고, 중산층 부모 2세대는 1세대와는 다르게 행동할지도 모른다. 물론 우리는 중산층 2세대 어머니들이 자녀의 탐구심과 지적 성장을 더 촉진하는 방향으로 행동할 것이라고 기대할 수 있다.

이 장과 이전 장의 결론은 동일하다. 즉 유전은 흑인과 백인의 IQ 차이를 전혀 설명하지 못한다. 이들의 차이는 대부분 환경의 차이에 의해 유발되었을 것이다. 비록 하위계층 흑인과 백인은 불리한 조건들을 공유하고 있지만 흑인, 그중에서도 특히 노동계층과 최하층 흑인은 직업적 발전을 가로막는 인종적 편견에 시달린다. 흑인 문화의 어떤 측면은 계층에 상관없이 백인 문화보다 인지적 발전을 향상시키지 못하는 특징을 지니고 있다. 또한 중산층 흑인을 제외한 모든 흑인의 거주지와 학교는 이런 문화적 불리함을 악화시킨다. 심지어 중산층 흑인 집단에서도, 남자 청소년들 사이에는 반灰성취적인 하위문화가 존재한다. 이 하위문화는 운동 능력이나 연예 계통의 재능, 거리에서 잘 살아남는 능력^{street smarts}이 학업 능력을 대체할 수 있다는 믿음을 강화한다.

나는 모든 일이 정상적으로 흘러가기만 한다면 흑인의 삶에서 사회경제적인 면과 지적인 면이 천천히 발전해갈 것임을 의심치 않는다. 범죄율과 마약 사용률은 이미 지난 몇 년간 지속적으로 감소하고 있다(2005년 이후 폭력 범죄는 증가했지만). 또한 흑인들의 중산층 진입 그리고 IQ와 학업 성취도 역시 지속적으로 향상되고 있다.

다음 장에서는 빈곤층 흑인의 노동계층으로의 이동, 노동계층 흑인의 중산층으로의 이동을 앞당길 수 있는 방법이 있는지 살펴보려 한다.

INTELLIGENCE
AND HOW TO GET IT

7장

차이를 좁히는 방법

보완교육을 시도했으나 이는 명백히 실패했다.

아서 젠센 (1969)

학교 개혁이 여러 (능력) 검사에서
측정되는 인지 능력 불균형을 개선한다는 증거는 없다.

크리스토퍼 젠크스 외 (1972)

얼마나 많은 돈을 지출할 준비가 되어 있든 간에,
의미 있는 수준의 지속적인 지능 향상을 추구하는
정책을 지지할 만한 근거는 없다.

찰스 머리 (2007)

2002년에 미국 의회는 아동낙제방지법No Child Left Behind Act을 통과시켰다. 이 법은 2014년까지 학교에서 사회계층, 소수집단과 백인 간의 차이를 없애는 것을 의무화했다. 의회에서 정말로 그런 성취가 가능하리라 믿었는지 잘 모르겠다. 만약 그랬다면, 의원들은 학업 성취에 작용하는 여러 영향력에 아주 무지한 것이다.

지적 자산은 가정과 지역사회, 학교에서 탐구심과 성취를 자극하고 지지한 결과로 얻을 수 있는 것이다. 강제로, 그것도 학교만 바꾸면 변화할 거라는 생각은 터무니없다. 게다가 소수집단과 빈곤층 아이들이 다니는 학교의 문제점은 하룻밤 사이에 획기적으로 개선될 수 없다. 여기에는 보상이 적은 학교에서 기꺼이 일하려는 교사들의 자질, 학교 경영의 수준, 높은 전학률로 인한 어려움, 그리고 학생들의 학업 성취를 장려하지 않는 가정이나 지역 등의 특성이 포함된다.

이전 장에서 다룬 내용에 따르면 이론상으로는 흑인의 성취도와 백인의 성취도의 차이를 좁힐 수 있는 정도에는 한계가 없다. 매우 광범위하고 다양한 문화 집단을 형성한 히스패닉의 지적 능력에 관한 연구는 훨씬 적지만, 이들이 백인과의 차이를 메우지 못할 거라고 생각할 이유는 없다.

그러나 흑인과 백인, 히스패닉과 백인 간 차이와는 달리, 사회 계층 간의 학업 성취와 IQ 차이는 결코 줄어들 것 같지 않다. 다른 이유가 없는 한 이것은 사실이다. 왜냐하면 부유층은 언제나 자녀에게 더 나은 교육을 제공하는 방법을 찾고, 양육 방식에서도 앞서며, 언제나 환경이 우수한 동네에서 자녀들을 양육하기 때문이다. 게다가 하위계층과 중산층 유전자 풀은 어느 정도 차이가 있게 마련이다. 1장에서 언급했듯이, 한 가족 내 형제들 중 IQ가 뛰어난 사람이 훨씬 높은 사회경제적 지위SES를 얻었다는 점을 떠올려보자. 높은 IQ는 부분적으로 부모의 유전자 풀에서 좋은 유전자를 물려받은 행운 덕이므로, SES가 높을수록 지능에 더 유리한 유전자를 갖게 된다. 따라서 SES가 높은 사람은 더 나은 유전자와 더 나은 환경을 제공함으로써 후손에게 더 높은 지능을 물려주게 된다.

그러나 이것을 이유로 SES가 낮은 사람들이 지적인 측면에서조차 비관적 운명을 타고났다고 생각해서는 안 된다. SES가 낮은 부모에게서 태어나 중상계층에서 양육된 아이들의 IQ가 12~18점 향상되었다는 2장의 내용을 떠올려보자. 이론적으로 SES가 낮은 사람의 지적 자산을 향상시킬 수 있는 가능성은 매우 높다.

그러나 우리는 SES가 낮은 사람과 불리한 조건에 놓인 소수집단에서 현실적으로 어느 정도 향상을 기대할 수 있을까?

취학 전 개입

내가 지능의 가변성에 관한 책을 쓰고 있다고 이야기하면, 사람들은 때때로 시간낭비하지 말라면서 헤드 스타트^{Head Start}(미국 보건복지부에서 빈곤층 아동과 가족의 교육, 보건, 영양, 양육 환경 개선을 위해 실시한 프로그램—옮긴이)가 효과가 없었다는 이야기를 해주었다. 많은 사람이 특정 프로그램 하나를 보고는 지능을 끌어올릴 수 있는지 그렇지 않은지 결론을 내리고 만다.

헤드 스타트는 본래 보완교육^{compensatory education} 프로그램으로, 기본적으로 3~4세 빈곤층 아동의 건강과 복지를 향상시키는 것을 목적으로 한다. 이 프로그램을 만든 사람들 중 몇몇은 아이들의 지능과 학교에서의 수행 그리고 이후 삶이 향상되기를 바랐다. 헤드 스타트는 34주간, 일주일에 다섯 번씩, 하루 12시간 동안 실시했으나, 인지적 영역에 특화된 부분은 많지 않았다.

헤드 스타트는 실패했을까? 관점에 따라 다르다. 신체 건강이란 측면에서는 큰 반향을 일으켰다. 프로그램에 참가하지 않은 아동과 비교했을 때 이 프로그램에 참가한 아동의 사망률은 33~75퍼센트 더 낮았다. 사실 이 프로그램은 빈곤층 아동의 사망률을 일반 아동과 같은 수준으로 끌어내렸다.

프로그램 실행 초기에 헤드 스타트 프로그램을 마친 아동이 5세가 되었을 때 인지검사 점수는 약 .35 표준편차, IQ로는 약 5점 향상되었다. 최근 연구에 따르면 6~7세 때에도 여전히 IQ와 성취도에서 .10~.20 표준편차만큼의 효과가 있었다. 이러한 효과는 아이들이 초등학교 고학년이 되면 사라진다. 최근 보고에서는 5세 때의 효과가 약 .25 표준편차 정도로 더 줄어들었다. 그러나 오늘날에는 취학 전 개입 연구에서 진정한 의미의 통제집단을 찾기 힘들다. 빈곤층 아이들이라도 대부분 취학 전 보육pre-kindergarten care을 받기 때문이다. 그래서 프로그램 효과를 검증할 때, 처치집단의 비교 대상이 되는 집단은 무처치no-treatment집단이 아니라 어떤 종류의 보육을 반쯤 받고 있는 아이들이 된다 .

뜻밖에도 헤드 스타트가 학업에 미치는 장기 영향에 대한 평가는 거의 실시되지 않았다. 드물게 실행한 조사에 따르면, 고등학교 졸업률에 미치는 헤드 스타트의 효과는 통제집단 대비 2~5퍼센트 정도로 아주 작았고, 대학 진학률도 통제집단보다 3~6퍼센트 높은 정도에 그쳤다. 헤드 스타트 비용은 아동 한 명당 7,000달러다. 이 프로그램이 지능과 학업 능력 측면에서 그만큼이나 가치 있는 성과를 거두었는지는 알 수 없다.

출생 시부터 3세까지 지속되는 조기 헤드 스타트 프로그램도 기존 헤드 스타트 프로그램보다 나을 것이 없다. 조기 헤드 스타트 서비스에는 아동 발달, 아동 보육, 가정 방문, 부모의 양육 방식 교육, 가족 지지 서비스가 포함되었다. 개별 프로그램에서 강조되는 서비스의 종류에는 큰 차이가 있었다. 순수하게 인지적인 변인에서 정서적인 변인과 사회적 변인에 이르기까지, 효과의 크기는 .10～.30 표준편차였다. 백인 아동보다는 소수집단 아동들에게 조금 더 효과가 있었다. IQ 향상에 가장 성공한 프로그램에서조차 단기 효과의 크기가 4점 이하였으나 어휘력은 .40 표준편차 향상되었다. 이 프로그램은 비용이 많이 들고, 장기 효과로 이를 정당화할 수 있을지 불분명하다.

그러나 헤드 스타트보다 더 야심 찬 프로그램도 있으며, 이중 일부는 더 효과적일 뿐 아니라 그 효과가 오래 지속되었다. 흑인 아동을 대상으로 한 더 나은 소규모 취학 전 프로그램 10여 가지 결과를 개관한 연구에 따르면, 이 프로그램을 통해 IQ가 크게 향상되었다. 구체적으로 5세 때 .70 표준편차 이상의 향상을 보였다. 이 프로그램은 초등학교 입학 후 처음 몇 년간 학업 성취도에서도 유의미한 향상을 가져왔으나, 이 효과는 보통 점차 줄어들어 완전히 사라진다.

양질의 환경이 유지되지 않으면 개입 효과는 소멸된다. 아이들의 뇌가 점토 같다고 가정할 때만, 한 번 형성된 좋은 모양이 계속 유지될 거라고 기대할 수 있다. 그러나 아이들의 뇌가 근육 같은 거라면, 좋은 수행을 유지하기 위해서는 지속적으로 지적 자극을 주는 환경과 활동을 통한 연습이 필요하다. 나는 뇌를 근육에 비유하는 관점을 선호하고, 실제 관찰되는 자료도 이런 관점에 더 잘 들어맞는다.

실제로 취학 전 교육 프로그램 중 일부는 즉각적인 IQ 향상뿐만 아니라 장기적인 차원에서 IQ와 학업 성취도 향상을 가져온다. 효과적인 프로그램들 중에서, 아이들을 처치집단과 통제집단에 무선 할당하는 방법을 사용하고 아이들이 청소년이나 성인이 될 때까지 추적 연구한 세 가지 프로그램을 살펴보자.

로렌스 슈웨인하트Lawrence Schweinhart와 데이비드 와이카트David Weikart는 1962~1967년에 미시간의 입실란티에서 페리 프리스쿨 프로그램Perry Preschool Program을 실시했다. 이 프로그램은 스탠퍼드 비네 IQ 검사에서 어머니의 IQ가 75~85인 빈곤층 흑인 아동 58명을 대상으로 했다. 첫 해에는 4세부터 프로그램을 시작했고, 그 이후 4년간은 3세부터 시작했다.

페리 프로그램은 30주간 매일 아침 2시간 30분간 교실에서 진행되는 세션으로 구성되어 있고, 인지 능력과 사회성을 육성하는 활동에 초점을 맞추었다. 아동 대 교사 비율의 평균은 6대 1로 굉장히 낮았고, 프로그램 진행자들은 유아 발달과 교육에 관한 훈련을 아주 잘 받은 사람들이었다. 교사들은 일주일에 한 번 각 아동의 가정을 90분간 방문하여 어머니가 교육 과정에 참가하도록 했다. 아이들 58명이 처치집단, 65명이 통제집단에 포함되었다. 프로그램을 마친 후, 아이들은 자신이 사는 가난한 동네 학교에 입학했다.

통제집단 아동의 5세 때 평균 IQ는 83이었다. 처치집단 아동의 IQ는 95였다. 처치집단 아동의 IQ는 학년이 올라갈수록 떨어져서

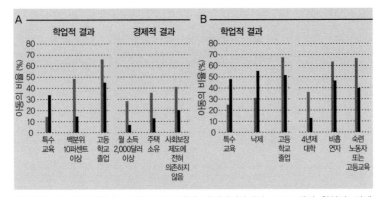

〈그림 7-1〉 페리 취학 전 개입 프로그램과 에이비시다리안 프로그램의 학업적·경제적·사회적 결과다. A는 페리 프로그램 참가자들이 27세 때 수집된 자료. 백분위 10퍼센트 이상은 14세 때 CAT에서 하위 10퍼센트 이상의 점수를 받은 아동의 비율을 나타낸다. 고등학교 졸업은 제때 고등학교를 졸업한 아동의 비율을 말한다. B는 에이비시다리안 참가자들이 21세 때 수집한 자료로 옅은 색 막대 그래프는 개입집단, 짙은 색 막대 그래프는 통제집단이다. Knudsen, Heckman, Cameron, & Shonkoff (2006).

통제집단 아동의 평균과 같은 수준인 85까지 낮아졌다.

　IQ가 감소했다는 점은 실망스럽지만, 프로그램 종료 이후 아이들이 놓이게 된 가정과 동네, 학교 같은 환경을 고려하면 그렇게 낙담할 결과는 아니다. 놀라운 점은 바로 학업 성적의 향상과 그에 따른 경제적·사회적 향상이 엄청났다는 것이다. 이 결과는 〈그림 7-1〉의 A에 요약되어 있다. 통제집단 아이들 중 약 3분의 1이 조사 기간 중 어느 시점에서든 특수교육 학급에 배정된 반면, 처치집단 아이들은 13퍼센트만 그러했다. 14세 때, 통제집단 아동의 14퍼센트만이 캘리포니아 성취도 검사에서 백분위 점수 10점을 넘어선 데 비해, 처치집단 아동은 거의 절반이 10점을 넘겼다. 읽기,

수학, 언어 성취도 점수에서 효과의 크기는 .50~.75 표준편차였다. 통제집단 아동의 43퍼센트가 가까스로 고등학교를 졸업한 반면, 처치집단 아동은 65퍼센트가 고등학교를 졸업했다. 고등학교 성적도 처치집단이 통제집단에 비해 .57 표준편차 더 높았다. 27세 때 통제집단의 겨우 6퍼센트 정도만 월 2,000달러 이상 벌었지만, 처치집단은 28퍼센트가 월 2,000달러 이상 벌었다. 통제집단의 경우 11퍼센트가 자기 소유 집이 있었던 반면, 처치집단은 33퍼센트가 자기 소유 집이 있었다. 통제집단의 20퍼센트만이 생활보호를 면했으나, 처치집단은 40퍼센트가 생활보호 대상자가 되지 않았다. 통제집단 여성들 중 8퍼센트가 결혼했고 처치집단은 40퍼센트가 결혼했다. 40세까지, 통제집단의 55퍼센트가 5회 이상 구속되었고, 처치집단은 그 비율이 36퍼센트였다. 이러한 결과는 중대한 사회적·경제적 의미를 지닌다.

개입집단의 IQ 향상 효과는 시간이 가면 소멸된다. 하지만 이들은 삶에서 뛰어난 성취를 보여주었으며, 여기에는 낮은 유급률, 낮은 특수 교육 대상자 비율, 높은 고등학교 졸업률이 포함된다. IQ 향상의 효과가 완전히 사라졌음에도 학업과 삶에서의 성취가 크게 향상될 수 있다는 사실이 보여주는 것은 성취도가 지능 향상 자체보다 개입으로 인한 성격이나 동기의 변화로 높아지며, 이러한 변화는 더 이상 IQ 향상에 도움이 되지 않은 환경에서도 유지될 수 있다는 점이다.

밀워키의 연구자들은 페리 프로그램보다 더 야심 찬 개입 프로그램을 시작했다. 이 프로그램의 창시자 릭 헤버 ^{Rick Heber}는 도시 인구의 3퍼센트가 살고 있는 어떤 지역 아동이 도시 아동 정신지체의 33퍼센트를 차지한다는 사실을 발견하고 여기에 자원을 집중하기로 했다. 이 연구에서 모집한 아이들은 모두 어머니의 IQ가 75 이하여서 정신지체 고위험군에 해당하는 흑인이었다. 이 아이들은 통제집단(18명)과 개입집단(17명)에 무선할당되었다. 개입집단에서는 생후 6개월 이하일 때부터 시작해서 1학년이 될 때까지 집중 보육 프로그램을 실시했다.

밀워키 프로젝트의 목적은 아이들에게 중산층과 동등한 환경을 제공하는 것이었다. 이 프로그램은 아이들의 언어 능력과 인지 능력 발달에 중점을 두었다. 보조 교사들은 최상의 발달 프로그램과 교육 장난감을 이용해 흥미를 유발하는 방식으로 아이들과 빈번하게 상호작용했다. 각 세션은 매주 5일간, 하루 7시간 동안 지속되었다. 이 프로그램에서는 아이들에게 좋은 음식과 양질의 치과를 포함한 의료를, 어머니들에게는 가사와 육아 훈련을 제공했다. 처치집단은 통제집단뿐만 아니라 IQ가 평균에서 평균 상(웩슬러 성인용 지능 검사에서 108)에 해당하는 어머니를 둔 저위험군 아이들과도 비교되었다. 30개월 때, 스탠퍼드비네 검사로 측정한 통제집단의 IQ는 평균 94였고, 처치집단의 평균 IQ는 124였다. IQ가 평균 또는 평균 상인 어머니를 둔 아이들의 IQ는 113이었는데, 처치집단의 IQ는 이보다 더 높았다. 5세가 되었을 때, 통제집단은 웩슬러 유아용 지능 검사^{Wechsler Preschool and Primary Scale of Intelligence}에서 83점을 받았으나, 처치집단은 110점을 받았고, 이 점수는 저위험군 비교 집단의 101점보다도 여전히 높았다.

프로그램 종료 시점인 7세 때, 처치집단의 IQ는 여전히 통제집단 평균보다 22점 더 높았다. 이는 SES가 낮은 계층의 양육 방식과 우수한 양육 방식 간의 차이에서 전형적으로 나타나는 차이의 상한선을 훨씬 넘어서는 값이다. 페리 프로그램과는 달리, 밀워키 프로그램에 참여한 아이들은 상당히 좋은 학교에 진학했다. 모두 성취도 평가에서 전국 평균을 넘어서는 학교였다. 이 처치집단의 향상된 IQ는 유지되었다. 프로그램이 끝나고 9년이 지나 아이들이 청소년이 되었을 때, 통제집단에 속했던 아이들은 웩슬러 아동용 지능 검사에서 91점을 받았고 처치집단에 속했던 아이들은 101점을 받았다. IQ가 평균 이상인 어머니에게서 태어난, 비교집단에 속했던 97점과 비슷한 수준이었다.

처치집단의 1~4학년 성취도 점수는 통제집단보다 높았고, 그 차이는 표준편차로 나타냈을 때 약 .75로 상당히 컸다. 하지만 참가 아동의 숫자가 적어서 이 차이가 우연일 확률도 10퍼센트 정도다(그러나 양쪽 집단 중 어느 한쪽에 유리할 확률은 10퍼센트지만, 개입집단에만 유리할 확률은 5퍼센트에 불과하다).

크레이그 레이미Graig Ramey, 프랜시스 캠벨Frances Campbell과 동료들은 에이비시다리안 프로그램Abecedarian Program이라는 한층 더 집중적인 개입 프로그램을 실시했다. 1972~1977년에 태어난 미국 흑인 아동 111명이 이 프로그램에 참가했다. 이 아이들은 낮은 가

계소득 수준, 아버지의 부재, 어머니에 대한 사회나 가족의 열악한 지지, 형제들의 낮은 학업 수행, 비숙련 노동자로 일하는 부모, 공공기관 원조 의존 등의 위험 요인들에 더하여, 어머니의 IQ(평균 85)와 교육 수준(평균 10년)마저도 낮은, 정신지체 고위험군에 속했다. 에이비시다리안 프로그램은 생후 6개월부터 몇 년간 지속된 전일제 개입 프로그램이었다. 유아 대 교사 비율은 3대 1이었고, 프로그램이 진행됨에 따라 아동 대 교사 비율은 6대 1이 되었다. 이 개입 프로그램은 유치원 입학 연령까지 지속되었다. 연구진은 참가자들이 21세가 될 때까지 정기적으로 자료를 수집했다.

프로그램 참가자들은 55명 단위의 네 집단으로 나뉘었다. 첫번째 집단에는 취학 전 개입과 학령기 개입을 실시했다. 학령기 개입의 경우 초등학교 입학 후 처음 3년간 가정방문 교사가 부모를 만나 가정에서 할 수 있는 교육 활동 방법을 보여주었으며, 부모가 최소한 하루 15분씩 아이들과 함께 공부하도록 했다. 이 가정방문 교사는 학교 선생님과 가족 간의 연결고리 역할을 했는데, 2주에 한 번씩 이들을 만났다. 그리고 가족들이 직업을 찾고, 사회사업 기관의 일을 처리하고, 아이들을 의사에게 데리고 가는 것을 도와주었다. 두 번째 집단에는 취학 전에만 개입했고, 세 번째 집단에는 학령기에만 개입했으며, 마지막 집단은 아무런 개입을 하지 않은 통제집단이었다.

3세 때, 취학 전 개입을 받지 않은 아이들의 평균 IQ는 84였고, 취학 전 개입을 받은 아이들의 IQ는 101이었다. 개입 종료 시점에서 통제집단의 IQ는 94였고, 취학 전 개입을 받은 아이들의 IQ는 평균 101이었다. 그 후 모든 아이는 교육의 질이 낮은 빈민가 학교 대신 부유층 백인 아이들이 다니는 학교로 진학했다. 12세가 되었을 때, 통제집단의 44퍼센트가 IQ 85 이하였던 반면, 개입을 받은 아이들 중 13퍼센트만이 IQ가 85 이하였다. 21세가 되어서도 취학 전 개입을 받은 아이들이 통제집단 아이들보다 IQ가 4.5점 더 높았다. 어머니의 IQ가 최하 수준(70 이하)이었던 아이들이 프로그램의 혜택을 가장 많이 누렸다. 그러나 학령기 개입으로 취학 전 개입에 의해 향상된 IQ가 더 향상되었다거나, 학령기 개입만으로 큰 성과가 있었다는 증거는 없다. 다른 연구들과 마찬가지로 이 연구에서도 가정방문 효과는 미미하다.

에이비시다리안 프로그램의 취학 전 개입이 다양한 교육 성과에 주요한 영향을 미쳤음이 분명하게 드러난 시점은, 프로그램에 참가한 아이들이 21세가 되었을 때다. 결과는 〈그림 7-1〉의 B에 요약되어있다. 통제집단의 거의 절반이 교육과정 중 어느 시점에서 특수학급에 배정된 반면, 개입집단은 4분의 1 미만이 특수학급에 배정되었다. 통제집단의 절반 이상이 유급을 당했지만, 개입집단에서는 30퍼센트만 유급을 당했다. 15세 때, 개입집단의 독해 점수는 통제집단보다 1.40 표준편차 더 높았고, 수학 점수는 .86 표준편차 더 높았다. 21세가 되었을 때, 개입집단의 독해 점수는 통제집단보다 2년 더 앞섰고, 수학 점수는 1년 더 앞섰다. 통제집단의 절반만 고등학교를 졸업했으나, 개입집단은 3분의 2가 고등학교를 졸업했고, 통제집단의 12퍼센트만이 4년제 대학을 다녔으나, 개입집단은 3분의 1이 4년제 대학을 다녔다. 21세에, 통제집단의 40퍼센트 미만이 숙련 노동자로 일하거나 고등교육을 받고 있었으나 개입집단은 그 비율이 3분의 2에 달했다.

에이비시다리안 프로그램의 효과는 실제보다 과소평가되었을 수도 있다. 왜냐하면 통제집단도 어떤 종류든 취학 전 교육을 받았기 때문이다.

에이비시다리안 프로그램의 일부를 반복 검증한 몇 가지 사례가 있다. 이중 하나는 헌스타인과 머리의 주장을 반박하는 사례라는 점에서 중요하다. 헌스타인과 머리는 에이비시다리안 프로그램에서 1세부터 유의미한 IQ 차이가 발견되기 때문에 이 프로그램의 효과가 의심스럽다고 주장했다. 헌스타인과 머리는 그렇게 일찍부터 프로그램으로 인한 차이가 나타날 수는 없으므로, 이 차이는 프로그램의 효과를 나타내는 것이 아니라 통제집단과 개입집단을 균일하게 구성하지 못하고 무선할당에 실패했음을 보여준다고 생각했다. 프로젝트 케어Project Care는 기본적으로 에이비시다리안과 같은 방법을 사용한 프로그램으로, 생후 6개월 때의 베일리 인지기능 발달 점수Bayley Mental Development Index가 동일한 아이들을 통제집단과 개입집단에 배정하였다. 한 살이 되었을 때, 두 집단 간 차이는 11점이었다. 즉 에이비시다리안 프로그램은 아주 어린 아이들의 IQ 향상에도 효과가 있었던 것이다.

에이비시다리안 프로그램을 반복 검증한 또 다른 사례는 조산과 저체중(2~2.5킬로그램)으로 인하여 정신지체의 위험이 높은 아동의 IQ를 향상시킬 목적으로 사용할 수 있음을 보여준다는 점에서 특히 중요하다. 이 연구에 참가한 유아의 3분의 2는 흑인 또는 히스패닉이었다. 어머니 중 약 40퍼센트는 고등학교를 졸업하지 못했고, 13퍼센트만이 대학을 졸업했다. 이 프로그램은 출생 직후부터 시작하지 않고 1세에 시작하여 3세까지만 지속되었다는 점에서 에이비시다리안 프로그램과 차이가 있다. 개입이 종료된 시점인 3세 때, 개입집단의 IQ는 사용한 검사에 따라 통제집단보다 평균 9.2~12.5점 더 높았다.

개입 종료 후 2년이 지난 뒤, 개입집단의 IQ는 검사에 따라 2.5~5.4점 더 높았다(차이가 적게 나는 경우는 통계적으로 유의하지 않았다). 8세 때도 개입집단의 IQ가 검사에 따라 3.6~5.4점 더 높아서 여전히 눈에 띄는 효과가 나타났다. 심지어 18세 때조차 두드러진 차이를 보였는데, 개입을 받은 청소년들의 IQ가 그렇지 않은 청소년들에 비해 3.8~5.3점 더 높았다. 그러나 학업 성취도에서는 눈에 띄는 차이가 관찰되지 않았다.

프로그램에 가장 오래 참가한 아이들의 경우 개입으로 인한 IQ 향상 효과가 훨씬 더 컸다. 그러나 이들이 가장 큰 혜택을 누린다는 것을 보여주는 분석은 자기선택 편향이라는 문제가 있으며, 이는 연구자들이 통계적 통제 절차를 사용하더라도 완전히 보완할 수 없다. 한편 출생 시 체중이 지나치게 낮은(2킬로그램 미만) 유아들의 경우 3세 이후 처치 효과가 유의미하지 않았다.

여기서 특히 중요한 사실은 취학 전 개입 프로그램이 백인 아동(일반적으로 이미 개입의 이점을 누리고 있는 아이들)보다는 흑인과 히스패닉 아동에게, 그리고 중산층보다는 빈곤층 아동에게 더 유익하다는 점이다.

요약하면, 빈곤층과 소수집단 아동을 대상으로 한 취학 전 개입 프로그램은 열심히, 제대로만 시행된다면 효과가 있다. 프로그램 종료 시점에서 아이들은 대부분 높은 IQ 향상을 보인다. 이러한 향상은 초등학교를 거치는 동안 대체로 사라지지만, 좋은 초등학교에 배정되는 경우에는 소거 현상이 덜하다는 증거가 있다. IQ 향상보다 더 중요한 것은 성취도 향상이다. 개입을 받은 아이들은 특수학급에 배정되는 숫자가 더 적고, 유급률이 낮으며, 표준화된 시험에서 성취도가 높고, 고등학교 졸업과 대학 진학률이 더 높으며, 일탈률이 낮고 소득이 더 높으며, 사회보장 의존율은 더 낮다. 이는 매우 큰 변화라 할 수 있다.

부모의 양육 방식을 개선하는 것을 목적으로 한 가정방문 프로그램의 효과에 대한 연구는 많지 않다. 어떤 프로그램은 어머니의 행동뿐만 아니라 아이들의 정서적·인지적 행동을 향상시켰다. 성공 비결은 부모에게 구체적인 행동 방침을 가르쳐주는 데 있는 듯하다.

양육 개입 프로그램이 매우 큰 가치가 있을 수 있음을 보여주는, 특별히 효과적이었던 프로그램이 하나 있다. 수전 랜드리Susan Landry와 동료들은 대부분 저소득층이고 어머니가 흑인이나 히스패닉이며 1~2세 유아가 있는 가정을 방문하여, 어머니가 아이에게 도움이 될 수 있도록 반응하는 방법을 알려주는 1시간 30분짜리 세션을 10~20회 시행했다. 연구자들은 아이가 보이는 긍정적 신호와 부정적 신호를 어떻게 해석하는지, 아이가 어머니의 요구를 들어주지 않을 때에도 어떻게 따뜻하고 민감하게 반응하는지, 아이가 주의를 기울이는 대상에 관심을 갖고 어떻게 아이의 흥미를 유지하고 발전시키는지, 언제 상호작용을 하고 게임을 이용하는지, 어떻게 사물과 행동에 이름을 붙여주면서 어휘가 풍부한 언어를 사용하는지를 가르쳤다. 프로그램은 여러 차원에서 어머니의 행동에 현저한 영향을 미쳤다. 자녀를 따뜻하게 대하고, 자녀의 의도에 민감하고 적절하게 반응하며, 흥미를 유지시키고, 언어적으로 자극해주는 양육 행동이 향상되었으며, 효과의 크기는 1 표준편차에 달했다.

프로그램이 아이들 행동에 미친 영향도 상당했다. 아이들은 더 협조적이 되었고, 어머니와 더 많이 상호작용했으며, 단어를 더 빈번히 사용했고, 관심을 기울이는 대상에 걸맞은 단어를 사용하는 능력이 더 뛰어났으며, 그림 어휘 검사에서 높은 점수를 받았다. 효과의 크기는 .70 표준편차에 달했다.

양육 개입으로 어떤 장기 효과가 나타날지는 아직 알려져 있지 않다. 그러나 희망을 가져도 좋을 것 같다. 이런 프로그램은 비용 대비 효과가 매우 클 것이다.

학령기 개입

학령기 아동을 대상으로 하는 개입은 어떨까? 취학 전에 효과적인 개입을 받지 못한 아이들을 위해 무엇을 할 수 있을까? 기관 보육 시설 프로그램center-based day-care programs을 받은 아이들의 향상된 능력을 유지하기 위해서 무엇을 할 수 있을까?

우선 나쁜 소식부터 전해야 할 것 같다. 불행히도 나쁜 소식이 많다. 학교 개선을 논한 4장에서 일반 아동의 학업 수행을 향상시키기 위한 몇 가지 노력을 언급한 바 있다. 엄청난 규모의 예산도 큰 효과가 없었다. 따라서 돈 자체가 낮은 SES와 높은 SES 간, 또는 소수집단과 백인 학생 간의 성취도 격차를 좁히리라 기대하지는 않을 것이다. 사립학교에 입학할 수 있는 지불 보증제도가 빈곤층과 소수집단 아이들을 대상으로 실시되었지만, 이것이 해결책이라는 증거 역시 많지 않다. 협약학교도 마찬가지다. 일부 협약학교는 공립학교보다 나을 수 있지만, 대개는 협약을 실행한 뒤에도 공립학교보다 거의 나아지지 않으며, 초기에는 공립학교보다 못할 수도 있다.

평범한 공립학교들 중에서 빈곤층 소수집단의 교육에 특별히 뛰어난 학교가 있을까? 서로 다른 두 보고서에 따르면, 적어도 일부 학교는 저소득층 소수집단 학생들의 교육에 뛰어난 역량을 발휘한다. 이들 보고서 중 하나는 보수적 기관에서, 다른 하나는 진보적 기관에서 발표한 것이다.

보수 단체인 헤리티지재단의 보고서에 따르면, 전국 평균 이상의 성취도를 보이는 고도 빈곤 지역 학교가 21개 있다. 이 학교들은 비전 있는 교장의 힘으로 어려움을 극복하고 성취 수준을 끌어올린, 교육계의 이단이라고 할 수 있는데, '공공교육 숭배'에 저항하여 능력 없는 교사를 해고하고 어려운 내용 대신 기초를 가르쳤다.

그런데, 전직 〈뉴욕타임스〉 교육 칼럼니스트 리처드 로스스타인Richard Rothstein은 헤리티지재단의 주장이 틀렸음을 폭로했다. 로스스타인의 주장에 따르면, 21개교 중 학생을 별도로 선발하지 않고 지역 거주민들이 다니는 학교는 6개교에 불과했다. 나머지는 (1) 대안학교, (2) 학부모 대부분이 '빈곤한' 대학원생인 학교, (3) 발음 중심의 어학교육 같은 기초에 집중함으로써 초기에는 실제로 높은 점수를 받지만, 추론과 해석 능력의 학습이 방해를 받아 학년이 올라갈수록 점수가 급격히 떨어지는 학교, (4) 학부모가 입학 지원을 해야 하는 학교로, 잠재적으로 자기선택 편향이 있는 학교들이었다.

진보 단체인 교육재단Education Trust은 적어도 재학생 절반이 빈곤층 소수집단 학생들이자 시험 점수가 주州 내에서 상위 3분의 1 안에 드는 학교가 1,320개나 있다고 주장했다. 로스스타인에 따르면, 이들의 주장 또한 틀렸다. 보고된 1,320개 학교는 실제로 시험 점수가 높지만 한 해 동안, 한 학년에, 한 학생에게서만 그렇다. 이러한 결과는 대부분 통계적 요행으로 얻은 것이다.

로스스타인은 다음과 같은 주장도 매우 심하게 비판했다. 더글

러스 리브스Douglas Reeves는 밀워키에 있는 학교 중에서 '90/90/90' 집단을 발견했다고 주장했는데, 이 집단에서는 90퍼센트의 학생이 빈곤층이고 90퍼센트가 소수집단인데, 90퍼센트가 '높은 학업 성취 기준'을 만족시켰다. 그러나 이는 위스콘신 주정부에서 설정한, 기초적이고 낮은 수준의 점수를 기준으로 한 것이었음이 밝혀졌다.

빈곤층 소수집단 아동을 부유층 아동이 다니는 학교에 보낸다면 학업 성취도가 급상승할 것이라는 주장은 과연 타당할까? 〈뉴욕타임스〉는 2005년 1면 기사에서(2007년 다시 1면에 실렸고, 2008년에는 잡지에도 실렸는데) 노스캐롤라이나 롤리의 웨이크 카운티에서 그런 일이 있었다고 보도했다. "시험 성적 급등, 롤리 지역이 계층 간 통합 중요성 보여줘"라는 헤드라인으로 보도된 내용은 다음과 같다.

지난 10년간, 웨이크 카운티의 흑인과 히스패닉 학생은 표준화된 읽기와 수학 시험에서 극적인 성장을 보였으며 이는 전국 교육 전문가의 관심을 끌고 있다.
지역 공무원과 학부모에 따르면, 극적인 향상의 주요 원인은 여러 학교를 경제적으로 통합시키기 위한 집중적 노력이라고 한다.

계속되는 기사의 내용은 2000년 이래 공무원들이 학교 배정에 소득 정보를 활용하여, 한 학교에 저소득층 학생의 비율이 40퍼센트 이하가 되도록 했다는 것이다. 그 결과는 어떨까?

10년 전 웨이크 카운티에서는 3학년에서 8학년(중학교 2학년—옮긴이)까지 주정부에서 시행하는 시험에서 자기 학년에 해당하는 수준의 점수를 받는 흑인 학생이 40퍼센트에 불과했다. 지난 봄에는 그 비율이 80퍼센트로 증가했다. 히스패닉 학생들도 비슷한 향상을 보였다. 전체적으로, 자기 학년에 해당하는 수준의 점수를 받은 학생의 비율은 10년 전 79퍼센트에서 현재 91퍼센트로 증가했다.

불행히도 노스캐롤라이나주의 다른 학교들에 비해 롤리의 학교에서 소수집단 학생들이 더 좋은 결과를 얻었다는 증거는 없다. 사실 2004년과 2005년의 흑백 격차는 웨이크 카운티보다 노스캐롤라이나주의 나머지 학교들에서 약간 더 작았다. 웨이크 카운티에서 소수집단 학생들이 보여준 확연한 향상은 분명 학업 능력에 대한 주 전체의 기준이 완화되었기 때문이다. 새로운 기준을 적용하면 백인 학생 95퍼센트가 학업 능력을 갖춘 셈이 되는데, 이는 기준이 너무 관대해서 실재하는 차이를 읽어내기 불가능하다는 얘기다.

그러나 웨이크 카운티의 자료는 주 전체와 비교해 한 가지 점에서 고무적이다. 저소득층 아동과 고소득층 아동의 통합이 학업 성취에 아무런 해를 끼치지 않는다는 사실을 보여준 것이다. 그리고 이는 사회적으로 두 집단 모두에 이득이 될지도 모른다. 그러나 우리는 이러한 결론에 이르기 전에 좀 더 많은 것, 예를 들어 주 전체와 웨이크 카운티의 흑인과 백인의 SES 수준을 알아야 한다. 여담이지만, 흑인과 히스패닉 아동들이, 대부분 흑인이나 히스패닉으로 구성된 학급에서보다 통합된 학급에서 더 잘 배운다는 증거도 있다.

학교 행정과 교과과정을 근본적으로 변화시켜 학교를 개선하는 방법은 어떨까? 4장에서 살펴보았듯이 이런 식으로 전체적인 교과과정과 교육 전략을 한 학교에 적용하는 전全 학교 개입은 많이 실시되었다. 그러나 이러한 개입은 일반 학생들에게 그다지 인상적인 결과를 가져다주지 못했다. 따라서 이런 프로그램이 격차를 성공적으로 줄일 수 있을지 의문이다.

교사의 자격증이나 학위는 아이들의 성취에 별 도움이 안 된다. 그러나 교사의 경험은 중요한데 중산층보다는 하위계층, 백인보다는 소수집단 아이들에게 더 중요하게 작용하는 것 같다. 교사 자질은 학생들의 성취도에 큰 영향을 미친다. 교사의 자질 또한 빈곤층과 소수집단 아이들에게 더 중요할 수 있다. 우리는 4장에서 소개한 A 교사가 빈곤층 1학년 아이들에게 큰 변화를 가져다주었음을 알고 있다. 그리고 빈곤층 아이들과 유치원에서 문제를 일으킨 아이들의 수행이 1학년 때의 교육 지원과 정서적 보살핌의 질에 크게 영향을 받았다는 사실도 알고 있다.

학급의 크기도 중요하다. 학급이 작을수록 성취도 검사에서의 수행이 더 뛰어나고, 이 효과는 백인 아동보다는 흑인 아동에게서 더 크며(.25 표준편차 대 .33 표준편차) 중산층 아동보다 빈곤층 아동에게서 더 크다.

그러나 초중등교육(원문에서는 K-12, 유치원을 의미하는 Kindergarten에서 고등학교 3학년에 해당하는 12학년에 이르는 정규 교육과정—옮긴이)에서 큰 성공을 거둔 몇몇 사례들이 있다. 빈곤층과 소수집단 아동을 대상으로 한 수학과 읽기 교육 프로그램이 상당히 효과적인 것으로 밝혀졌다.

수학 교육 프로그램의 이름은 프로젝트 SEED로 수학자, 과학자, 공학자를 고용하여 빈곤층 소수집단 학생들을 가르치도록 훈련하는 프로그램이다. 이 프로그램의 교사들은 소크라테스식 질문법을 사용하여 추상적인 수학 개념을 소개하고 학생들은 대화, 토론, 대답을 통해 수업에 능동적으로 참여한다. 일반 교사는 모든 세션에 참관한다. 프로젝트 SEED는 정규 수학 교과과정을 대체하는 것이 아니라 추가 과정을 제공한다. 댈러스에서 실시된 프로젝트 SEED의 효과에 대한 연구에서는 이를 시행한 학교의 4학년 학생 244명과 SEED를 시행하지 않은 학교의 학생 244명의 캘리포니아 성취도 검사[CAT] 점수를 비교했다. SEED에 참가한 학생들의 점수는 비교 집단 학생들에 비해 .37 표준편차 더 높았다. 이것은 매우 큰 효과다. 그러나 같은 학교 내에서 SEED에 참여한 학생과 그렇지 않은 학생을 비교한 경우에는 전자가 겨우 .19 표준편차 더 높았다. 더 적절한 통제집단을 어느 쪽으로 보는가에 따라서 결과는 크게 달라진다. .37 표준편차의 향상은 아주 큰 편은 아니지만, 비용을 들일 가치는 확실히 있는 정도다. 그러나 .19 표준편차의 향상이라면 그럴 가치가 없을지도 모른다.

　소수집단과 빈곤층 아동을 대상으로 하는 읽기 프로그램이 몇 가지 개발되었는데, 그중에서도 가장 희망적인 프로그램은 리딩 리커버리^{Reading Recovery}(스페인어로 Descubriendo La Lectura)다. 리딩 리커버리는 성적이 낮은 1학년 학생들을 대상으로 하는 개인 교습 프로그램으로 오하이오주립대학 연구자들이 개발했다. 개인 교사들은 12~20주 동안 매일 30분씩 일대일 수업을 진행했다. 아이들은 이미 들어서 알고 있는 이야기를 읽은 뒤, 하루 전에 읽은 이야기를 다시 읽고 글짓기를 한다. 오하이오주립대학 연구자들은 이 프로그램의 효과를 평가하기 위해 무선할당법을 이용한 연구를 했다. 그들은 대부분의 읽기 능력 지표에서 효과의 크기가 .57~.72 표준편차임을 발견했다. 효과의 크기는 시간에 따라 감소했으나, 3학년 때까지도 약 .20 표준편차로 여전히 효과가 남아 있었다. 이와는 독립적으로, 스페인어 교육 프로그램을 평가한 연구에서는 효과의 크기가 1.00~1.70 표준편차였다. 이러한 결과를 확신하기 위해서는 반복 검증할 필요가 있다.

　전 학교 개입과 협약학교가 학생들의 성취에 미치는 효과가 별로 크지 않다는 결론에 적어도 하나의 예외가 있다. '아는 것이 힘이다 프로그램^{Knowledge Is Power Program}', 또는 KIPP라는 프로그램이다. 경력 4년의 지역 초등학교 교사 마이클 페인버그^{Michael Feinberg}와 데이비드 레빈^{David Levin}은 1994년에 휴스턴에서 이 이례적인 교육 프로젝트를 시작했다. 이들은 빈곤층, 특히 소수집단 아이들을 위해 이 프로젝트를 만들었다. 페인버그와 레빈은 이 프로그램을 체계적인 이론에 바탕을 두지 않고 그때그때 경험해가면서 개발했다는 사실을 거리낌없이 인정한다. 이들은 경험이 풍부한 멘토 헤리어트 볼Harriett Ball의 도움을 받았다. 볼은 휴스턴의 흑인 거주지역 출신 교사로, 그가 가르치는 학생들은 품행이 바르고 성취도가 높기로 유명하다.

페인버그와 레빈은 새로운 학교를 개발했는데, 처음에는 중학생을 대상으로 했다. 이 학교는 오전 7시 30분에서 오후 5시까지 9시간 30분 동안 수업하고, 여름방학 때는 3주간의 보충 수업을 의무화했다. 2주에 한 번 토요일 오전 수업이 있고, 가정방문을 실시했으며, 친절과 바른 행동을 강조했고, 교장이 교사를 고용하거나 해고할 권한을 가졌으며, 교사들 간의 협동을 독려하고, 품행이나 학업 성취에 따른 보상과 처벌 시스템을 갖추었다. 교사와의 접촉 시간이 크게 늘어난 덕분에 KIPP의 학생은 중상층 학생이 집이나 학비가 비싼 공사립학교를 통해 체험하는 스포츠, 박물관, 무용, 미술, 악기, 연극, 사진 관련 활동을 할 수 있었다. 휴스턴과 브롱크스에 설립된 처음 두 학교는 성취도 검사에서 그 지역 어떤 학교보다 높은 점수를 기록했다. 2001년부터 KIPP는 의류회사 갭Gap의 설립자인 도리스 피셔와 돈 피셔에게 재정 지원을 받고 있다. KIPP 학교는 대부분 KIPP 재단에서 프랜차이즈 형태로 운영하는 협약학교다. KIPP와 유사한 프로그램인 어치브먼트 퍼스트

Achievement First와 노스 스타 North Star에 관해서는 아직 제대로 된 연구가 없다.

KIPP의 학생들은 경제적으로 불리한 조건에 처해 있다. 80퍼센트 이상이 무료급식 대상자고 대부분의 학생은 흑인이거나 히스패닉이다. KIPP의 주장에 따르면 "규준지향평가 norm-referenced assessment에서 KIPP에 입학하는 5학년 학생의 읽기와 수학 성적 평균은 전국 하위 3분의 1(백분위 점수 28)에 해당되지만, 8학년 학생들은 4분의 3(백분위 점수 74)을 상회하는 수준이다."

그러나 KIPP 측이 고백했듯이 몇몇 학교에서는 실패를 보고했으며, 성공이라고 주장한 사례도 대부분 독립적인 연구자의 객관적 증거가 아니라 KIPP 소속 교사들의 조사에 근거한 것이다. 그러나 2000년대 초반에 SRI 인터내셔널이 샌프란시스코 베이 에어리어 KIPP 학교에 대한 독립 연구를 실시했고, 여기서는 그 내용을 상세히 다루고자 한다.

베이 에어리어에 있는 다섯 개 KIPP 학교 학생의 72퍼센트는 가난했고, 75퍼센트는 흑인 또는 라틴계였다. 이 연구에서 각 학교는 사회경제적으로 유사하고 인종 구성이 비슷한 두 학교와 비교되었다. KIPP 학교는 2002/03년도 (미국은 9월에 학기가 시작되므로, 2002년 9월에 시작되는 학년은 2002/03년도가 된다 — 옮긴이)에 5학년 학생부터 이 프로그램을 시작해서, 매년 학급을 추가했다.

교장들은 학교를 시작하기 전에 1년간 KIPP 모델을 공부했다. 그러나 KIPP 모델은 특정한 교수법이나 교과과정을 처방해주지 않는다. 따라서 일반적인 전 학교 개선 프로그램과 달리, 교사들은 모델에서 요구하는 시스템을 배울 필요가 없다. 연구가 진행된 시점에 베이 에어리어 KIPP 교사의 절반가량은 티치 포 아메리카 Teach for America 프로그램 출신이었고, KIPP에 합류할 당시 교사 경력은 2년 안팎이었다.

KIPP 학교에서 아이들은 실패할 수도 있다. 교장은 학생을 유급시킬 수 있는 옵션이 필수라고 생각했다. 왜냐하면 "학교가 아이들이 아무것도 하지 않아도 앞으로 나아갈 수 있음을 보여주어서는 안 되기 때문이다". 교직원, 학생, 학부모에게는 행동수칙과 요구사항을 각인시켰다. KIPP의 신조는 "문제가 있으면, 해결책을 모색한다. 더 나은 방법이 있으면, 그것을 찾아낸다. 도움이 필요하면, 도움을 요청한다. 동료가 도움을 바라면, 도와준다"였다. KIPP가 내세우는 몇 가지 슬로건의 예로는, "열심히 공부하고, 친절하게 행동하라", "우리는 모두 배울 수 있다", "아무도 보지 않을 때에도 옳은 일을 한다"가 있다.

학생들은 품행과 학업 성취에 따라 점수가 더해지거나 깎이는 시스템에 근거해서, 매주 '페이첵 paycheck (KIPP 학교에서 통용되는 일종의 화폐—옮긴이)'을 받는다. 이를 이용해서 KIPP 가게에서 과자나 학교 준비물을 사거나 현장학습 참가 기회를 얻을 수 있다. 학생들이 나쁜 행동을 하거나 학업에 실패하면 공개적으로 '벤치에 앉는 벌'을 받았다. 어떤 학교에서는 3일 연속으로 페이첵이 삭감되지 않아야 벤치에서 벗어나는 것을 허락했다. 교사들은 SRI 연구자들에게 학생들의 모든 행동에는 그에 상응하는 대가가 있지만, 아이들이 공포심 때문에 착한 행동을 하는 것은 아니라고 말했다.

"우리 아이들은 절대로 선생님께 말대꾸를 한 적이 없고 싸우지도 않습니다. 저는 이것을 규율 때문이라고 생각하지 않습니다. 애초에 설정된 기대치를 반영하는 것입니다. 아이들은 이곳이 특별한 장소라고 믿으며, 우리는 그렇게 믿도록 가르쳤습니다. 저는 이 아이들이 (벤치를) 두려워해서 친구들을 놀리지 않는다고 생각하지 않습니다. 그저 KIPP 학교에서는 그런 행동을 하면 안 되는 것입니다. 이곳은 놀림이란 게 없는 학교입니다. 아이들은 안전하다고 느끼며, 더 많이 배웁니다."

또 다른 교사는 말했다. "이 학교에서 똑똑한 것은 좋은 것입니다. 대부분의 도심 빈민가 공립학교에는 없는 문화입니다. (제가 예전에 근무하던 지역에서) 저는 제대로 된 교육을 받지 못하고 있는 아이들을 가르쳤고, 학교가 아이들의 필요를 충족해주지 못한다는 사실을 깨달았습니다. 저는 (근처에 있는) KIPP 학교를 방문했는데, 그곳은 마치 오아시스 같았습니다."

학생들도 KIPP 학교와 예전에 다닌 학교의 차이를 안다. "모두 학습에 전념해요. 다른 학교는 그렇지 않았지만 이곳은 의욕을 충분히 북돋워주는 것 같아요", "이제 대학에 가려면 공부해야 한다는 걸 알겠어요." 모든 KIPP 학교에서 학생들은 이전에 다닌 학교에 비해 다툼이 덜하거나, 실제로 다툼이 거의 없다고 말했다. "이 학교에는 저를 싸우지 않도록 붙잡아주는 뭔가가 있어요."

물론 교사들의 업무량은 엄청나다. 교사들은 학교에 오전 7시 15분부터 오후 5시 15분까지 있어야 하고, 대개는 그보다 더 오래 근무한다. 교과과정을 계획할 뿐만 아니라, 학생들을 가르쳐야 하고, 학습실을 감독하며, 동물원이나 박물관 견학 같은 교육 풍부화 활동을 지도해야 하고, 개인 교습을 해야 하며, 밤에는 학부모에게 전화해서 아이들의 수행에 관해 의논해야 한다. 교사들은 여름방학 동안에도 몇 주간 일하고, 격주로 토요일에도 일한다. 당연히 극심한 정신적 피로에 시달린다. 그래서 대부분의 교사들은 KIPP 학교에서는 겨우 몇 년 정도만 버틸 수 있을 거라고 말한다.

이 모든 노력은 어떤 결과를 가져올까? 베이 에어리어의 KIPP 학교 학생들은 인구통계학적 조건에서 기대되는 수준을 훨씬 넘어서는 성공을 거두었다. 가을과 봄 학기에 전국 규준의 스탠퍼드 성취도 검사$^{SAT\ 10}$ 읽기, 국어, 수학 과목 시험을 실시했다. 5학년 아이들의 가을 학기 점수는 학생들이 KIPP를 막 시작할 때의 수준을 보여준다. 가을에서 봄 사이의 향상 정도는 각 측정 시점에서 전국 규준 백분위 점수가 50 이상인 학생들의 비율을 계산하여 구했다. 가을 학기에, 5학년 국어 과목에서 백분위 점수 50을 넘는 학생의 비율은 25퍼센트(시험을 실시한 네 학교의 학급 평균)로, 학교의 인구통계학적 속성을 고려할 때, 기대보다 약간 높은 수준이었다. 봄 학기에는 백분위 점수 50을 넘는 학생들이 44퍼센트로, 인구통계학적 속성을 고려할 때 기대할 수 있는 것보다 매우 높았다. 가을에 5학년 수학에서 이 수준의 학생들 비율은 37퍼센트였고, 봄에는 65퍼센트였다. 6학년 학생들의 성적 또한 크게 향상되었다. 이러한 증가는 괄목할 만하다. KIPP 학교에 들어간 지 1년이 지나면 표준화된 시험에서 대부분 빈곤층인 소수집단 아이들의 점수는 전국 평균에 가까워지거나 그 이상이 되었다. 같은 아이들이 받은 점수가 첫 해에는 별로 인상적이지 못했기 때문에, 우리는 봄 학기의 결과가 전적으로 자기선택의 영향일 가능성을 배제할 수 있다.

봄 학기에 모든 조사 대상 학교의 학생은 법에 정해진 대로 캘리포니아 성취도 검사를 받았다. 국어 과목에서 5학년 KIPP 학생의 43퍼센트가 능숙함 proficient 이상의 점수를 받은 반면, KIPP와 인구통계학적 구성이 비슷하여 비교 대상이 되었던 학교 학생은 19퍼센트만 그랬다. 수학에서 5학년 KIPP 학생의 55퍼센트가 능숙함 이상의 점수를 받았고, 비교 대상이 되었던 학교의 학생은 20퍼센트만 그랬다. CAT 결과는 거의 6학년과 비슷한 수준이었다. 이 결과 역시 매우 놀랍다(첫 해에 KIPP 학교와 비교 대상 학교의 CAT 점수는 엇비슷했다).

나는 SRI 연구를 언급하면서 나의 암묵적 기준을 어겼다. 이 연구에서 학생들은 KIPP 학교와 통제 학교에 무선할당되지 않았다. 그러나 무선할당이 이루어졌을 가능성도 있다. KIPP 학교는 지원자가 많아서 때때로 대기자 명단을 갖고, 학생을 추첨으로 뽑는다. 선발되지 않은 학생은 무작위로 통제집단에 할당된 셈이고 KIPP 학생과 동일한 성취도 검사를 받았을 수도 있다. KIPP 학교는 알짜배기 학생cream of the crop을 선별하게 될까 우려한다. 믿음직하게도, 어떤 KIPP 학교에서는 가능한 한 많은 빈곤층 소수집단 학생, 즉 그들이 목표로 삼고 있는 집단의 학생이 포함되도록 특정한 선발 단계를 채택한 바 있다.

물론 심각한 자기선택 문제가 있을 수 밖에 없다. 왜냐하면 아이를 KIPP 학교에 보낼지 결정하는 것은 연구자들이 아니라 학부모이기 때문이다. 이는 KIPP 학생들의 수행 향상이 학교가 아니라, 학부모나 다른 이점들에서 일부 기인한 것임을 의미한다. 문제는, 학생의 성취가 자기선택에서 비롯된 것인가 하는 점이다.

이 질문에 답하기 전에, 우리는 학생들의 중도 탈락이 바람직한 결과에 그다지 기여하지 않았다는 점만은 어느 정도 확신할 수 있다. SRI 인터내셔널이 연구한 학교들에서는 해마다 겨우 9퍼센트의 학생들만(일부는 유급을 피하기 위해) 학교를 떠났다. 학교에서는 몇몇 학생들이 학교를 계속 다니는 것을 단념시키기도 하지만, 실제로 퇴학을 당한 사람은 아무도 없다. 학교를 중도에 그만두는 학생의 수가 상대적으로 매우 적기 때문에 자기선택이 KIPP 학생들의 고득점에 크게 기여하는 것으로 보이지는 않는다.

자녀를 KIPP 학교에 보낸 부모가 인구통계학적 조건에서 기대되는 수준 이상의 좋은 환경을 조성할 것임은 분명하다. 그러나 자기선택이, KIPP가 보여준 놀라운 성과의 근본적 원인이라고는 생각할 수 없다. KIPP 학교에 사회적으로 대규모 예산을 투입하기 전에, 제대로 된 무선적 방법을 사용한 몇 가지 연구를 선행해야 한다.

이러한 무선적 연구들에서 부모가 아이를 KIPP 학교에 보낼 만큼 신경을 쓰는 빈곤층 소수집단 아이는 중산층 백인 아이에 가까운 수준의 학업 수행을 보일 것이다. 그다음 단계로 확인해야 할 문제는 부모가 자녀 교육에 별로 협조하지 않는 경우에도 KIPP 같은 프로그램으로 효과를 볼 수 있는가 하는 점이다.

하이메 에스칼란테 이야기

〈스탠드 업 Stand and Deliver〉이라는 영화를 본 적이 있는가? 하이메 에스칼란테 Jaime Escalante라는 수학 교사의 업적에 관한 영화로, 이 교사는 로스앤젤레스 동부 스페인인 거주지 학생들이(대개는 고등학교를 졸업하지 못하는데) 부유한 비벌리힐스 고등학교 학생들보다, 즉 전국 대부분의 엘리트 고등학교 학생들보다, 훨씬 높은 비율로 미적분학 선이수과목 AP calculus 시험을 통과하도록 만들었다. 과연 이 영화 속 이야기는 사실일까?

에스칼란테의 업적에 대해서는 좋은 이야기와 나쁜 이야기를 모두 할 수 있다. 그러나 무엇보다 중요한 점은 영화에서 일어난 일이 사실이라는 것이다.

다만 그 일이 영화 같은 방식으로 일어나지는 않았다. 현실에서는 에스칼란테가 그를 무조건 신뢰하는 고등학교 3학년 학생들에게 "너희를 수학의 명수로 만들어주겠노라"고 선언하는 일은 벌어지지 않았다. 그는 중학교 수학 프로그램을 만들고 거기서 잘 준비된 학생들을 그가 근무하는 고등학교로 진학시켰다. 그리고 학생들에게 고등학교에서 훌륭한 수업을 들을 것이라는 확신을 주었다. 그러나 이 모든 일은 첫 번째 교장의 심한 반대에 부딪혔다. 뜻이 통하는 교장이 부임한 뒤에야(그리고 성적이 C 이상이 되지 않으면 운동부에 들어가지 못하게 한 뒤에야) 일이 원활하게 진행되기 시작했다. 다음으로, 학급 크기가 규정보다 훨씬 커졌을 때는 교육 노조와 싸워야 했다. 그는 좋은 교사를 충분히 찾을 수 없어서 학급 수를 늘리지 못했고, 그래서 학급당 학생 수가 너무 많아졌다.

그 후 에스칼란테와 뜻을 같이 한 교장이 바뀌었다. 에스칼란테는 학급 크기 논란을 비롯한 다른 문제들 때문에 학교를 떠났다. 그가 떠난 뒤 프로그램의 효과는 점차 줄어들었으나, 이 고등학교는 지속적으로 대학 수학 선이수 과목 시험에서 다른 학교들보다 우수한 성과를 거두었다.

에스칼란테의 업적은 매우 중요하다. 그의 사례는 불리한 여건에 놓인 소수집단 아이들도 수학 실력을 전국 평균보다 훨씬 높일 수 있다는 증거다.

사회심리학자의 저비용 개입

나의 동료 사회심리학자들은 최근에 매우 간단하면서도 이례적으로 비용 대비 효과가 큰 개입 프로그램을 들고 교육 현장에 등장했다.

많은 미국인은 능력이란 태어날 때 이미 정해진 거라고 믿는다. 즉 당신은 수학 능력을 처음부터 타고났거나 그렇지 않거나 둘 중 하나다. 어떤 사람은, 능력은 노력의 영향을 크게 받는 거라고 생각한다. 즉 당신이 열심히 한다면, 주어진 능력을 더 잘 발휘할 것이다. 캐럴 드웩 Carol Dweck과 동료들은 재학생 대부분이 소수집단인 중학교 학생들을 대상으로 능력에 대한 태도를 측정했다. 학생들에게 "당신의 지능은 정해져 있고, 그것을 변화시키기 위해 할 수 있는 일이 별로 없습니다", "당신 지능은 언제든 크게 변화될 수 있습니다" 같은 믿음에 대해서 물었다. 당연히, 능력이 노력의 문제라고 믿는 학생이 능력은 유전의 문제라고 믿는 학생보다 성적이 더 좋았다.

드웩과 동료들은 빈곤층 소수집단 학생들이 지능이 매우 가변적이고 노력으로 개발할 수 있는 거라고 믿게 했다. 개입의 요지는 학습이 새로운 신경 연결을 형성해 뇌를 변화시키고 이러한 변화 과정의 책임은 학생 자신에게 있다는 것이다. 드웩은 지능이 자신의 통제하에 있다는 소식을 들은 남학생 몇몇은 눈물을 흘렸다고 전한다. 교사들에 따르면, 개입 프로그램으로 교육받은 학생들은 더 열심히 공부했고, 통제집단 학생들보다 더 좋은 성적을 받았다. 개입 프로그램은 처음부터 지능이 노력의 문제라고 믿은 아이보다는, 처음에는 지능이 유전에 달린 문제라고 믿은 아이에게서 더 큰 효과를 나타냈다.

조슈아 애론슨과 동료들도 비슷한 실험을 했다. 중학교에 갓 입학한 텍사스의 빈곤층 소수집단 학생을 대상으로 집중 개입 프로그램을 운영한 한 연구에서 극적인 결과를 얻었다.

텍사스 연구에 참가한 학생은 중학교 1학년 동안 대학생 멘토를 배정받았다. 멘토와는 학교 적응과 관련된 여러 문제를 상의했다. 통제집단 멘토는 마약에 관한 지식을 알려주고 학생이 마약을 하지 않도록 가르쳤다. 실험집단 멘토는 학생에게 지능은 향상될 수 있다고 말하고 어떻게 두뇌가 일생 동안 새로운 신경 연결을 형성하는지 가르쳐주었다. 모든 학생에게는 멘토의 이야기를 지지해주는 웹사이트를 보여주었다. 실험집단 학생에게 보여준 웹사이트에는 뇌를 구성하는 뉴런과 수상돌기를 보여주는 동영상이 있었다. 또 새로운 문제를 해결할 때 뇌가 어떻게 새로운 연결을 형성하게 되는지 설명하는 해설이 제공되었다. 또한 멘토는, 이 이야기를 보여줄 수 있는 웹사이트를 학생들이 각자 언어와 그림을 이용하여 디자인하도록 도와주었다.

개입의 효과는 매우 강력했다. 텍사스 학업 능력 평가TAAS의 수학 과목에서 개입을 받은 남학생의 성적이 개입을 받지 않은 남학생보다 .64 표준편차 더 높았다. 여학생의 차이는 1.13 표준편차였는데, 여학생은 평소에 성별 때문에 수학을 못한다고 생각하는 경향이 있다. 읽기 과목에서 개입을 받은 학생은 통제집단에 비해 .52 표준편차 더 뛰어났다.

다프나 오이서만Daphna Oyserman과 동료들은 빈곤층 소수집단 중학생들을 위한 정교한 개입 프로그램을 만들었다. 그들은 학생들이 어떤 미래를 원하고, 거기에 이르는 길에 만날 수 있는 어려움은 무엇이며, 그런 어려움에 어떻게 대처하고, 친구들 중 누가 어려움에 대처하는 데 가장 도움이 될지 생각하도록 했다. 학생들이 소집단을 이루고 일상의 문제와 사회적 어려움, 학업 문제, 고등학교 졸업을 위한 과정에 어떻게 대처할 것인지 생각하는 세션도 추가했다. 개입 효과는 성적 평점 평균grade point average에서는 .23 표준편차로 별로 크지 않았고, 표준화된 시험에서는 .36 표준편차로 제법 큰 편이었으며, 유급률에 미치는 영향은 .60 표준편차로 매우 컸다.

사소한 개입이 대학생활에서도 큰 차이를 가져올 수 있다. 대학생들은 대부분 사회 진출과 캠퍼스 적응 문제를 걱정하지만, 소수집단 학생들의 걱정은 더 크다. 캠퍼스에는 소수집단 학생들이 그리 많지 않고, 주류집단 학생들과 어울리는 데 불편함을 느껴 친구를 사귀는 데 실패하면 소속감 문제로 고민하게 된다. 소수집단 학생들이 대학생활을 지속함에 따라 동기가 감소하고 학점이 떨어지는 것은 흔한 일이다.

사회심리학자 그레고리 월튼Gregory Walton과 제프리 코헨Geoffrey Cohen은, 소수집단 학생들이 사회적 수용에 대한 걱정이 인종에 관계없이 모든 학생에게 공통된 것이며 앞으로 개선되리라 믿도록 만든다면, 수행 저하를 미연에 방지할 수 있을 거라고 생각했다.

이 연구자들은 한 일류 사립학교의 흑인 학생을 대상으로 약한 개입을 실시했다. 연구자들은 흑인과 백인 신입생을 1학년이 끝날 때 심리학 연구에 참가시켰다. 목적은 사회적 수용에 대한 걱정은 누구에게나 있지만, 교우관계를 발전시켜감에 따라 사라지는 경향이 있음을 확신하도록 만드는 것이었다. 연구자들은 흑인 학생이 자신의 사회적 어려움을 이해하는 최선의 방법이 인종 문제("나 같은 인종은 이곳에 어울리지 않아")가 아니라는 것을 깨닫고, 이 생각을 다른 학생들도 공유한다는 믿음("누구나 이런 문제는 가지고 있어")으로 바꾸기를 기대했다. 연구자들은 이 문제가 소수집단만의 문제가 아니고, 해결 가능하다는 것을 인지하면 학생들이 소속감 문제로 고민하지 않고 학업 성취에 집중하도록 도울 수 있을 거라고 생각했다.

핵심만 이야기하자면, 월튼과 코헨은 학생들에게 앞으로 자신의 대인관계를 향상시킬 수 있다는 믿음에 대한 글을 쓰고 비디오 카메라 앞에서 연설하도록 했다. 그리고 녹화한 것을 새로 들어올 학생들에게 보여주고 "대학생활에 대한 정보를 제공할 것"이라고 말했다. 연구자들은 녹화를 한 다음 주에 참가자들의 학업 수행을 측정하고, 그다음 학기의 평점을 조사했다.

개입은 백인에게는 효과가 없었지만 흑인에게는 큰 효과가 있었다. 개입 직후 흑인 학생들은 더 열심히 공부하고 교수와 더 자주 연락하고 복습 시간과 스터디 그룹 모임에 더 많이 참석했다고 보고했다. 다음 학기에, 개입집단 흑인 학생의 학점은 통제집단에 비해 1 표준편차 더 높았다.

대학이 격차를 줄인다

대학은 흑인들의 지적 능력에 막대한 영향을 미치는 것으로 알려져 있으며, 그 효과는 백인보다 흑인에게서 훨씬 더 크게 나타난다.

흑인과 백인의 IQ 차이는 고등학교 때 벌어진다. 몇몇 유전학자들은 이러한 현상이 나이가 들수록 유전자의 영향력이 점점 더 증가한다는 사실을 입증한다고 해석한다. 이에 따르면, 고등교육으로 갈수록 흑인들은 점점 더 뒤처질 것이다. 예를 들어 헌스타인과 머리는 고등학교 이후의 교육이 인종 간 IQ 격차를 줄여줄 수 없다고 주장했다.

미군 입대 자격 시험Armed Forces Qualification Test을 채택한 아동 청소년 대상 전국 종단조사 National Longitudinal Survey of Youth 자료는 흑인과 백인의 차이가 고등학교 시절에 증가한다는 사실을 보여준다. 이 조사에서 사용한 검사는 미군이 지원자를 대상으로 실시하는 전체 능력 검사의 일부다. AFQT는 지능 검사와 매우 상관이 높아서 적절한 IQ 측정치로 여겨진다. 종단조사에서는 14~21세 교육과정 중 각기 다른 시점에서 이 검사를 실시했다.

헌스타인과 머리는 고등학교에서 흑인의 학업 능력이 백인보다 덜 향상됨을 분명하게 보여주었다. 격차가 벌어지는 정도는 걱정스러울 만큼 크다. 흑인은 백인에 비해 AFQT 점수가 5분의 3 표준편차 더 낮은 상태로 고등학교에 입학하지만, 졸업할 때에는 백인보다 거의 1 표준편차 더 낮아진다.

심리학자 조엘 마이어슨Joel Myerson과 동료들은 대학에서도 이 같은 참담한 실패가 일어나는지 알아보았다. 능력의 차이가 시간이 갈수록 점점 더 커진다는 이론에 근거할 때, 우리는 대학에서 흑인의 IQ가 백인보다 덜 증가할 것이고, 따라서 고등학교에서 나타났던 차이가 더 커질 거라고 예상할 수 있다.

마이어슨과 동료 연구자들이 발견한 것은 그 반대였다. 흑인 학생이 고등학교를 마칠 때의 IQ는 백인보다 1 표준편차 더 낮았다. 그러나 백인 학생은 대학에 다니는 동안 IQ가 거의 증가하지 않은 반면, 흑인 학생의 IQ는 놀라운 속도로 증가해 결국 백인보다 겨우 .40 표준편차 낮은 수준이 되었다.

왜 흑인들의 지능이 대학에서 그렇게 많이 향상된 것일까? 아니, 왜 고등학교에서 거의 향상되지 않는가를 질문하는 편이 더 적절할지도 모르겠다. 이 질문에 대한 가장 분명한 답은 흑인이 백인보다 더 나쁜 고등학교에 다닌다는 것이다. 두 번째 답은 대학에서보다 고등학교에서 백인처럼 행동하지 않아야 하는 사회적 압력에 저항하기 더 힘들다는 것이다.

세 번째 가능한 답은 고정관념 위협에 관한 연구에서 찾을 수 있다. 이 연구는 흑인 학생이 직면하는 사회적 환경에 따라 시험에서의 수행과 동기가 크게 달라질 수 있음을 보여준다. 예를 들어 스틸과 애론슨의 실험 연구에 따르면, 흑인 학생이 시험을 위협적이지 않은 방법으로 치르면, 즉 수험생이 드러내놓고 지능을 검사하는 상황에 있지 않을 때, 훨씬 더 시험을 잘 본다고 한다. 아마도 그런 상황이 학생들로 하여금 자신의 수행이 지적 열등성에 대한 고정관념에 맞아떨어질까 걱정하게 만들기 때문일 것이다. 시험 성적이 낮아지는 문제뿐만 아니라, 흑인 고등학생은 백인 고등학생에 비해 도전을 회피하고 학업을 추구하지 않는 식으로 평가에 대한 불편감에 적응한다. 이것은 고정관념의 위협에서 중고등학생들이 보이는 특징이다. 흑인 학생의 고등학교 생활을 추적한 한 연구에서는 흑인 남학생의 학업 참여가 고등학교 재학 기간에 특히 급감하여 12학년(고3—옮긴이)이 되면 자기 가치와 학업 성취가 아무런 관련이 없어진다는 사실을 발견했다. 이런 반응은 특히 자신이 속한 집단에 대한 고정관념을 받아들이는 학생에게서 더 많이 나타났다. 또 다른 장기 연구에서는 자신이 속한 집단에 대한 부정적 고정관념에 대한 걱정과 노력이 감소하는 정도가 직접 연결돼 있음을 발견했다. 고정관념 위협을 극대화하는 분위기는 고등학교에 특히 만연해 있는 것 같다.

그러나 대학에서 흑인 학생의 능력이 향상되는 이유는 알 수 없다. 우리는 대학이 능력 격차를 크게 줄여준다는 것을 알 뿐이다. 우리는 유전적 결함이 시간이 지남에 따라 점점 더 영향력을 드러내기 때문에 IQ 격차도 연령과 함께 증가한다는 주장에 반하는 중요한 사실을 알고 있다. 바로 IQ 격차는 대학 재학 기간에 아주 많이 감소한다는 사실이다.

요약하며

소수집단 아이들과 빈곤층을 위한 개입에 관하여 우리는 무엇을 알고 있을까? 몇 가지 매우 놀라운 사실들이 있지만, 주요 교훈은 무엇이 효과적이고 무엇이 효과적이지 않은가라는 문제가 경험에 근거한 질문이라는 점이다.

어떤 취학 전 프로그램은 매우 그럴싸해 보이지만 효과는 그다지 크지 않았다. 혹은 지속적이지 않았다. 헤드 스타트는 매우 합리적인 프로그램으로 큰 변화를 낳았어야 했다. 처음에는 그랬다. 그러나 학생들이 가난한 가족, 가난한 동네, 가난한 학교에 남겨지자, IQ 향상 효과는 사라졌으며, 학업 성취 효과도 그렇게 크지 않았다. 그러나 초기 IQ 향상 효과가 매우 큰 취학 전 프로그램이 있으며, 이 프로그램의 참가자가 좋은 공립학교에 진학할 경우에는 프로그램의 효과가 계속 남아 있었다. 아이들이 좋은 학교에 다니지 못하더라도 최상의 프로그램의 학업 성취 효과는 매우 크다. 범죄율과 복지 의존율 감소라는 측면에서도 이 프로그램은 사회에 엄청난 혜택을 준다. 취학 전 프로그램은 일반적으로 부유층 백인 아동보다는 빈곤층과 소수집단 아동에게 더 효과적이다.

초등학교와 중학교를 대상으로 하는 개입 프로그램에서도 비슷한 패턴이 나타난다. 나는 학생들의 성취에 별 영향을 주지 못하고 인종과 사회경제적 지위에 따른 격차를 줄여주지 않을 것으로 보이는 여러 프로그램에 관해 이야기했다. 변화를 일으키는 요인에는 교사의 자질과 성과급(아마 어떤 성과급 프로그램이 가장 효과적이고 실용적인지를 찾기 위해서 더 많은 노력이 필요할 것이다), 그리고 학급의 크기(백인보다는 흑인 아동에게 더 큰 영향을 미치는 것으로 보인다)가 있다.

4장에서 다룬, 비용이 많이 들지 않는 몇 가지 교수법은 상당히 큰 효과가 있었으며, 성취도 격차를 줄이는 데 도움이 될지도 모른다. 여기에는 수학과 작문 교육용 컴퓨터 프로그램(표준 교수법보다 비용이 덜 들지도 모른다), 그리고 추가 비용이 거의 혹은 전혀 들지 않는 '협동학습'이 포함된다. 비록 격차를 줄여준다는 증거는 없지만, 일반적으로 아이들의 성취도를 향상시켜준다는 사실을 생각할 때, 모든 학생에게 이러한 기법을 적용해야 한다. 밀물이 모든 배를 똑같이 들어올리듯이, 효과적 개입은 모든 아이들에게 도움이 될 것이다.

우리는 수학 교육 프로그램 SEED와 독해 교육 프로그램 리딩 리커버리가 소수집단 아이들에게 큰 효과가 있다는 것을 알고 있다. 리딩 리커버리는 특히 비용 대비 효과가 우수하다.

다수의 전 학교 개입 프로그램이 시도되었고, 그 결과는 대부분 실망스럽다. 하지만 매우 의미 있는 예외가 있다. 바로 KIPP다. 에스칼란테가 그랬듯이, KIPP 교사들은 가난한 소수집단 학생이 전형적인 백인 중산층 학생과 같거나 그보다 더 훌륭하게 해낼 수 있게 만들었다. 학생들이 프로그램을 늦게 시작하더라도 마찬가지였다. 놀랍게도, 5학년 때 프로그램을 시작한 학생에게도 효과가 컸다. KIPP를 훨씬 더 어릴 때부터 시작한다면 무엇을 이룰 수 있을지 두고 볼 일이다. 곧 알아낼 수 있기를 기대해본다.

격차를 줄이는 데 드는 비용

그런데 우리는 효과적인 개입 프로그램의 비용을 감당할 능력이 있을까? 아니, 우리가 효과적인 프로그램이 없어서 발생하는 사회적 비용을 감당할 수 있을까? 후자가 더 나은 질문이다. 많은 경제학자들이 가장 성공적인 취학 전 개입 프로그램의 비용 대비 효과를 평가했다. 노벨상을 수상한 경제학자 제임스 헤크먼James Heckman은 페리 취학 전 프로그램의 회수율이 특수교육, 유급, 범죄와 복지 비용 지출을 막고 프로그램 참가자들의 소득이 증가한다는 점에서 8 대 1이라고 평가했다. 이것은 연 17퍼센트의 투자 수익과 맞먹는다. 게다가 이것은 차가운 금전적 계산에 불과하다. 프로그램 참가자와 가족과 이웃의 삶의 질 향상은 이 계산에 포함되지 않았다. 페리 프로그램의 초기 비용은 높다. 2007년 기준으로 학생 1인당 1만 2,000~1만 6,000달러다. 헤드 스타트보다 훨씬 더 비싸지만(그러나 미래의 페리 유형의 프로그램은 비용이 더 줄어들

것이다. 비용 중 상당 부분을 차지하는 연구 조사비가 빠질 것이기 때문이다)
훨씬 더 효과적이다. 비용 대비 효과가 1인당 3.78달러로 계산되
는 에이비시다리안 프로그램도 이와 마찬가지다. 프로그램 효과를
납세자들만을 대상으로 제한적으로 계산하더라도 교육, 복지 그리
고 형사재판 비용이 절약된다는 측면에서 가장 성공적인 취학 전
개입 프로그램에 들인 비용은 제때 보상받는다.

그러면 경제적 지위가 하위 3분의 1에 해당하는 빈곤층 아이들
에게 출생 시부터 유치원 입학 때까지 페리나 에이비시다리안 프
로그램을 실시하는 데 드는 비용은 얼마나 될까? 미국 내에는 빈
곤층 아이들이 약 700만 명 있고, 페리나 에이비시다리안 프로그
램을 실시하면 아동 한 명당 1년에 1만 5,000달러가 든다. 총 비용
은 1,050억 달러에 이른다. 그러나 이 엄청난 돈에 대한 놀라움을
가라앉히기 위해, 현재 200억 달러의 공적 자금이 취학 전 프로그
램에 사용되고 있다는 점을 지적하고 싶다. 알려지지 않은 사적 비
용도 제해야 할 것이다. 프로그램 참가 기간과 그 이후에 어머니가
얻을 부가 소득도 고려해야 한다. 아동과 사회가 궁극적으로 받을
혜택 또한 감안해야 한다. 게다가 프로그램의 효과를 검증한 몇 안
되는 연구는 대부분 가장 비용이 많이 드는 프로그램을 대상으로
이루어졌다. 아동 1인당 1만 5,000달러보다 현저히 적은 비용을
들이고도 인지적·사회적 기능을 크게 향상시킬 수도 있을 것이
다. 마지막으로, 취학 전 프로그램의 효과가 결핍의 정도에 비례하
여 증가한다는 점을 떠올려보자. 어머니의 IQ와 SES가 낮으면 낮

을수록 향상의 정도는 더 커진다. 따라서 5세 미만 인구 중 가장 도움이 필요한 하위 6분의 1 혹은 하위 12분의 1에게만 취학 전 프로그램을 직접 시행하더라도, 그 효과는 매우 클 것이다.

취학 전 교육의 총 초기 비용을 측정하기 위한 잣대로, 2001년 이후 시행된 상위 1퍼센트의 부유층을 위한 세금 감면에 2009년 한 해에만 940억 달러의 국고가 축났다는 사실에 주목할 필요가 있다.

효과가 정말 명백해 보이는 KIPP 프로그램은 어떨까? KIPP 학교는 정규 공립학교에 비해 비용이 더 많이 드는 편은 아니다. 몇몇 KIPP 학교는 같은 학군의 공립학교보다 비용이 덜 들기도 한다. 그러나 KIPP는 이상을 추구하는 젊은 교사들의 기꺼운 노력에 힘입어 결과를 내는데, 이들은 비슷한 경력의 공립학교 교사들에 비해 월급이 약간 더 높을 뿐이다. 그리고 KIPP 교사들은 여러 해 동안 한결같을 수 없다. 결국 노조는 KIPP 학교의 과중한 노동에 반대하기 시작했다.

교사들에게 공립학교 교사 수준의 시간당 임금을 지급하면서 KIPP 학교를 운영하는 데는 어느 정도 비용이 들까?

KIPP 학생들이 교사와 접촉하는 시간은 약 60퍼센트 더 많다. 교육비의 대부분은 체육시설, 학교 운영과 유지 비용, 대출 이자 지불에 들어가는데, 이런 비용은 KIPP 기법을 적용한다고 해서 증가하는 것이 아니다. 미국의 일반 공립학교에서 학생 1인당 지출은 2005년에 약 8,000달러였고, 이중 약 3분의 1이 교사 임금이었다. 만약 교사 임금이 60퍼센트 더 높고, KIPP 같은 프로그램을 4,000만 명에 이르는 5~14세 아동 3분의 1을 대상으로 적용한다고 가정하면, 추가 비용 350억 달러가 필요하다. 그러나 다시 말하지만, 이러한 비용은 절약되는 보육비와 어머니의 추가 소득으로 상당 부분 상쇄될 수 있다. 이런 학교의 아이들이 일생 동안 얻을 경제적 이득은 단기적으로 계산할 수 없다. 경제적 이득을 최소한으로 잡는다고 해도, 프로그램 시행에 드는 비용의 대부분을 충당할 수 있을 것으로 기대된다.

분명히 말하지만, 나는 지금 특정 프로그램을 시행해야 한다고 주장하는 것이 아니다. 페리나 밀워키, 에이비시다리안 같은 프로그램이 전국으로 확대되었을 때 효과적인지, 그리고 실현 가능한지, KIPP 같은 프로그램에서도 마찬가지인지를 알아보기 위해서는 많은 연구가 필요하다. KIPP의 경우, 아이들을 프로그램에 참가시키고 그곳에 계속 머물도록 부모가 노력을 기울이지 않는 경우에는 어느 정도의 효과가 있는지 알아야 한다.

그러나 우리는 IQ와 성취도 격차를 획기적으로 줄일 수 있다는 증거를 가지고 있으며, 효과적 개입 비용이 받아들일 만한 수준이라는 것을 알고 있다. 어떤 집중 프로그램이 가장 좋은 효과를 내는지 알아내기 위해 필요한 연구를 제대로 해내지 못하는 것은 무책임한 일이다.

마지막으로, 가난한 사람들을 더 똑똑하게 만들기 위한 한 가지 좋은 방법은 그들을 더 부유하게 만드는 것이다. 스칸디나비아 국가들은 미국에 비해 소득 분포가 훨씬 더 고르며, 부유층과 빈곤층 아동 간의 성취도 격차가 적은데 이는 평등의 정도를 반영한다. 사회적 가치가 있는 정직한 노동에는 가족을 부양하기에 충분한 임금을 지불해야 한다. 이것은 40년 전의 73퍼센트 수준에 지나지 않는 최소임금의 인상과 근로소득보전세제^{Earned Income Tax Credit}, 자녀세액공제^{Child Tax Credits}를 통해 일부 달성할 수 있다.

이런 노력에 들어가는 경제적 비용 중 적어도 일부는 빈곤층의 생산성 증진과 범죄율, 복지 의존율 감소를 통해 보상받을 것이다. 우리는 선을 행함으로써 더 나은 삶을 살 수 있다.

INTELLIGENCE
AND HOW TO GET IT

8장

아시아인은
왜 똑똑한가

세상에, 이건 굉장히 아시아적인 점수잖아.

실리콘밸리의 어느 유럽계 미국인 고3이 매우 높은 SAT 점수를 받고 친구에게 한 말

노력 없이는 빛나는 업적도 없다.
착실히 업적을 쌓지 않으면 혁혁한 공을 세울 수 없다.

〈순자〉, 권학편

- 1966년 고등학교 3학년이던 중국계 미국인 학생의 SAT 응시율은 유럽계 미국인 학생보다 67퍼센트 더 높았다. 유럽계 미국인의 경우 중국계 미국인에 비해 비교적 우수한 학생만 응시했음에도 불구하고, 중국계 미국인 학생의 SAT 성적은 유럽계 미국인 학생과 거의 비슷했다.
- 이 학생들이 32세가 된 1980년에 중국계 미국인의 전문직, 관리직, 과학기술 분야 종사자 비율은 유럽계 미국인보다 62퍼센트 더 높았다.
- 1980년대 후반, 인도차이나에서 온 보트피플은 캘리포니아 오렌지 카운티의 가든 그루브 인구의 20퍼센트에 불과했지만, 이 지역 고등학교 최우수 졸업생 14명 중 12명이 이들이었다.
- 1999년, 제3차 수학 과학 성취도 국제 비교 연구Third International Math and Science Study에서 미국 8학년 학생의 수학 점수는 일본,

한국, 중국, 대만, 싱가포르, 홍콩보다 .75에서 1 표준편차 낮
았고, 과학 점수는 .33~.50 표준편차 더 낮았다.

- 아시아계 미국인은 미국 인구의 2퍼센트에 불과하지만 2008년
  웨스팅하우스 과학경시대회 우승자 5명은 모두 아시아계였다.
- 하버드 재학생의 20퍼센트, 버클리 재학생의 45퍼센트가 아
  시아인과 아시아계 미국인이다.

유럽계 미국인들은 백기를 드는 게 좋겠다. 아시아인이 훨씬 더
똑똑하다는 것은 분명한 사실이니까 말이다.

아니다. 그렇지 않을 수도 있다. 적어도 전통적인 IQ 검사 결과
를 보면, 아시아인의 지능은 높지 않다. 헌스타인과 머리, 러시턴
과 젠센, 필립 버논Philip Vernon, 리처드 린Richard Lynn을 비롯한 연구
자들은 아시아인의 IQ가 더 높다고 보고한다. 그러나 플린의 지적
에 따르면 이는 현재의 IQ 검사 규준에 기초하지 않고 모집단을
대표하지 못하는 작은 표본을 사용하여 마련한 오래전의 규준에
기초해 나온 결과다. 이 경우 아시아인의 IQ는 실제보다 더 높게
나타난다. 플린은 16건의 연구를 개관하여 일관된 결과를 도출했
다. 대부분의 연구에서 동아시아인의 IQ는 미국인의 IQ보다 약간
낮았다.

분명한 사실은 아시아계 미국인은 그들의 IQ에 근거하여 예상
할 수 있는 수준을 훨씬 뛰어넘는 성취를 한다는 것이다. 아시아인
의 대뇌 회색질이 특별해서가 아니라, 그들이 땀 흘려 노력했기 때

문에 이런 결과가 나온 것이다.

아시아인은 더 열심히 공부한다

해럴드 스티븐슨Harold Stevenson과 동료들은 사회경제적으로 매우
유사한 세 도시, 일본의 센다이, 대만의 타이베이, 미국의 미니애
폴리스에 사는 아동의 지능과 학업 성취를 연구했다. 연구자들은
1학년과 5학년 학생 중 일부를 무작위로 뽑아 지능과 읽기, 수학
성취도를 측정했다. 세 나라 간 IQ를 직접 비교할 수 있는지는 확
신할 수 없다(그러나 연구자들은 세 집단의 지능이 비교 가능한 측정치라
가정하고, 이것이 타당함을 잘 보여준다). 아무튼 국가 간 지능 비교에
서 1학년 때는 미국인이 대부분의 지능 검사에서 일본인이나 중국
인보다 앞선다. 연구자들의 설명에 따르면, 이러한 결과는 미국 부
모들이 취학 전 자녀들에게 지적 자극을 제공하는 데 많은 노력을
기울이기 때문이다. 1학년 때 미국인의 수행이 더 뛰어난 이유가
무엇이든, 미국 어린이의 IQ 우위는 5학년이 되면 사라진다. 1학
년 때 누가 더 똑똑했건 미국 어린이는 5학년이 될 때까지 이미 가
지고 있던 기반의 상당 부분을 잃는다는 얘기다.

그러나 이 연구에서 정말로 놀라운 발견은 아시아 학생들의 수
학 성취도가 미국 학생들과 완전히 다른 차원에 있다는 것이다. 일
본, 대만, 미국 어린이에게 동일한 수학 문제를 제시했을 때, 대만

의 5학년 학생은 미국 학생보다 거의 1 표준편차 더 뛰어나고, 일본 학생은 미국 학생보다 1.30 표준편차 더 높은 점수를 받는다. 중국, 대만, 일본, 미국의 여러 학교에서 5학년 학생의 수학 능력을 살펴본 스티븐슨과 동료 연구자들의 연구 결과는 더욱 놀랍다. 이 연구에서는 아시아 국가들 간에 큰 차이가 없었다. 세 나라 학생들은 거의 비슷한 수준의 수행을 보였다. 그러나 미국 학교 간의 수학 실력 차이는 큰 편이었다. 그러나 미국에서 가장 수행이 뛰어난 학교의 수학 실력은 아시아 학교들 중 가장 수행이 떨어지는 학교와 같은 수준이었다!

이러한 차이의 핵심은 IQ가 아니다. 아시아의 학교나 아시아의 어린이는 미국 학교나 미국 어린이와 비교해 동기 면에서 크게 다르다.

학교에서부터 이야기를 시작해보자. 일본 학생은 1년에 240일을 등교하는 반면 미국 학생은 180일을 등교한다. 아시아 학교가 미국 학교보다 더 나을 수도 있겠지만, 미국에서 학교를 다니는 아시아계 미국인의 수행도 다른 미국인보다 뛰어나다는 점으로 보아 무엇보다 아시아인의 동기가 매우 중요하다는 것을 알 수 있다.

제임스 콜먼James Coleman은 1966년에 발표한 미국 교육 평등에 관한 보고서에서 무작위로 선발한 어린이들의 지능을 측정했고, 플린은 이 아이들이 평균 36세가 될 때까지 추적 연구했다. 동아시아계 미국인은 IQ 검사의 비언어적 영역에서 100점, 언어 영역에서 약 97점을 얻어 전체 IQ는 유럽계 미국인보다 약간 낮았다.

IQ 검사에서 다소 낮은 수행을 보였음에도, 1966년에 고등학교 졸업반이던 중국계 미국인은 초중등 교육과정에서 유급당하는 비율이 다른 미국인의 절반 정도였다. 초등학생 때 성취도 검사에서 중국계 미국인의 성취도는 유럽계 미국인보다 조금 더 뛰어났는데, 이 아이들이 고등학생이 되었을 때 성취도 검사 점수는 유럽계 미국인보다 3분의 1 표준편차 더 높아졌다. IQ가 비슷한 학생들끼리 비교했을 때 중국계 미국인의 성취도 검사 점수는 유럽계 미국인에 비해 2분의 1 표준편차 더 높았다. IQ로 기대할 수 있는 수준 이상의 성취는 수학에서 특히 두드러졌다. 중국계 미국인들의 미적분학과 해석기하학 점수는 유럽계 미국인들보다 1 표준편차 더 높았다. 이 학생들이 고등학교 졸업반이 되었을 때, 중국계 미국인의 SAT 점수는 IQ가 같은 다른 미국인에 비해 약 3분의 1 표준편차 더 높았다.

　　이 학생들이 32세가 되었을 때, 중국계 미국인과 다른 미국인의 차이는 거의 두 배가 되었다. 백인의 경우, 전문직이나 전문기술직 또는 경영관리직에 종사하는 데 필요한 학력을 갖추기 위해서는 IQ가 최소한 100 이상이 되어야 했지만, 중국계 미국인의 경우 IQ가 93 이상이면 이러한 학력을 얻을 수 있었다. 더욱 중요한 사실은, 백인의 경우 전문직 또는 관리직에 종사할 수 있는 IQ를 가진 사람들 중 60퍼센트만이 필요한 자격을 갖추어 관련 직업을 얻는 끈기를 발휘했으나, 중국계 미국인의 경우 78퍼센트가 그러했다. 그 결과 좋은 직업을 갖게 된 백인은 3분의 1에 불과했으나,

중국계 미국인은 55퍼센트가 좋은 직업을 가질 수 있었다. 일본계 미국인 중 전문직 또는 관리직 종사자의 비율은 중국계와 백인의 중간 정도다.

플린은 동아시아인의 성취에 관한 다양한 연구에서 IQ로 기대할 수 있는 수준을 넘어서는 과잉성취overachievement가 나타난다는 사실을 발견했다.

IQ 검사 결과와 학업 성취의 차이에서 드러나는 아시아계 미국인의 과잉성취는 정규 교육과정에서 치르는 성취도 평가나 SAT가 단순히 또 다른 IQ 검사에 불과한 것이 아님을 보여준다. 성취도 평가나 SAT는 IQ 검사가 측정하는 기억 능력, 지각 능력, 추론 능력과는 다른 의미의 지적 성취를 측정하는데, IQ보다는 학업 성취가 궁극적인 사회경제적 성공을 더 잘 예측하는 요인이라고 할 수 있다.

플린은 최근 앞서 소개한 66학번 학생들의 자녀를 조사했다. 높은 사회계층에서의 양육이 높은 IQ와 관련이 있다는 점을 감안할 때, 높은 사회계층에서 양육되는 아이들은 자신의 부모뿐만 아니라 모집단 전체에 비해서도 IQ가 더 높을 것이라고 예상할 수 있다. 조사 결과는 예상과 같았다. 중국계 미국인의 자녀가 유치원생일 때 IQ는 백인 자녀보다 9점 더 높았다. 그러나 이들 중 대부분은 이후 평범한 학교에 진학했고, 이 학교에서 지능발달에 이상적인 환경을 제공하리라고 기대하기는 힘들다. 실제로 이 중국계 아이들의 평균 IQ는 계속해서 낮아져서 성인이 되었을 때는 백인보다 겨우 3점 높았다.

여기서 아시아인의 성취를 가리키는 '과잉성취'라는 말이 자의적인 표현임을 유념할 필요가 있다. 나는 미국에 온 지 갓 1년을 넘긴 한국인 친구와의 대화에서 '아시아인의 과잉성취'라는 표현을 사용했다. 이 친구의 자녀들은 미국 공립학교에 다닌다. 친구는, "'아시아인의 과잉성취'라니 그게 무슨 뜻이지? '미국인의 과소성취underachievement'라고 말해야 하는 게 아닐까?"라고 이의를 제기했다. 그는 딸이 다니는 학교의 종업식에 참가했다가 숙제를 다 했다고 상을 주는 것을 보고 무척 놀랐단다. 그의 딸은 두 명의 수상자 중 한 명이었다. 그에게는 숙제를 했다고 상을 주는 것은 점심을 먹었다고 상을 주는 것만큼이나 터무니없는 일이었다. 아시아인에게 숙제하는 것은 너무나 당연한 일이다. 이런 현상이 미국인의 '과소성취'라는 그의 주장은 옳다. 높은 수준의 성취를 기준으로 할 때, 미국인의 성취가 기준을 충족하지 못한다는 생각은 상당히 일리가 있다.

이 한국인 친구의 어리둥절한 반응은 아시아인의 마법 같은 성취를 이해하는 실마리가 무엇인지 보여준다.

아시아인과 아시아계 미국인의 성취는 결코 신비로운 현상이 아니다. 그들의 성취는 노력의 산물이다. 1980년대에 일본 고등학생은 하루 3시간 30분씩 공부했으며, 오늘날은 공부하는 시간이 더 길다. 고등학생 또래의 인도차이나 보트피플은 하루에 3시간 공부한다. 미국 고등학생은 하루 평균 1시간 30분 공부한다. 디트로이트의 8학년 흑인 학생은 일주일에 2시간 공부한다. 물론 이유 중 하나는 큰 기대를 하지 않는 학교 환경 때문일 것이다.

아시아인과 아시아계 미국인이 더 열심히 공부하는 것도 신비로운 현상이 아니다. 아시아인은 지능과 지적 성취가 얼마든지 나아질 수 있다는 사실을 배우기 위해서라면 굳이 이 책을 읽을 필요가 없다. 공자는 2500년 전에 이미 이 사실을 정확하게 알고 있었다. 그는 능력의 두 가지 원천을 구분했다. 하나는 하늘에서 내린 재능이고, 다른 하나는 노력으로 얻는 것이다.

오늘날에도 아시아인은 지적 성취가 노력에 달렸다고 믿는다. 반면 유럽계 미국인은 지적 성취가 대부분 타고난 능력이나 교사의 자질에 달렸다고 생각한다. 아시아계 미국인은 동아시아인과 유럽계 미국인의 중간에 해당하는 태도를 보인다.

아시아인과 아시아계 미국인은 서양인과 유럽계 미국인에 비해 또 다른 장점을 갖고 있다. 아시아인은 어떤 일을 잘못하면, 더 열심히 노력한다. 캐나다의 한 심리학 연구팀은 일본인과 캐나다인 대학생들을 실험실로 불러 창의력 과제를 하도록 했다. 참가자들이 일정 시간에 과제를 수행하고 나면, 연구자들은 감사를 표한 뒤 그들이 얼마나 잘했는지 알려주었다. 실제 수행과 무관하게 어떤 참가자에게는 매우 잘했다고 알려주고 다른 참가자에게는 못했다고 알려주었다. 그런 다음 참가자들에게 조금 전에 수행한 것과 유사한 창의력 검사 과제를 제시하면서 원하는 만큼 시간을 사용해도 좋다고 말했다. 캐나다인은 첫 번째 과제에서 못했다는 평가를 받았을 때보다 잘했다는 평가를 받았을 때 더 오래 문제를 풀었지만 일본인은 첫 번째 과제에서 잘한 경우보다 못한 경우에 더 오래 문제를 풀었다.

실패에 직면했을 때 포기하지 않고 끈기를 발휘하는 성향은 아시아인의 자기 향상 전통에서 비롯된 것이다. 아시아인은 자기 향상에 도움이 되는 비판을 수용하는 데 익숙하다. 반면 서양인은 비판받는 것을 싫어하고 불쾌하게 여긴다. 예를 들어 일본의 교사는 부임 후 최소 10년간 다른 교사의 참관을 받고, 동료 교사들은 교육 방법을 서로 나눈다. 일본에서는 오랜 경험 없이 좋은 교사가 될 수 없다는 사실을 이해하고 있다. 미국에서는 초임 교사를 교실에 던져놓고 처음부터 잘할 거라고 가정한다. 그렇지 못하면 필요한 자질을 갖추지 않았기 때문이라고 여긴다.

그러나 아시아인이 노력하는 것보다 더 중요한 요인은 문화에서 찾을 수 있다. 중국에서는 학업을 강조하는 문화가 2000년 이상 융성했다. 열심히 노력해서 과거에 급제한 똑똑한 젊은이는 좋은 보수를 받는 고위 관직에 오를 수 있었다. 이것은 그의 가족과 마을에 부와 영예를 가져다주었다. 그리고 가족과 마을 사람의 희망과 기대는 더 열심히 노력하도록 힘을 불어넣어주었다. 중국에서는 서양보다 2000~3000년 앞서 이미 교육을 통한 신분 상승이 가능했다.

아시아인 가족은 학업을 중요하게 여기며, 미국인 가족에 비해 자녀에게 미치는 영향력이 훨씬 더 크다. 그들은 성공적으로 자녀의 학업 성취를 돕는다.

동양의 상호의존성 vs 서양의 독립성

아시아인 가족이 그렇게 큰 영향력을 미치는 이유는 무엇일까? 여기서 나는 주제에서 약간 물러나, 아시아와 서양 사회의 차이점을 이야기하려 한다. 독립적이고 개인주의적인 서양인에 비해 아시아인은 상호의존적이고 집합주의적이다. 이러한 차이의 기원을 찾으려면 적어도 2500년 전 공자와 고대 그리스 시대로 거슬러 올라가야 한다.

공자는 적절한 역할을 엄격히 지키는 것이 사회의 근간임을 강조했다. 공자가 말하는 사회 관계는 기본적으로 군신, 부부, 부자, 형제, 친구의 관계로 이루어져 있다. 동아시아 사회의 원형이라 할 수 있는 중국은 농업 사회였다. 특히 관개에 의존하는 사회에서는 협동이 경제활동에 필수이기 때문에 농부들은 서로 잘 어울려 지낼 필요가 있다. 이러한 사회는 상명하달식 위계구조를 이루고 있으며, 강력한 사회적 결속과 제약이 온존한다. 특히 중국 사회는 대가족을 지탱하는데, 연장자의 뜻에 복종하는 것은 사람과 사람을 연결해주는 아교 역할을 했다. 이러한 문화는 지금도 남아 있다.

전통적인 가족의 역할은 아시아계 미국인 2세대, 심지어 3세대에서도 여전히 강력하게 작동한다. 나는 심리학이나 철학을 전공하고 싶지만 부모님이 의사나 공학자가 되기를 원하기 때문에 그럴 수 없다고 이야기하는 아시아계 학생들을 만났다. 유럽계 미국인 학생에게 부모의 바람은 부모의 바람일 뿐이다.

그리스의 전통은 근본적으로 이와 다른 사회적 관계를 형성했다. 그리스 경제는 대규모 농업이 아니라 무역, 수렵, 어로, 목축, 해적질, 그리고 포도주 제조와 올리브유 생산 같은 소규모 농업에 기초했다. 이런 활동에는 사람들 간의 밀접하고 형식화된 관계가 필요 없다. 그 결과 그리스인은 독립적이고 사회적 제약을 받지 않는 삶을 누렸다. 그들에게는 자신의 재능을 표현하고 원하는 것을 충족시킬 수 있는 자유가 충분했다. 각자의 개성을 존중했으며, 이를 논평과 연구의 대상으로 간주했다. 독립적이고 개인주의적인 그리스의 전통은 로마로 이어졌다. 그 후 오랫동안 유럽 농민은 중국 농민들과 비슷하게 개인주의 성향을 보이지 않았던 시절을 거쳤고, 르네상스와 산업혁명이 서양의 개인주의 기질을 되살려 더욱 강화했다.

유럽 문화에 젖은 사람은 동양에서는 성취가 개인적 자긍심과 지위의 문제가 아니라 가족의 문제임을 이해하기 힘들 것이다. 고대 중국에서 과거에 급제한 소년이 그랬듯이, 어떤 사람이 성취하고자 하는 이유는 가족에게 경제적·사회적으로 혜택이 돌아가기 때문이다. 개인의 성취에 대한 자긍심이야 있겠지만 자신의 부와 명예는 부차적인 문제다.

그리고 (여기에 아시아 문화의 큰 장점이 있는데) 가족을 위한 성취는 자신을 위한 성취보다 더 강력한 성공의 동력으로 작용한다. 내가 만약 서양의 개인주의적 자유 행위자로서 나 자신의 명예와 부를 획득하겠다고 결심한다면, 그것은 오로지 나의 결정이다. 재능이 너무 부족하다고 느끼거나, 열심히 하기 싫다면 경쟁에서 이탈할 수도 있다. 그러나 가족들과의 유대가 견고하며 그들의 기대를 매 끼 식사처럼 먹고 자란다면, 오로지 학교와 직장에서 최선을 다하는 수밖에 없을 것이다. 그리고 성취가 타고난 재능만의 문제가 아니라 노력과 의지에 달린 문제임이 분명하다면 가족이 나의 성공을 기대하는 것은 합당한 일이다.

아시아계 미국인은 더 유리한 입장에 놓이고 있다. 1968년 이전에 미국으로 건너온 아시아계 이민자는 고향에 남은 동포들보다 선천적으로 더 똑똑하지는 않았을 것이다. 그러나 1960년대 이민법은 전문직 종사자의 이민을 비전문직 종사자보다 더 쉽게 허용했다. 새로운 아시아계 미국인은 동아시아계라는 점 외에도 전문직이나 경영관리직 같은 직업에 종사할 만한 능력을 가진 사람들이었기에 유럽계 미국인보다 더 유리했다. 따라서 사회계층과 문화, 두 가지가 모두 유리하게 작용하여 자녀들의 교육적·직업적 성공을 극대화했을 것이다. 또한 새로운 이민자의 자녀는 이민법에 의한 선별 때문에 유전적 이점도 갖고 있을 것이다. 그러나 이러한 유전적 이점은 매우 작을 것이다. 다음 장에서 살펴보겠지만, 환경 병목현상은 병목 이후 세대의 IQ에 별다른 영향을 미치지 않는다.

종합적 사고 vs 분석적 사고

동양과 서양의 문화적 차이는 사고 습관의 차이를 낳기도 한다. 동아시아인은 자신의 욕구와 행동을 다른 사람의 욕구와 행동에 통합해야만 효과적으로 사고하고 행위할 수 있다. 중국에서는 2500년 동안 조화가 삶의 지침이었다. 하지만 서양인은 다른 사람을 그다지 고려하지 않으며 타인의 기대와 무관하게 행동할 수 있다.

이러한 사회적 차이에서 내가 종합적^{holistic}이라고 표현하는 동양인의 사고 습관이 나타난다. 동양인은 사물이나 사건을 생각할 때 넓은 범위에 주의를 기울여 사물과 사건의 관계와 유사성을 고려한다. 그리고 서로 대립되는 의견 사이에서 '중도'를 모색하는 변증법적 사고를 한다. 서양인의 지각과 사고는 분석적이다. 서양인은 자신이 영향을 미치려 하는 주변환경이나 사물, 또는 사람처럼 상대적으로 작은 부분에 초점을 맞춘다. 그들은 범주화와 모델링을 통해 작은 부분의 속성에 주의를 기울인다. 그리고 형식논리의 규칙에 따라 추론한다.

동양인이 다른 사람에게 주의를 기울인다는 것은 곧 광범위한 사회적 환경에 주의를 기울인다는 의미다. 타카히코 마쓰다와 나는 사람들에게 물속 장면이 담긴 짧은 애니메이션을 보여주고 본 것을 설명해달라고 했다. 〈그림 8-1〉은 그중 한 장면이다. 미국인은 몸집이 크고 빠르게 움직이는 물고기처럼 가장 눈에 띄는 사물

〈그림 8-1〉 일본인과 미국인에게 보여준 컬러 애니메이션의 정지 화면.
Masuda & Nisbett (2001)

에 맨 먼저 주의를 기울인다. 우선 "나는 커다란 물고기 세 마리가 왼쪽으로 헤엄쳐 가는 것을 보았다. 물고기들은 흰 배에 분홍색 점이 있다" 같은 반응을 보인다.

일본인은 바위, 물풀, 달팽이 같은 움직이지 않는 생물, 즉 주변 환경에 관한 내용을 훨씬 더 많이 이야기했다. 전형적인 최초의 반응은 "나는 개울 같은 것을 보았다. 물은 녹색이었다. 바닥에는 바위와 조개가 있었다" 같은 식이다. 일본인은 맥락에 주의를 기울일 뿐만 아니라 맥락과 사물의 관계도 알아차렸다. 예를 들어 하나의 사물이 다른 사물 옆에 있었다거나 개구리가 수초를 기어오르고 있다고 언급하는 경향이 있었다. 일본인은 주변환경의 상세한 특징을 미국인보다 60퍼센트 더 많이 보고했다.

또 다른 연구에서 마쓰다는 한 사람이 가운데에 있고 주변에 다른 사람들이 있는 그림을 사람들에게 보여주고 가운데 인물의 기분을 판단하도록 했다. 미국인에 비해서 일본인은 인물의 기분을 판단할 때 주변 인물의 표정에 더 많은 영향을 받았다.

아시아인과 서양인은 실제로 서로 다른 것을 보기 때문에, 환경에 대한 지각이 달라진다. 동료들과 나는 사람들이 그림의 어느 부분을 보고 있는지 밀리세컨드(1/1,000초) 단위로 측정할 수 있는 장비를 사용했다. 그 결과 중국인은 미국인에 비해 배경을 더 오랫동안 쳐다보았다. 그리고 중국인에게는 대상과 배경 사이를 오가는 눈 움직임이 훨씬 더 많이 관찰되었다.

동아시아인은 맥락에 많은 주의를 기울이기 때문에 미국인이 실수를 범하는 상황에서도 인과관계를 정확히 추론할 수 있다. 사회심리학자들은 '근본적 귀인 오류fundamental attribution error'라는 현상을 발견했다. 사람들은 어떤 행동에 영향을 미치는 중요한 사회적 요인이나 상황을 간과하고 그 행동의 원인을 행위자의 성격, 능력, 태도 등에 돌리는 경향이 있다. 예를 들어 교수가 수업시간에, 또는 실험자가 심리학 실험에서, 누군가에게 사형제도에 찬성하는 글을 쓰라고 부탁했다고 하자. 미국인은 사형제도에 찬성하는 글을 쓴 사람이 자신의 견해를 표현하는 거라고 생각했다. 실험자가 찬성 입장을 지지하는 글을 쓰라고 요구하는 상황임에도 미국인은 실험자의 요구 때문이 아니라 글을 쓴 사람 자신의 입장이 찬성이기 때문에 그렇게 표현한 거라고 여겼다. 그러나 같은 상황에서 한국인은 사형제도에 찬성하는 입장을 표현한 글이 글쓴이의 입장을 반영하지 않는다고 생각했다.

맥락에 주의를 기울이는 동아시아인의 사고 습관은 고대 중국에서부터 발견된다. 고대 중국인은 이미 원격작용의 개념을 이해했다. 덕분에 동양인은 전자기학과 음향학의 원리를 이해했고, 갈릴레오도 몰랐던 밀물과 썰물이 일어나는 원인을 알아냈다. 이와 대조적으로 아리스토텔레스 물리학은 사물의 특성에 초점을 맞추었다. 그의 체계에서, 돌이 물속에 가라앉는 이유는 중력이라는 속성을 갖고 있기 때문이고, 나무막대가 물에 뜨는 이유는 부양력이라는 속성을 갖고 있기 때문이다. 물론 부양력이라는 속성은 존재하지 않으며, 중력은 사물 안이 아니라 사물과 사물의 관계에서 발견된다.

고대 중국의 물리학이 정확성이나 기술적 성취에서 한 차원 앞서 있었으나 형식 과학을 발명한 이는 그리스인이었다. 그 이유는 두 가지다.

첫째, 그리스인은 대상에 집중했기 때문에 그 속성과 범주를 결정하는 데 신경을 썼다. 대상의 행동을 이해하기 위해서 그것을 지배한다고 생각하는 법칙들을 만들어냈다. 이러한 법칙이 없다면, 명확하고 일반화된 모형을 수립하고 검증할 수 없을 것이다. 과학 법칙 없이는 아무리 정교한 기술이 발달하더라도, 기술 자체에 머무르고 만다.

둘째, 그리스인은 형식논리를 발명했다. 아리스토텔레스는 시장과 정치 집회에서 빈약한 논증이 오가는 것을 참을 수 없었다. 그는 불완전한 형태의 논증을 제거하기 위해 논리학을 생각해냈다. 실제로 논리학은 서양에서 그런 역할을 하고 있다.

중국에서는 논리학에 그다지 관심을 보이지 않았다. 기원전 3세기에 단 한 번, 잠시 등장했을 뿐 논리학을 형식화하지 않았다. 그리스인이 논리학을 정교하게 발전시킬 수 있었던 이유는 논쟁이 사회적으로 받아들여졌기 때문이다. 고대 중국이나 오늘날 동아시아에서는 다른 사람의 의견에 동의하지 않기란 어려운 일이다. 만약 누군가의 관점에 반대한다면 그 사람의 적이 될 수도 있다. 동양에서는 추론 양식이 형식논리학 대신 변증론으로 흘렀다. 여기에는 두 가지 상반된 주장 사이에서 중도를 찾으려는 추론양식과 서로 다른 관점의 통합을 중시하는 추론양식이 포함된다.

법칙과 범주, 분명한 모델과 더불어 형식논리도 과학에서 매우 유용한 도구다. 그러나 그리스인은 논리적 논증에 너무 몰두한 나머지 영(0)의 개념을 거부했다. 영은 '비존재 non-being'와 같고 비존재란 존재be할 수 없기 때문이다! 잘 알려진 제논의 역설 또한 논리학에 지나치게 열중한 결과다. 제논은 운동이 불가능하다고 주장했다. 화살이 표적에 도달하기 위해서는 우선 활과 표적 사이의 절반만큼 가야 하고, 다시 그 절반만큼 가야 하며 이런 식으로 무한히 계속되는데 그러다보면 화살은 영원히 표적에 도달할 수 없다. 지금 보면 우습지만 그리스인들은 정말 해결하기 어려운 문제라고 생각했다.

사회의 관습과 사고 습관은 깊이 각인되어 있어서, 오늘날 동서양의 사회적 차이와 인지적 차이는 고대와 매우 유사하다. 서양인은 법칙과 범주, 논리학을 강조하는 반면, 동양인은 관계와 변증법적 추론을 더 강조한다. 동료 연구자들과 나는 이러한 차이가 실재한다는 것을 발견했다.

사람들에게 소, 닭, 풀, 세 단어를 제시한 뒤, 이중 어떤 두 단어가 하나로 묶이는지 물어보았다. 미국인은 소와 닭이 둘 다 동물이므로, 즉 분류학적으로 같은 범주에 속하기 때문에 하나로 묶인다고 대답하는 사람이 많았다. 그러나 관계에 더 초점을 맞추는 아시아인은, 소가 풀을 먹기 때문에 소와 풀이 한데 묶인다고 대답하는 사람이 많았다.

우리는 또한 미국인과 아시아인에게 삼단논법을 제시한 뒤 결론의 타당성을 판단하도록 했다. 아시아인은 "모든 A는 X다. 어떤 B는 Y다"처럼 삼단논법 문장이 추상적인 형태로 주어졌을 때는 미국인들만큼 타당성을 잘 판단했지만, 친숙한 내용일 경우 헷갈리는 경향이 있었다. 아시아인은 전제가 그럴듯하지 않으면 결론이 타당하지 못하다고 판단했다(예를 들어, 모든 포유류는 겨울잠을 잔다 → 토끼는 겨울잠을 자지 않는다 → 토끼는 포유류가 아니다). 아시아인은 형식적으로 타당하지 않더라도 내용이 그럴듯하면 결론이 타당하다고 판단하는 경향이 있었다.

미국인도 고대 그리스인처럼 '지나치게 논리적'이어서 실수를 범하곤 한다. 동료 연구자들과 나는 미국인의 경우 그럴듯한 명제가 그럴듯하지 않은 명제에 의해 반박당했을 때, 그 명제가 반박당하지 않았을 때보다 참이라고 판단할 가능성이 더 높다는 사실을 발견했다. 미국인들은 두 명제가 서로 명백히 모순일 때, 더 그럴듯한 명제가 참이고 덜 그럴듯한 명제가 거짓이라고 생각한다. 아시아인은 이와 반대의 오류를 범한다. 상대적으로 그럴듯하지 않은 명제가 그럴듯한 명제에 의해 반박당하면, 그 명제가 반박당하지 않은 경우보다 더 그럴듯하다고 판단하는 경향이 있다. 아시아인은 대립되는 두 명제 사이에서 진실을 찾으려 하기 때문이다.

이러한 지각과 인지의 차이는 동양인과 서양인의 뇌 활동에서도 나타난다. 예를 들어, 중국인에게 물속 풍경을 그린 애니메이션을 보여주면, 배경과 맥락에 반응하는 뇌 영역이 미국인보다 더 많이 활성화된다. 반대로 눈에 띄는 대상을 볼 때 반응하는 뇌 영역은 덜 활성화된다. 또 다른 뇌 기능 연구에서는 미국인에게는 맥락의 영향을 받지 않고 대상을 판단하기가 더 쉽고, 동아시아인에게는 맥락을 고려하여 대상을 판단하기가 더 쉽다는 현상을 뇌 활성의 차이로 파악할 수 있었다. 이 연구에서는 사람들이 선호하지 않는 더 어려운 판단, 예를 들어 미국인에게는 맥락을 고려하는 판단, 아시아인에게는 맥락을 고려하지 않아야 하는 판단을 할 때, 주의통제와 관련된 것으로 알려진 대뇌 전두피질과 두정피질이 더 많이 활성화되는 것으로 나타났다.

이러한 지각과 사고의 차이가 유전이 아니라 사회 환경에 기인한다는 것을 어떻게 알 수 있을까? 여기에는 두 가지 주요한 이유가 있다. 첫째, 우리는 몇 가지 연구에서 아시아인, 아시아계 미국인, 유럽계 미국인을 비교했다. 모든 연구에서 아시아계 미국인은 아시아인과 유럽계 미국인의 중간에 해당하는 방식으로 지각하고 추론했고, 대개 유럽계 미국인과 더 유사했다. 둘째, 홍콩은 중국과 영국 문화가 공존하는 사회로 알려져 있다. 우리는 홍콩 사람이 중국인과 유럽계 미국인의 중간에 해당하는 방식으로 추론한다는 사실을 발견했다. 홍콩 사람에게 물고기의 행동 원인을 추론해보라고 했을 때, 절이나 용 같은 그림을 보여주면 중국인처럼 추론했고, 미키마우스나 미국 국회의사당 같은 그림을 보여주면 서양인처럼 추론했다!

동양의 기술자 vs 서양의 과학자

동양인과 서양인의 사회적 성향과 사고 양식의 차이는 동양인이 공학에서 더 뛰어나고 서양인이 과학에서 더 뛰어난 이유를 설명해준다.

일본인은 기술에 뛰어난 반면 과학에는 뒤떨어진다는 속설을 누구라도 들어보았을 것이다. 이것은 단순한 고정관념이 아니다. 공학에서 일본의 위업은 경이로울 정도다. 그리고 공학을 가르치는 내 동료들이나 기술자를 고용하는 친구들은 인구당 아시아계 미국인 기술자의 숫자가 많을 뿐만 아니라, 이들은 유럽계 미국인보다 기술이 더 뛰어나다고 말한다.

그러나 1990년대에 과학 분야 노벨상 중 44개를 미국에 사는 사람들이 수상했고, 수상자 중 대다수가 미국인이었으며, 단 한 개만 일본인이 차지했다. 이는 재정 지원의 차이 때문만은 아니다. 일본은 지난 25년간 기초 연구에 미국 예산의 약 38퍼센트에 해당하는 돈을 투자했고, 1990년대에는 노벨상을 다섯 개 수상한 독일의 두 배에 이르는 투자를 했다. 상대적으로 가난하고 아직 발전 중인 한국과 중국의 경우 기초 과학에서 얼마나 성공했는지를 논하기에는 너무 이르다. 그러나 종합적으로 사고하는 경향이 있는 상호의존적인 사람들이 과학 발전에 적용해볼 몇 가지 방책을 제시할 수는 있을 것이다.

첫째, 동양과 서양의 차이 중에서 어떤 측면은 서양의 과학 발달에 유리하게 작용한다. 일본은 서양에 비해 여러 면에서 더 위계적으로 조직되어 있고 연장자를 존중한다. 그 결과 젊은 과학자보다 더는 생산적이지 않은 나이 많은 과학자에게 더 많은 연구비가 주어진다. 나는 개인의 성취와 열정을 존중하는 서양 문화가 과학의 성취에 유리하다고 믿는다. 실험실에서 오랜 시간을 보내면 가족이야 싫어하겠지만, 개인이 명성과 영예를 얻기 위해서는 그래야만 한다. 서양에서는 토론이 당연하게 받아들여지는데 이는 과학의 필수 요건이기도 하다. 그러나 동양에서는 대개 비판과 논쟁을 무례로 여긴다. 한 일본인 과학자는 친구 사이인 미국인 과학자들이 서로의 견해를 공공연히 날카롭게 비판하는 것을 보고 매우 놀랐다고 한다. "나는 워싱턴의 카네기 연구소에서 일했는데, 저명한 두 과학자가 친한 친구 사이임을 알고 있었습니다. 그들은 연구에 관해서 심한 논쟁을 벌였고 심지어 학술지에 그런 글을 싣기도 했습니다. 이런 일은 일본에서는 결코 일어나지 않습니다."

둘째, 일본과 한국이 속한 유교 전통에서는 지식이 지식 그 자체로 가치 있다고 생각하지 않는다. 이는 지식을 위한 지식을 무엇보다 강조한 고대 그리스의 철학 전통과는 극명히 대조된다. (나는 앞에서 철학 전통이라는 용어를 강조했다. 《국가 The Republic》에는 아테네 사업가가 소크라테스가 추상적 지식을 추구하는 것을 혹평하면서, 추상적 지식이 젊은이에게는 매력적이겠지만, 성숙한 사람에게는 역겹다고 말하는 재미있는 구절이 나온다.)

셋째, 동양인보다는 서양인이 토론을 위한 지적 도구인 논리학을 실생활에 적용할 준비가 더 잘되어 있다. 서양인은 지나치게 논리적인 사고 습관에 젖어 있어 간혹 실생활에서 꼴사납고 우스워지긴 하지만, 이런 태도는 과학에 유용하다.

과학, 법, 정책 분석의 형식 담론에서 발견되는 서양식 수사修辭는 논리학과 관련이 있다. 형식 담론은 논의 주제 개관, 가설을 검증하기 위한 조작, 관련 사실 논의, 가능한 반론에 대한 방어, 그리고 결론의 요약으로 구성된다. 서양 아이들은 취학 전부터 이러한 논증 훈련을 시작한다. 아이들은 "이 곰인형은 제가 사랑하는 인형이에요. 제가 이 인형을 좋아하는 이유는"같은 형식으로 이야기하도록 훈련받는다. 토론과 형식논리학이 고대 그리스 철학의 전통에서 비롯되었음을 생각할 때, 서양식 수사를 동양에서는 찾아보기 어려울 것이다. 나는 동아시아인 제자들이 박사과정에서 맨 나중에 터득하는 것이 서양식 표준 작문 형식이라는 사실을 발견했다.

마지막으로, 호기심이라는 문제도 있다. 이유가 무엇이든 서양인은 동양인보다 호기심이 더 많은 것 같다. 지구를 탐험하고, 과학에 몰두하며, 철학을 공부하는 것이 인간의 본성이라고 생각한 것은 서양인이다. 왜 그런지는 모르겠지만, 한 가지 원인을 생각해볼 수는 있다. 서양인은 인과적 모형을 형성해 세상을 이해하려 한다. 사실 미국인 교사는 종종 부모의 직장 때문에 미국에 머무르는 일본 아이들의 분석력이 약하다고 생각한다. 서양인과 달리 인과적 모형을 만들지 않기 때문이다. 명확한 모형을 만들면 놀랄 일이 더 많다. 모형을 세우면 결과를 예측하게 되고, 예측이 틀리면 더 정확한 모형을 지향하게 된다. 이것이 더 많은 호기심을 불러일으킨다.

동양인의 사고 습관이 과학적 우수성을 달성하는 데 넘지 못할 장애물이라고 할 수는 없다. 과학은 내가 서양의 장점이라고 부르는 사고 패턴을 장려한다. 과학 문화가 스며들수록 과학적인 사고 습관이 자연스러워질 것이다. 그리고 동양인의 사고 습관이 과학 탐구에 유리한 방향으로 작용할 수도 있다. 물리학의 양자이론은 서양인이 질색하는 모순에 바탕을 둔 것으로 이러한 모순은 동양의 사고에 합치한다. 닐스 보어 Niels Bohr는 동양철학을 깊이 이해한 덕에 양자이론을 세울 수 있었다고 말했다.

당분간은 과학 분야에서 서양인의 이점이 동양인과의 우호적인 경쟁에서 비장의 무기로 쓰일 수 있을지도 모른다. 그러나 이러한 이점이 오랫동안 지속되리라고 믿어서는 안 된다. 지난 세기까지만 해도, 유럽 과학자들은 미국인들이 중요한 과학적 발견을 많이 해내지 못하는 점을 의아해했다.

INTELLIGENCE
AND HOW TO GET IT

9장

유대인은 과연
선택받은 민족인가

학자와 결혼하려는 사람이나 딸을
학자에게 시집보내려는 사람은 전 재산을 팔아야 한다.

〈탈무드〉, 페사힘 49a

(유대인은) 세계적으로 특별하고 독보적인 지적 귀족이다.

마크 트웨인이 쓴 편지(1879)

오늘날 미국은 세계에서 가장 권투를 잘하는 나라인데,
최고의 실력을 가진 선수 중 4,000명 이상이 유대인이다.

권투 경기 아나운서 조 험프리(1930)

서기 64년, 유대인 지도자 여호수아 벤 감라 Yehoshua ben Gamla는 모든 유대인 남성이 《탈무드》를 읽을 수 있어야 한다는 칙령을 내렸다. 이 칙령은 선포 100년 만에 실현되었다. 그 후 모든 남자가 글을 읽을 수 있는 국가가 탄생하기까지 1700년이 걸렸다.

유대인의 성취

최초로 보편적 문해력을 갖춘 민족이 오늘날 매우 뛰어난 지적 능력의 소유자가 되었다는 사실은 우연이 아니다. 아슈케나지 유대인의 노벨상 수상자 비율은 세계 인구에서 그들이 차지하는 비율의 50대 1(평화상)에서 200대 1(경제학상)로 매우 높다. 그러나 유대인 수상자의 비율을 세계 인구 전체와 비교하기보다는 서유럽이나 미국인 수상자와 비교하는 쪽이 더 공평할 것이다. 미국인 노벨상 수상자의 27~40퍼센트가 유대인이다. 이 비율은 부모가 모두 유대인인 경우를 유대인으로 간주할지, 적어도 절반은 유대 혈통을 지닌 사람을 유대인으로 간주할지에 따라 달라진다. 유대인은 미국 인구의 2퍼센트 미만을 차지하므로 인구 대비 수상자 비율은 보수적 기준을 적용하면 15대 1이라고 할 수 있다. 컴퓨터공학 분야에서 업적을 남긴 사람들에게 수여되는 A. M. 튜링Turing 상에서도 미국인 수상자 가운데 유대인의 비율은 노벨상과 비슷한 수준이다. 그리고 수학자에게 주어지는 필즈 메달Fields Medals의 경우에도 수상자의 26~34퍼센트가 유대인이다.

미국 아이비리그 재학생의 33퍼센트가 유대인이고, 명문대학 교수의 유대인 비율도 이와 비슷하다. 대법원 사법보좌관 중 유대인의 비율은 약 30퍼센트다.

유대인의 성취는 지식 분야에만 국한돼 있지 않다. 1931년 폴란드의 인구통계에 따르면, 유대인의 비율은 인구의 9.8퍼센트이나 그들은 폴란드 부의 22.4퍼센트를 차지했다. 제1차 세계대전 이후 4년간 사업자 등록 신청의 70퍼센트 이상이 유대인이었다. 1929년 중간 규모 이상 기업의 45퍼센트를 유대인이 소유했는데, 1938년에는 그 비율이 55퍼센트였다. 1930년대 중반 방직, 화학, 식품, 운송, 건축자재, 제지 산업 등의 주요 소유주 또한 유대인이었다.

유대인들은 지적 능력이 요구되는 다양한 분야에서 매우 뛰어난 성공을 거두었다.

유대인의 IQ

누구나 유대인은 매우 똑똑하다고 생각하는데 통계 수치 역시 이를 입증한다. IQ 검사 결과도 마찬가지다. 유대인들은 신뢰할 만한 측정치가 있는 민족들 중에서 평균 IQ가 가장 높다. 조사 결과 아슈케나지 유대인의 평균 IQ가 백인보다 3분의 2에서 1 표준편차 더 높다는 것이 밝혀졌다. 즉 백인의 평균 IQ를 100이라고 할 때, 유대인의 IQ는 110~115라고 할 수 있다.

그런데 지식의 영역에서 유대인의 과잉대표현상overrepresentation (특정 영역에서 어떤 집단이 차지하는 비율이 전체 인구에서 그 집단이 차지하는 비율보다 높은 현상—옮긴이)은 유대인의 IQ를 근거로 예상할 수 있는 수준보다 두드러진다. 노벨상 수상 같은 최상위 수준의 지적 성취를 달성할 수 있는 평균 IQ가 140 이상이라고 가정하자. 만약 유대인의 평균 IQ가 110이라면, IQ 140에서 유대인이 과잉대표 되는 비율은 6대 1이다. 이러한 비율은 실제로 관찰되는 15대 1보다 상당히 낮고, 부모 중 한 사람만 유대인인 경우를 기준으로 한다면 매우 낮은 값이다. 유대인의 평균 IQ를 115로 가정한다고 하더라도, 실제 성취는 기대보다 크다. 또한 아이비리그 출신과 명문대학 교수, 사법보좌관의 평균 IQ를 130이라고 가정하면, 유대인의 평균 IQ가 110이라고 할 때, 과잉대표되는 비율은 4대 1로 추정할 수 있는데, 이 값은 실제 관찰되는 15대 1보다 훨씬 낮다. 유대인의 평균 IQ를 115로 가정하더라도, IQ 130에서 과잉대표되는 비율은 약 7대 1로, 이 역시 실제로 관찰되는 비율보다 상당히 낮다. 이러한 결과를 종합할 때, 유대인은 기대 수준을 훨씬 뛰어넘는 성취를 통해 많은 영역에서 정상에 도달한 사람들이라고 할 수 있다.

그런데 여기서 대부분 북아프리카계인 세파르디 유대인의 평균 IQ는 비유대인보다 높지 않고 아슈케나지 유대인보다 상당히 낮다는 점에 유의할 필요가 있다. 이스라엘에 사는 세파르디 또는 중동과 북아프리카계 오리엔탈 유대인의 경우도 마찬가지다.

유대인의 유전자는 특별한가

아슈케나지 유대인의 IQ와 지적 성취가 비유대계 서양인에 비해 매우 뛰어난 이유를 유전에서 찾을 수 있을까? 여기서 가장 널리 회자되는 다섯 가지 설명을 소개하겠다.

1. **박해의 선물** 역사가 가장 오래된 설명이다. 이에 따르면, 유대인에게 가해진 박해는 영리하지 못하여 적으로부터 도망칠 수 없었던 유대인에게 가장 큰 타격을 입혔다. 즉 유대인 박해는 유대인의 유전자 풀에서 가장 지능이 낮은 유전자를 솎아내는 역할을 했고, 그 결과 살아남은 사람들의 평균 지능이 높아졌다는 것이다. 이 설명에는 두 가지 문제점이 있다. 첫

째, 유대인 학살에서 가장 지능이 낮은 유대인이 가장 많이 죽었다는 사실은 분명치 않다. 그보다는 경제적으로 가장 성공했거나 가장 똑똑한 사람들이 특히 눈에 띄었을 것이고 더 쉽게 공격받았을 거라는 주장이 더 설득력 있다. 둘째, 유전자 풀에서 똑똑하지 않은 사람들이 많이 제거되었다 하더라도 그것이 얼마나 큰 영향을 미쳤을지는 명확하지 않다. 여기서 전제하는 현상은 유전적 '병목현상', 그러니까 어떤 상황 아래서 특정 유전형이 제거되는 현상으로 알려져 있다. 병목현상의 고전적 사례는 어떤 지역에서 집단의 일부가 떠날 때, 원래의 유전적 변산 중 일부만을 가지고 나가는 것이다. 그러나 병목현상은 유대인의 높은 IQ를 제대로 설명하지 못한다. IQ 분포에서 하위 15퍼센트에 해당하는 사람들이 후손을 전혀 남기지 않는다 하더라도 다음 세대의 평균 IQ는 겨우 1점 상승할 뿐이다. 유전자의 차이로 IQ가 크게 차이가 나려면, 다양한 상황에 걸쳐, 지능이 낮은 사람들 대다수가 유전자 풀에서 철저히 제거되어야 한다.

2. **네브카드네자르의 호의** 유전학자 시릴 달링턴^{Cyril Darlington}은 바빌론 유수로 유대인의 지능이 향상되었다고 주장한다. 예루살렘은 기원전 586년에 함락되었다. 성경에 따르면, 신바빌로니아 왕 네브카드네자르가 "예루살렘에서 지도층과 부자들을 1만 명이나 포로로 붙잡았고 무기를 만들 수 있는 대장장이를 비롯한 유능한 기능공들도 끌고 갔다. (…) 가난한 천

민들만 남겨두었다."(구약성서 열왕기 하 24장 10절) 이 가설을 구체적으로 소개하면 다음과 같다. 예루살렘에 남겨진 상대적으로 덜 똑똑한 유대인은 개종했고, 나중에 성지로 돌아온 유대인들과 더 이상 교유하지 않았을 것이다. 그러나 똑똑하지 않은 유대인이 자신의 종교에서 멀어졌다는 주장은 의심스럽다. 기록이 있는지는 둘째 문제고, 이 이론은 단일 병목 현상을 가정한다. 이 경우 지능의 유전율이 매우 높다고 가정해야 하고, 그 옛날에도 지능과 경제적 지위가 높은 상관이 있었다는 의심스러운 가정을 받아들여야 한다. 심지어 이러한 가정이 모두 충족된다 하더라도 수많은 극빈층이 유전자 풀에서 제거되어야 다음 세대의 지능이 향상될 수 있다.

3. **학자와 결혼하기** 인기 있는 또 다른 이론은 매우 똑똑한 상인이나 사업가의 딸이 학식이 뛰어난 학자나 랍비와 많이 결혼했다는 것이다. 그 결과 학자는 부유해졌을 것이고 자손의 생존 가능성도 높아졌을 것이다. 이 이론의 지지자들은 학자와 결혼하라는 《탈무드》의 권고를 내세운다. 그러나 부자 유대인이든 가난한 유대인이든, 1원 한푼 없는 학자에게 딸을 시집보내기를 주저했고, 부자는 사업가를 더 선호했다는 주장도 있다. 또한 학자와 상인의 딸이라는 이 혜택 받은 연합을 이룬 사람은 소수에 불과했을 것이다. 따라서 그들이 전체 인구의 IQ 평균을 크게 향상시켰을 것이라는 주장은 그다지 설득력이 없다.

4. **《탈무드》의 낙오자들** 정치학자 찰스 머리는 단순한 문해력만으로는 어려운 경전인 《탈무드》에 주해를 다는 것은 고사하고 그걸 읽고 이해하기도 힘들다고 주장한다. 경전을 이해할 만큼 똑똑하지 못한 사람들은 유대인 집단에서 낙오되고, 가장 머리가 좋은 사람만이 남아 다음 세대로 이어졌다는 것이다. 이 이론은 흥미롭지만 근거 없는 추측에 불과하다.

5. **직업적 압력** 왜 아슈케나지 유대인은 지능이 뛰어난가, 이 질문에 가장 정교한 유전이론을 제시한 사람들은 인류학자 그레고리 코크란 Gregory Cochran, 제이슨 하디 Jason Hardy, 그리고 헨리 하펜딩 Henry Harpending이다.

유럽 역사에서 아슈케나지 유대인들은 19세기부터 기록에 등장한다. 초기에 그들은 문해력과 수리력, 높은 지능이 요구되나 이자 제한법 때문에 기독교인들에게는 금지된 대부업과 무역, (특히 동유럽에서) 조세 징수업, 부동산업 등에 종사했다. 이런 직업은 부를 가져다주고, 부는 자손들의 생존율을 높였다. 따라서 더 똑똑한 사람에게는 더 많은 자손이 있었을 것이고, 결국 유대인 전체의 지능이 서서히 향상되었을 것이다.

코크란과 동료들은 아슈케나지 유대인들의 지능 향상을 설명하는 구체적인 메커니즘을 제안한다. 이는 아슈케나지 유대인이 스핑고지질 sphingolipids이라는 물질이 신경세포에 축적되어 유발되는 질병에 잘 걸리는 경향이 있다는 사실에 기초한다. 스핑고지질은 신경세포가 전기신호를 잘 전달하도록 해주는 절연조직을 형성하고 수상돌기의 성장을 촉진하는 물질이다. 스핑고지질이 축적되는 질병에는 테이삭스병Tay-Sachs, 니만피크병Niemann-Pick, 고셰병Gaucher's disease이 있다. 스핑고지질의 축적은 치명적인 결과를 낳는데, 유전자를 후손에 전달할 수 있는 가능성을 저해하는 증상을 유발한다.

그렇다면 스핑고지질은 어떻게 유대인의 지능을 향상시키는 것일까? 코크란의 연구팀은 스핑고지질의 축적과 관련된 질병을 겸형적혈구성빈혈에 비유하여 설명한다. 겸형적혈구 유전자를 부모에게 하나씩 물려받아 두 쌍이 있을 때 질환이 생긴다. 그러나 이 유전자를 하나만 갖고 있으면 말라리아에 대한 저항력을 갖게 된다. 이 유전자는 말라리아의 위협을 받는 서아프리카 사람들에게는 매우 유용하며, 이들은 겸형적혈구 유전자를 갖고 있을 확률이 세계에서 가장 높다.

아슈케나지 유대인의 높은 지능도 마찬가지로 생각할 수 있다. 두 쌍의 과잉스핑고지질 유전자가 심각한 질환을 일으켜 죽음으로 몰고 가지만, 이 유전자를 하나만 갖고 있으면 치명적이지 않은 수준에서 많은 스핑고지질을 보유하게 된다. 스핑고지질이 많으면 신경신호의 전달과 수상돌기의 성장이 촉진된다. 그러면 신경세포들은 더 넓게 뻗어나감으로써 학습과 일반지능의 발달에 유리하게 작용할 것이다.

스핑고지질이 신경신호의 전달과 신경 분기를 촉진하는 것은 분명하다. 그러나 스핑고지질 이론을 지지하는 유일한 증거는 고셰병 환자의 지능이 다른 유대인보다 훨씬 뛰어나다는 사실뿐이다. 이스라엘의 고세병 환자는 대부분 고위직에 있고, 이들 중에는 기술직 노동자만큼이나 많은 물리학자들이 있다.

겸형적혈구성빈혈에 비유한 스핑고지질 이론에는 아슈케나지 유대인의 우월함을 설명하는 다른 가정들에 없는 한 가지 강점이 있다. 바로, 과잉스핑고지질 유전자를 하나만 가진 사람이 이 유전자가 전혀 없는 사람보다 IQ가 더 높다고 분명하게 예측할 수 있다는 점이다. 그러나 코크란과 동료들은 고세병 환자의 직업에서의 성취가 매우 인상적이라는 조사 결과를 발표했을 뿐, 자신들의 이론이 현상을 잘 예측하는지 검증하지 않았다. 의아한 일이다. 그 이론은 검증하기에 어렵지 않고, 과학자들은 복잡한 이론을 발표하기 전에 그것이 예측하는 바를 검증해보기 때문이다.

코크란은 유대인이 역사적으로 매우 이른 시기에 보편적 문해력을 갖추었다는 사실을 그다지 중요시하지 않는다. 문해력은, 유대인이 지능 향상에 유리한 직업에 발을 들여놓을 수 있도록 도왔다는 점에서만 의미가 있다. 실제로 직업의 이점이 스핑고지질 유전자의 마법을 작동시키기 전에 유대인의 지적 성취는 미미했다. 아슈케나지 유대인은 수세기에 걸쳐 탁월한 성취를 보였으며, 이는 19세기 중반 절정에 이르렀다.

코크란의 이론에 따르면, 세파르디 유대인은 유전자 필터로 작용한 높은 지능이 필요한 직업을 갖지 못했기 때문에 아슈케나지 유대인에 비해 큰 업적을 달성하지 못했다. 실제로 세파르디 유대인들은 IQ가 별로 높지 않다. 그러나 이슬람의 영향 아래에서는 매우 높은 수준의 성취를 보였다. 서기 1150~1300년에 과학자의 15퍼센트가 유대인이었는데, 이는 세계 인구나 이슬람권 인구 대비 유대인 인구 비율을 훨씬 넘어서는 수치다. 이중 절대 다수가 세파르디 유대인이었다. 코크란과 동료들은 세파르디 유대인의 성공에 대해서는 문화적 설명만을 제시하는데, 이것은 그들의 유전 이론에 부합하지 않는다.

요약하면 유대인의 높은 지능을 설명하는 많은 유전이론이 있지만, 설득력 있는 증거를 제시하는 이론은 많지 않다.

높은 수준의 지적 성취를 달성한 또 다른 문화들

서기 1000년에 세계의 지식층은 주로 아랍인과 중국인으로 이루어져 있었다. 유럽의 귀족들이 춥고 음습한 성 안에서 고기를 뜯고 있을 때, 아랍 지도자들은 플라톤과 아리스토텔레스를 논했고, 중국 관료들은 온갖 학문을 실천에 옮기고 있었다. 지식의 스코어보드에서 유럽이 0점을 기록할 때 중국과 아랍 그리고 인도는 득점으로 빛났다. 그 후 유럽은 발달한 문화를 배우려는 의지 덕분에 점차 지적으로 탁월해졌다. 이러한 지식 무게중심의 이동을 유전자 풀의 변화로 설명할 수는 없다.

유럽에서도 지적 우수성의 변동 폭은 매우 넓었다. 스페인은 무어족의 영향 아래서 찬란하게 빛났으나 그 후 급격히 가라앉았고 신세계를 탐험하던 황금시대에도 그만한 성취를 보지 못했다. 북부 이탈리아는 15세기에 모든 학문과 과학의 발전소였는데, 이 시기에 영국은 문화적으로 낙후돼 있었다. 1800년 이후 영국은 거의 모든 영역을 선도했고 과학·철학·문학의 중심지가 되었다. 1800년 이후 이탈리아는 로마와 르네상스 시대의 그림자에 잠겨 있었다. 스코틀랜드 사람들은 중세 후반 자신들의 모습을 야만적인 전투와 암살을 통해 지도자가 탄생한다는 식으로 우울하게 묘사한다. 셰익스피어가 《맥베스》의 배경을 스코틀랜드로 한 데도 이유가 있었다. 18세기에 스코틀랜드 사람들은 과학과 철학 분야의 리더가 되었다. 스칸디나비아는 20세기까지 뚜렷한 업적을 남기지 못했다.

물론 미국에서도 지적 성취의 지역 차가 존재한다. 북동부는 남부보다 인구가 더 적었지만, 동부 사람들의 과학·철학·예술(음악은 제외하고)에서의 성취는 남부 사람들에 비할 수 없이 뛰어났다. 지난 수백 년간 텍사스주의 인구는 뉴잉글랜드보다 3~4배 많았다. 히스패닉을 제외한 백인 인구도 텍사스가 뉴잉글랜드보다 더 많다. 그러나 인명사전인 《후스 후Who's Who》의 과학과 철학 분야에 등재된 텍사스 사람은 거의 없다. 흥미롭게도 최근 몇십 년간 문학과 음악, 미술에서는 의미 있는 성취가 나타났다.

모든 국가, 민족, 지역 차이 앞에서 유대인과 비유대인의 차이는 무색해지지만, 분명 유대인과 비유대인 간에는 차이가 있다. 그렇다면 이를 문화적 요인만으로 설명할 수 있을까?

유대문화

유대 전통에서 교육은 유교 전통만큼이나 중요하다. 오스트리아 소설가 슈테판 츠바이크^{Stefan Zweig}는 제2차 세계대전 시절에 이렇게 썼다. "가족 중에서 교수나 석학, 또는 음악가처럼 지적 영역에서 중요한 인물이 배출되면 가문의 영광이었다. 마치 그 사람의 성취가 가족 모두를 기품 있게 만들어주는 것처럼 여겼다."

유대교와 유교의 유사점은 또 있다. 유대인은 가족 간 결속이 매우 강해서 가족이 개인에게 저항하기 힘든 요구를 할 수 있다. 전래하는 노래나 이야기에 등장하는 유대인 어머니는 중국인 아버지와 동일한 영향력을 갖고 있는 듯하다. 이러한 영향력은 주로 교육과 지적 성취를 달성하는 방향으로 행사된다.

유대인이 교육에 가치를 두는 방식은 비유대인에게는 극단적으로 보이기도 한다. 심리학자 시모어 사라슨^{Seymour Sarason}은 빈민가에서 성장했고 가족은 가난했다. 사라슨의 사촌 중 한 명이 고등학교에서 미식축구를 하겠다고 했을 때 가족은 화를 내며 그를 믿으려 하지 않았다. 사촌이 부상을 당하면, 가족들은 그가 대학에 가지 못할까봐 걱정했다. 돈도 거의 없고 교육도 많이 받지 못한 사라슨의 아버지가 가족을 위해 값비싼 백과사전을 구입한 일도 있었다고 한다. 이 일은 사라슨에게 깊은 인상을 심어주었으며, 경제적으로 매우 어렵더라도 교육은 매우 중요하다는 것을 가르쳐주었다.

오늘날 브루클린에서는 다른 소년들이 야구 카드를 교환하면서 놀 때 하시딕Hasidic (폴란드에서 태동한 유대 경건주의—옮긴이) 소년들은 랍비 카드를 교환하면서 논다.

유대인이 지능, 지적인 삶, 성취에 가치를 둔다는 사실을 입증하는 일화는 수도 없이 많다. 물론 그들은 지적인 성취만 추구하지는 않는다. 유대인은 사업뿐만 아니라 과거에는 스포츠에서의 성공에도 가치를 두었다. 지난 세기 초 유대인은 권투와 레슬링, 농구(어느 반유대주의 해설자는 농구가 전형적인 유대인 스포츠라고 주장했다. 비열하게 공을 빼앗아야 하는 스포츠이기 때문이다)에서 명성을 얻었다. 요컨대 유대인은 성취 자체에 큰 가치를 두는 듯하다.

그러나 유대문화가 지적 성취에 가치를 둔다는 사실을 뒷받침하는 근거들은 단지 일화에 불과하다. 문화의 영향을 가늠할 수 있는 측정치는 없다. 셜리 브라이스 히스가 중산층 백인, 노동계층 백인, 빈곤층 흑인을 비교한 것처럼 유대인을 대상으로 체계적인 인류학적 관찰을 시도한 적도 없다.

하지만 문화가 유대인의 표현형적 IQ(환경의 영향으로 개인의 유전 구성이 특정한 방향으로 표현된 결과 나타난 IQ)를 향상시켰을 거라고 추측할 수는 있다. IQ가 평균 수준이거나 그보다 약간 낮았음에도 이후에 높은 직위에 오른 66학번 중국계 미국인 자녀의 평균 IQ가 109였음을 떠올려보자. 이것은 아이들이 미국 공립학교 체계를 경험하거나 아시아인이 아닌 이웃을 만나기 전의 IQ다. 아동기 후반에 이들의 평균 IQ는 103으로 낮아졌다. 이들은 부모보다 더 높은 표현형적 IQ를 가지고 있었고, 따라서 더 나은 환경을 조성해줄 수 있었을 것이다. 그 결과 66학번 중국계 미국인 손자들의 IQ는 103보다 더 높아졌을 것이다.

이전 세대가 마련해준 사회경제적으로 더 나은 토대 위에서 그 다음 세대의 IQ가 향상된 아시아계 미국인의 사례는 유대인과 비유대인의 IQ 차이의 많은 부분, 어쩌면 모든 부분을 문화로 설명할 수 있음을 보여준다. 문화는 언제나 더 높은 단계로 올라가는 발판이 되는 것이다.

어떻게 설명하더라도 유대인의 지적 성취는 과잉성취라 할 수 있다. 그토록 놀라운 성취는 그들의 IQ에서 예측할 수 있는 수준을 훨씬 뛰어넘는 것이다.

INTELLIGENCE
AND HOW TO GET IT

10장

지능 향상법

니스벳은 IQ를 결정하는 요인들에 대한
매우 중요한 분석과 명료한 논의를 제공한다.
이는 교육 정책에서 중요하게 고려되어야 할 사례다.

대니얼 오션스, 프린스턴대학교 심리학과 교수

인지 능력이 향상되었다는 실제 사례가 지능 향상이
불가능하다는 걸 수학적으로 증명하는 논증보다 더 중요하다.

제임스 플린

이 장에서는 지능을 향상시키는 방법 중에서 당신이 알고 있을 만한 방법을 되짚어보고, 효과가 있다고 믿어왔지만 그렇다는 증거가 거의 없는 방법도 알아볼 것이다. 그리고 놀랄 만한 비법 몇 가지를 소개할 것이다. 여기서 말하는 지능이란, IQ와 학업 성취를 통해 측정되는 문제해결과 추론 능력을 의미한다.

확실한 방법

첫째, 평소에 함께하는 일을 통해 자녀의 지능을 향상시킬 수 있다. 자녀와 말할 때 수준 높은 어휘를 구사하라. 자녀에게 책을 읽어주어라. 가능한 한 꾸중을 줄이고, 환경을 탐색하는 행동을 격려하는 말은 최대한 많이 하라. 과도한 스트레스를 피하라. 물론 그러려고 노력했겠지만, 왜 그래야 하는지는 몰랐을 것이다. 스트레스는 변연계와 전전두엽 사이의 연결에 손상을 입혀 학습 능력과 새로운 문제를 해결하는 능력을 저하시킨다. 극단적인 경우 기억력도 손상시킬 수 있다.

아이에게 사물과 사건을 범주화하고 비교하는 방법을 가르치라. 아이가 세상의 흥미진진한 측면들을 분석하고 평가하도록 장려하라. 아이에게 지적으로 자극이 되는 방과후 활동이나 방학중 활동을 하도록 하라. 그런데 어떤 부모는 아이를 숨막히게 한다. 하키 연습에서 피아노 수업, 보이스카웃 모임까지, 쳇바퀴 돌리듯 활동을 강요하지는 마라. 아이의 지적 흥미를 높일 수 있는 또래 친구들과 어울리도록 이끌어라.

SES가 높은 사람들이 SES가 낮은 사람들보다 이런 일들을 더 많이 하며, 이 모든 활동은 아이의 최종 지능과 상관이 있다. 그러나 대부분의 자료는 상관 자료로 인과관계를 알 수 없다. 단지 똑똑한 부모가 똑똑한 자녀, 그러니까 부모의 모범적인 행동 때문이 아니라 좋은 유전자 때문에 평균보다 더 똑똑해질 운명을 타고난 아이와 함께하는 활동에 불과한지, 이러한 활동이 실제로 지능을 향상시키는지, 또 얼마나 향상시키는지 알 수 없다. 그러나 이러한 교육 활동은 당연히 유익하며 해가 될 이유는 없다. 우리는 이러한 활동을 많이 하는, SES가 높은 부모가 빈곤층 아이를 입양해 양육하면 아이의 IQ는 높아지고 학업 성취도 향상된다는 사실을 확인했다.

의심스러운 방법

언론을 통해 잘 알려진 방법이라도 실제로는 별 효과가 없는 경우도 있다. 돌아다니면서 아이와 상호작용하는 베이비 아인슈타인 장난감 Baby Einstein educational toys(미국에서 잘 알려진 유아용 장난감으로 교육 효과를 고려한 장난감으로 알려져 있다—옮긴이)은 아이가 세상을 능동적으로 탐색하지 못하게 하고 수동성을 유발한다. 또한 아이의 출생 전이든 후든 모차르트의 음악을 들려주면 지능이 향상된다는 증거도 없다. 생애 초기에 모차르트의 음악 같은 부가적 자극을 줄 경우에 신경세포가 성장하고 문제해결 능력이 높아짐을 보여주는 연구가 있으나 이는 대부분 동물 연구다. 동물 연구에서는 작은 우리 안 어둠 속에 가만히 앉아 있기만 해야 하는, 최소한의 자극만 있는 환경에서 양육된 쥐들과 흥미진진한 환경에서 동료 쥐들과 함께 양육된 쥐들을 비교했다. 물론 자극이 절대 부족한 환경에 있던 아이가 정상적인 환경에 놓이면 지능이 크게 향상될 것이다. 그러나 현란한 장난감을 이용해 비정상적으로 높은 수준의 자극을 준다고 해서 실제로 큰 효과를 볼 수 있을지는 알 수 없다.

그러나 효과적이고 유용하며 이를 입증하는 훌륭한 증거가 있는 방법도 많다.

신체적 방법

몸집이 큰 아이가 더 똑똑한 어른이 된다. 출생 시 몸집이 지능의 원인인지, 체구와 지능이 단순히 상관이 있을 뿐인지는 알 수 없다. 하지만 아이의 덩치를 키울 수 있는 방법이 있다면, 그러지 않을 이유는 없다. 아이의 몸집을 키우려면 어머니가 운동을 하면 된다. 하루 20분씩 일주일에 수차례 러닝머신에서 달리기를 하는 여성은 몸집이 큰 아기를 낳는다. 물론 이 아기는 더 튼튼할 것이고, 몸집과 관련된 요인들 덕에 자라서 더 똑똑해질 것이다. 운동하는 어머니에게서 태어난 아기는 머리도 큰데, 뇌가 큰 사람이 대체로 더 똑똑하다는 사실을 우리는 이미 확인했다.

운동은 아기와 예비 엄마에게 좋을뿐더러 누구에게나 좋다. 근육을 단련하면 신경세포의 성장이 촉진된다. 동물 연구에 따르면 운동은 두뇌에 공급되는 혈액의 양을 증가시킨다. 운동을 좀 늦게 시작하더라도 지능에 도움이 된다. 운동을 하는 노인이 그렇지 않은 노인보다 우수한 문제해결 능력을 더 오랫동안 유지한다는 것을 보여주는 실험도 있다. 하루 30분 이상의 운동이 유동지능 과제에 미치는 효과의 크기는 .50 표준편차다. 근력 운동을 심폐지구력 운동과 함께하는 편이 심폐지구력 운동만 하는 것보다 낫다. 중년에 규칙적으로 운동하는 사람은 알츠하이머에 걸릴 확률이 운동을 하지 않는 사람들에 비해 3분의 1이다. 심지어 60세에 운동을 시작하더라도 알츠하이머에 걸릴 확률을 반으로 줄일 수 있다.

모유수유 또한 아이의 지능발달에 매우 중요하다. 생후 9개월까지 모유수유를 하면 평범한 유전자를 가진 아이들의 IQ를 6점까지 향상시킬 수 있다. 그러나 9개월 이후의 모유수유는 별 효과가 없는 듯하다. 모유수유는 미숙아들에게 특히 중요하다.

유동지능 훈련

유동지능을 향상시킬 수 있는 몇 가지 활동이 있는데, 그 효과는 아이들에게만 국한되지 않는다. 유동지능이란 이미 학습한 규칙이나 개념이 꼭 필요하지 않은, 새로운 문제를 해결하는 능력이다. 전형적인 사례로 레이번 누진 행렬 검사를 들 수 있다. 당신은 일정한 규칙에 따라 변형되는 도형들을 보고 다음에 올 도형이 어떤 모양일지 판단해야 한다. 주의력 통제를 가르치고 작업 기억 능력을 훈련시키는 컴퓨터 게임도 유동지능을 훈련하는 방법 중 하나다.

신경과학자 로사리오 루에다와 동료들은 아동의 유동지능 기능을 훈련시키는 몇 가지 게임을 소개했다. 그중 하나가 예측 훈련이다. 아이들에게 연못 물속으로 들어간 오리가 어느 위치에서 물 밖으로 나올지 예측하도록 하는 것이다. 조이스틱으로 고양이를 움직여 오리가 나타날 것으로 예상되는 지점을 가리키는 방식이다. 또 다른 훈련은 자극 변별 훈련이다. 만화 캐릭터의 특징을 기억한 뒤 다른 인물들 속에서 그를 찾아내는 것이다. 3장에서도 설명한 바 있는 나머지 과제에는 갈등 해소 훈련과 억제 통제 훈련이 있다. 이는 주의력 통제와 작업 기억을 요구하는 레이번 누진 행렬 검사의 수행을 향상시켰다. 유동지능 기능은 청소년기 이전 아동의 학습에서 특히 중요하다. 유동지능 훈련의 시연을 보고 싶으면 티치더브레인 사이트 http://www.teach-the-brain.org/learn/attention/index.htm 를 방문하라.

아동신경학자 토클 클링버그 Torkel Klingberg와 동료들은 다양한 작업 기억과 주의력 통제 과제를 이용하여 주의력결핍과잉행동장애를 앓는 아동의 집중력을 향상시킬 수 있음을 밝혔다. 이 과제 중 일부는 컴퓨터를 사용하지 않고도 할 수 있다. 예를 들어, 연구자들은 아이들에게 일련의 숫자들을 읽어주고 (예를 들어 4, 7, 2, 9, 5) 읽어준 순서와 반대로 말하도록 했다. 컴퓨터를 사용하는 과제도 있는데, 예를 들어 '고노고 go-no go' 과제에서는 아이들에게 회색 원을 두 개 보여주고 원 색깔이 녹색으로 바뀌면 키를 누르고, 적색으로 바뀌면 키를 누르지 말라고 했다. 이런 훈련은 훈련받지 않은 과제에서도 반응 속도를 향상시키고 오류를 줄여주었으며, 레이번 검사 점수를 향상시켰다. 훈련받은 아이들 대부분은 훈련을 받지 않은 아이들보다 레이번 검사의 평균 점수가 높았다. 비슷한 훈련으로 건강한 성인의 작업 기억과 레이번 과제 수행도 향상시킬 수 있었다.

마지막으로 중국의학에서 사용하는 전형적인 명상 훈련, 즉 호흡 훈련, 자세 균형 훈련, 신체 자각 훈련을 단 5일간 실시하는 것만으로도 실행 기능과 레이번 누진 행렬 과제의 수행이 향상되었다는 결과도 있다. 이 연구를 수행한 사람들이 존경받는 신경과학자 탕 이유안唐一源과 마이클 포스너Michael Posner가 아니었다면 의구심을 품었겠지만, 나는 명상의 효과에 대한 연구 결과를 믿는다.

자기 통제

자기 통제력이 높은 아이가 지능도 높을 뿐 아니라 지능지수와 관계없이 학업 성취도 더 뛰어나다는 것은 분명하다. 성격심리학자 월터 미셸과 동료들은 스탠퍼드대학교 어린이집의 중상계층 아이들 중에서 지금 당장의 만족(쿠키 하나)을 나중의 더 나은 보상(쿠키 두 개)을 위해 지연할 수 있었던 아이들이 십대가 되었을 때 학교 성적이 더 좋고 SAT 점수도 높다는 사실을 발견했다. 뉴욕에서도 SES가 낮은 소수집단 아동들 중에서 만족 지연 능력이 뛰어난 아이들의 성적이 더 높았다. 물론 4세 때의 만족 지연 능력이 십대가 되었을 때의 시험 점수와 상관이 있다고 해서 반드시 만족 지연 능력이 학습에 도움이 된다는 얘기는 아니다. 4세 때 지능이 뛰어난 아이들이 우연히 만족을 지연하는 능력도 더 뛰어났을 수도 있으며, 그 밖의 타고난 재능이나 환경의 영향으로 똑똑해졌을 수도 있다. 실제로 만족 지연 능력 자체가 강점인 것 같다. 만족 지연이란 강한 자기 통제력을 의미하고, 강한 자기 통제력은 공부를 더 잘할 수 있도록 도와준다. 심리학자 안젤라 덕워스와 마틴 셀리그먼이 필라델피아의 대안학교에 다니는 중학생을 대상으로 실시한 연구를 떠올려보자. 자기 통제력이 강한 아이는 성적 평점 평균이 더 높았다. 사실 이 둘의 상관은 IQ와 성적 평점 평균의 상관보다 두 배 더 높다. 자기 통제력이 학업 성취에 기여하는 정도는 지능이 기여하는 정도보다 더 크다.

불행히도 나는 아이들의 자기 통제력을 향상시키는 확실한 방법을 모른다. 그러나 몇몇 연구 결과에서 실마리를 찾을 수 있다. 어른이 수행성과에 관계없이 자신에게 보상을 주는 행동을 보이면 아이도 그럴 가능성이 많다. 그러나 수행성과가 좋았을 때만 자신에게 보상을 준다면 아이도 그럴 것이다. 미셸과 동료들은 아이들이 이후에 주어질 더 큰 보상을 기다리지 않고 즉석에서 좋아하는 것을 취하지 않도록 하는 몇 가지 기술을 발견했다. 보상을 생각하기보다 "재미있는 생각을 하라"고 하면 아이들은 더 오래 기다렸다. 보상이 눈에 보이지 않을 경우에도 오래 기다렸다. 이런 방법을 일반적으로 적용할 수 있을지 보여주는 연구는 없지만, 아마 실험실 밖에서도 효과가 있을 것이다. 만약 적당한 시점을 찾아 아이에게 인내심을 갖고 행동하는 방법을 알려줄 수 있다면, 효과적으로 자기 통제력을 교육할 수 있을 것이다. 부모가 만족 지연의 모범을 보이려고 노력하는 방법도 있다. 미셸의 연구팀은 아이가 어른의 행동을 그대로 따라한다는 사실을 발견했다. 연구자들은 아이들에게 이후의 더 큰 보상을 기다리는 대신 즉각 보상을 취하는 어른의 행동을 보여주었다. 이 어른은 "당신도 알아차렸겠지만, 나는 지금 현재를 중요하게 생각하는 사람이에요. 어떤 사람은 기다리는 데 인생의 많은 시간을 보내느라 제대로 된 삶을 살 수 있는 기회를 결코 잡지 못하죠"라고 말했다. 만족을 잘 지연하던 아이들조차 이런 어른을 본 뒤에는 대부분 즉각 보상을 선택했다.

변화 가능성을 가르치고 노력을 칭찬하라

지능이 나아질 수 있다고 가르치라. 이것은 매우 중요하다. 특히 아시아인은 노력하면 능력이 생긴다고 믿는 경향이 있다. 당연히 아시아계 미국인이 유럽계 미국인보다 더 열심히 공부한다. 그리고 아시아인은 성공보다 실패를 경험했을 때 더 열심히 한다. 유럽계 미국인과는 반대다. 처음에 성공하지 못하더라도, 한 번 더 열심히 노력하도록 가르쳐야 한다.

아이들의 지적 능력을 칭찬하는 것은 좋은 방법이 아니다. 열심히 노력하고 스스로 무언가를 해낼 때 칭찬하라. 능력을 칭찬하면 아이는 어려운 과제를 회피하고 잘하는 과제를 선택해서 자신이 얼마나 똑똑한지를 보여주려 애쓴다. 또한 도전을 받아들이지 않고 배울 수 있는 경험을 하지 않으려 한다.

이것을 잘 보여주는 실험이 있다. 발달심리학자 클라우디아 뮐러Caludia Mueller와 캐럴 드웩은 아이들에게 레이번 누진 행렬 검사 과제를 풀도록 한 뒤, 매우 잘했다고 이야기해주었다. 이때 실험 조건에 따라 어떤 아이는 똑똑하다고 칭찬해주고, 어떤 아이는 열심히 노력했다고 칭찬했다. 그런 다음 아이들에게 또 다른 문제를 풀게 했는데, 여기서는 쉬운 문제("나는 잘할 것이다")와 도전이 될 만한 어려운 문제("내가 그렇게 똑똑해 보이지는 않겠지만, 많이 배울 수 있을 것이다")를 제시하고 선택하게 했다. 지능을 칭찬받은 아이 중 66퍼센트가 자신이 똑똑하다는 것을 보여주려고 쉬운 문제를 선택했으나, 노력을 칭찬받은 아이들은 90퍼센트가 더 많은 것을 배울 수 있는 어려운 문제를 선택했다. 똑똑하다고 칭찬받은 아이들은 위험을 감수하지 않은 반면, 열심히 노력했다고 칭찬받은 아이는 자신의 한계를 시험하고 더 나아질 수 있는 방법을 배우려 했다.

위의 실험에서 뮐러와 드웩은 아이들이 선택한 문제를 풀기 전에 첫 번째 문제보다 훨씬 더 어려운 문제 세트를 먼저 풀도록 했다. 그런 다음 아이들에게 두 번째 문제 세트를 왜 그렇게 못 풀었는지 물어보았다. 능력을 칭찬받은 아이들은 능력이 부족해서 두 번째 문제들을 풀지 못했다고 생각하는 경향이 있었다. 노력을 칭찬받은 아이들은 자신의 노력 부족을 탓하는 경향이 있었다. 노력을 칭찬받은 아이들과 비교했을 때, 능력을 칭찬받은 아이들은 문제를 풀고 싶어 하지 않았고, 두 번째 과제가 즐겁지 않았다고 말했다. 마지막 단계로, 뮐러와 드웩은 아이들에게 세 번째 문제 세트를 풀도록 했다. 처음에 능력을 칭찬받은 아이들은 노력을 칭찬받은 아이들에 비해 더 적은 문제를 풀었다. 이 실험의 교훈은 명백하다. 바로 능력이 아니라 노력을 칭찬하는 것이다.

보상이라는 '계약'을 체결하지 말라

만약 당신이 장려하고 싶은 활동에 아이가 어느 정도 흥미를 보인다면, 거기에 보상을 약속하지 않는 것이 좋다. 나는 발달심리학자 마크 레퍼, 데이비드 그린$^{David Green}$과 함께 어린이집 아이들을 관찰한 적이 있다. 이 연구에서 매직펜으로 그림 그리기에 참가하는 아이들을 관찰했다. 대부분의 아이들이 그림을 그리면서 즐거워했다. 이때 일부 아이들에게 만약 매직펜으로 그림을 그려준다면 보상을 주겠다고 약속했다. 두어 주일이 지난 뒤 우리는 다시 어린이집을 방문하여 아이들에게 매직펜을 가지고 놀도록 했다. 그림에 대한 보상을 받은 아이들은 그렇지 않은 아이들에 비해 매직펜에 별 흥미를 보이지 않았으며, 그림도 더 못 그렸다. 보상이라는 '계약'이 아이들의 행동에 영향을 미친 것이다. 보상 없이 그림을 칭찬해준 아이들은 보상을 약속받지도 않고 칭찬도 못 받은 아이들보다 매직펜을 더 많이 가지고 놀았다. 따라서 아이가 어떤 행동을 하기를 원한다면, 그 행동을 칭찬하되 보상은 약속하지 말아야 한다.

하지만 보상을 주겠다는 약속이 효과적일 때도 있다. 아이가 보상 없이는 어떤 일을 하지 않으려 할 경우다. 어떤 활동에 흥미를 보이지 않으면, 보상을 통해 그 활동을 시도해보고 거기에서 진정한 매력을 발견하도록 도와줄 수 있다. KIPP 협약학교에서 이용하는 보상은 예전 학교에서 공부에 흥미를 거의 잃어버린 학생들에게 잘 통하는 방법이라고 할 수 있다.

효과적 개인 교습

자녀의 공부를 도와줄 때, 4장에서 소개한 마크 레퍼의 개인 교습의 5C 원칙을 염두에 두기 바란다. 5C 원칙은 통제감을 갖도록 도와주고, 도전해보도록 자극하고, 자신감을 불어넣고, 호기심을 길러주고, 학습 과제를 실생활이나 영화, TV와 관련시켜 맥락화해주는 것이다. 또한 마이너스 부호를 깜박하는 것 같은 사소한 오류를 꾸짖지 말고, 배울거리 없는 실수는 하지 않도록 도와주는 편이 좋다. 학습 자료의 수준을 낮추어 아이의 자존심을 세워주기보다는 적절한 난이도를 유지하되 제시 방식을 바꾸어 이해시키라. 아이를 이끌 수 있는 질문을 던지고, 아이가 평가받는다는 기분을 느끼지 않도록 지나치게 칭찬하지 말아야 한다.

학교

마지막으로 학교와 관련된 문제들을 해결하기 위한 방법을 몇 가지 제안하고자 한다. 자녀가 최고의 선생님이 있는 학급에 배정되도록 노력하라. 특히 초등학교 1학년 때는 담임 선생님의 경험이 중요하다. 신임 교사를 피해야 한다. 만약 학교에서 읽기, 수학, 과학 교육에 효과가 입증된 컴퓨터 프로그램을 사용하지 않는다면 시정을 요구하라. 미국 교육부 웹사이트의 정보센터What Works Clearinghouse를 방문해서 특정 프로그램이 필요한 이유를 설명하는 내용을 참고하라. 만약 자녀가 다니는 학교에서 학생들이 함께 문제를 해결하고 지식을 만들어가는 '협동학습법'을 전혀 활용하지 않는다면, 정보센터를 인용하여 이를 활용하도록 건의하라. 교장이 좋은 교사가 누구인지를 파악하고 있는지 확인하고 우수한 교사들에게 보상을 줄 수 있는지 문의하라. 그럴 수 없다면 교육위원회를 압박하라. 근속 연수 외에 다른 기준으로 보상을 줄 수 없도록 교육 노조와 계약했을 수도 있다. 이런 경우, 교육위원회가 수행이 뛰어난 학교의 모든 교사들에게 보상을 주게 할 수 있다. 교육위원회가 교사의 자격증이나 더 높은 학위를 너무 중요시하지 않도록 하라. 그런 교사가 더 잘 가르친다는 증거는 없다. 자격증을 취득하는 것보다는 동료 교사나 전문가의 조언을 들으며 가르치는 능력을 개발하는 데 시간을 활용하는 편이 낫다.

당신은 자신과 아이들의 지능을 향상시키기 위해 여기 적힌 내용들을 적용해볼 수 있을 것이다.

감사의 글

이 책의 저술에 필요한 연구비를 지원해준 미국 과학재단과 미국 국립노화연구소에 먼저 감사드린다. 저술에 필요한 자료와 집필 공간을 제공해준 컬럼비아대학교 심리학과와 러셀세이지재단에도 깊이 감사드린다.

많은 사람들이 탁월한 조언과 비판을 아끼지 않았다. 물론 이 책에 오류가 있다면 전적으로 필자의 책임이다. 이 책에 도움을 준 사람들은 조슈아 애론슨, 더글러스 베샤로프, 클랜시 블레어, 잔느 브룩스 – 건, 한나 추어, 윌리엄 디킨스, 제임스 플린, 필립 고프, 리처드 곤살레즈, 데이비드 그리스머, 다이앤 할퍼른, 로렌스 히르시펠트, 얼 헌트, 시노부 기타야마, 매트 맥기, 월터 미셸, 랜돌프 네스, 댄 오셔슨, 다프나 오이서만, 드니스 파크, 리처드 로스타인, 피터 샐로비, 케네스 사비스키, 에드워드 스미스, 자퀴 스미스, 클라우드 스틸, 로버트 스턴버그, 에릭 터크하이머, 바버라 트버스키, 제인 발트포겔, 오스카 이바라다. 이 책이 좀 더 대중에게 쉽게 다가가도록 도와준 존 브록먼과 카틴카 매트슨에게도 감사한다. 또한 이 책의 원고가 출판될 수 있도록 훌륭히 작업해준 편집자 안젤라 폰 데어 립페, 에리카 스턴, 그리고 메리 바브콕에게도 감사한다. 로라 레이놀즈는 원고 작성의 전 과정에서 도움을 주었다. 캐서린 라이스는 자료 조사와 활발하고 건설적인 비평을 통해 매우 소중한 도움을 주었다. 내 아내 수전 니스벳은 현명한 제안과 조언으로 내조해주었다.

마지막으로 스탠퍼드대학교 심리학과의 리 로스 교수는 대학원에서 우리가 처음 만난 이후 지금까지 늘 그래왔듯이, 이 책을 쓰는 데에도 큰 도움을 주었다. 그의 지적 자극과 우정에 감사하며, 이 책을 그에게 바친다.

부록

통계 용어 정리

모든 현상은 정규분포를 따른다. 즉 모든 현상을 분포로 나타내면 〈그림 A〉 같은 **종 모양 곡선**^{bell curve}이 된다. 예를 들어 암탉이 일주일 동안 낳는 달걀의 개수나 자동차 생산 과정에서 나타날 수 있는 오류의 횟수, 어떤 집단의 IQ를 그래프로 나타내면 그 모양은 종 모양 곡선에 가깝게 된다. 여기서 분포가 왜 이런 모양을 하는지 알기 위해 수학 원리를 파고들 필요는 없다. 중요한 점은 관찰된 사실에서 추론을 할 때 이런 정규분포 곡선이 유용하게 쓰인다는 것이다. 〈그림 A〉의 정규분포 곡선은 **표준편차**로 구분돼 있다. 표준편차라는 이름은 관찰되는 값이 평균에서 얼마나 떨어져 있는가, 즉 얼마나 차이(편차)를 두고 분포하는가를 나타낸 데서 지어졌다. 완벽한 정규분포는 수학적으로 추상적인 개념이지만 관찰 수가 매우 많아지면 분포는 놀라울 정도로 정규분포에 근접한다. 관찰된 값들 중 약 68퍼센트가 평균(〈그림 A〉에서는 0으로 설정돼 있음)을 기준으로 +1에서 -1 표준편차 사이에 분포한다. 표준편차에서

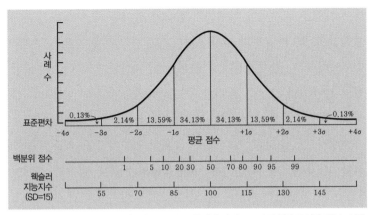

<그림 A> 정규분포 곡선. 평균을 기준으로 1 표준편차 간격으로 수직선이 표시돼 있다. 아래에는 웩슬러 지능 검사의 백분위 점수가 나타나 있다. 여기서 관찰된 값의 68퍼센트가 평균 이하 1 표준편차와 평균 이상 1 표준편차 사이에 존재한다.

얻을 수 있는 또 다른 유용한 정보는 **퍼센트 점수**다. 평균에서 1 표준편차 떨어진 지점 이하에는 관찰된 값의 약 84퍼센트가 분포한다. 즉 평균보다 정확히 1 표준편차 높은 값은 퍼센트 점수로 84에 해당한다. 나머지 16퍼센트는 1 표준편차보다 큰 값이다. 관찰된 값의 약 98퍼센트가 2 표준편차보다 아래에 있다. 평균보다 정확히 2 표준편차 높은 값은 퍼센트 점수로 98에 해당한다. 나머지 2퍼센트는 2 표준편차 이상이다. 관찰된 값의 거의 대부분은 평균보다 3 표준편차 낮은 값에서 3 표준편차 높은 값 사이에 존재한다. 대부분의 IQ 검사에서는 관습적으로 분포의 표준편차를 15로 하는데, 평균은 100이다.

표준편차는 **효과의 크기**를 나타나기에도 유용한 단위다. 예를 들어 새로운 교수법이 학생들의 학습에 얼마나 큰 차이를 낳는지 표현할 수 있다. 효과의 크기를 나타내는 가장 흔한 지표는 코헨의 디 Cohen's d라는 통계치인데, 다음과 같이 계산된다. 집단 A의 평균에서 집단 B의 평균을 뺀 다음 두 집단의 표준편차의 평균으로 나눈다. 경우에 따라 집단 A의 표준편차로만 나누기도 한다.

관행적으로 d 값이 .20 이하면 효과의 크기가 작은 것으로 간주한다. d 값이 .20이라는 것은 실험집단의 백분위 점수가 50에서 60으로 이동했다는 의미다. 만약 이것이 당신의 자녀가 새 교수법으로 수업받았을 때(백분위 점수 60)와 옛 교수법으로 수업받았을 때(백분위 점수 50)의 차이를 나타낸다면, 당신은 이 정도 변화가 작다고 생각하지 않을 것이다. 당신이 어떤 교수법을 위해 돈을 지불할 것인가를 결정할 경우, 퍼센트 점수 50점과 60점의 차이가 얼마나 중요한지에 따라서 결과가 달라진다. 만약 자녀가 분당 40타의 속도로 타자를 할 수 있도록 해주는 교수법의 효과를 측정하고, 타자 실력이 단시일 안에 백분위 점수 50에서 60으로 향상된다면, 당신은 여기에 많은 돈을 지불하려고 하지 않을 것이며, 자녀의 학교에서 이 교수법에 많이 투자하는 것도 원치 않을 것이다. 그러나 SAT 시험 점수를 기준으로 두 고등학교의 수학 교수법의 효과를 비교했는데, 한 교수법에서는 평균 500점, 다른 교수법에서는 520점을 받을 수 있다면(SAT 점수의 표준편차는 100이다), 그리고 이 점수의 차이가 백분위 점수 50점과 60점의 차이와 같다면, 당신은 이 교수법에 돈을 지불할 용의가 있을 것이다. 그리고 교육위원회에서 더 효과적인 수학 교수법을 위해 학생 1인당 예산을 늘리는 것을 흡족하게 생각할 것이다.

관행적으로 d 값이 .50 이상이면 중간 정도의 효과로 간주한다. 그러나 IQ 검사와 학업 성취에서는 이 정도의 효과 크기는 상당한 것이다. SAT 점수로 말하자면 500점과 550점의 차이와 같다. 이 차이는 중상위권 대학에 합격하느냐 최상위권 대학에 합격 하느냐의 차이를 결정할 만큼 크다. 당신이나 학교는 평범한 아이의 SAT 수학 점수를 백분위 50점에서 70점으로(.50 표준편차) 향상시켜줄 수 있는 새 교수법에 기꺼이 많은 돈을 지불하려 할 것이다.

효과의 크기가 표준편차 .70~1.00이면 큰 효과가 있다고 본다. 교육과 지능에서 효과의 크기 1.00은 엄청나게 큰 것이다. 흑인과 백인의 IQ 차이는 1.00 표준편차로 추정된다. 6장에서는 이것이 과연 실제 차이를 반영하는지를 논의했다. 만약 이 값이 실제 차이를 반영한다면, 흑인 IQ의 평균은 백인 IQ 분포에서 백분위 점수로 16점에 해당한다. 전국 수학 성취도 분포에서 백분위 50점을 84점으로 향상시킨 개입 프로그램은 매우 큰 비용을 들일 만한 가치가 있다. 국가적인 차원에서도, 이 정도의 수학 점수 향상으로 기대되는 경쟁력 향상을 고려하면 막대한 비용을 치를 가치가 있다.

상관계수는 두 변인이 선형적으로 관련된 정도를 나타내는 측정치다. 예를 들어 IQ 점수와 학업 성적 간의 상관은 약 .50인데, 이는 둘 간의 관련성이 약간 높다는 것을 의미한다. IQ 검사는 학교에서의 수행을 예측하기 위해 개발된 것이므로, IQ와 성적이 중간 정도의 관련성을 가지리라 기대할 수 있다. 상관계수는 완벽하게 반대 방향으로 관련돼 있음(부적 상관)을 나타내는 −1에서 완벽하게 같은 방향으로 관련돼 있음(정적 상관)을 나타내는 +1 사이의 값을 가진다. 상관계수가 0일 경우 두 변인 간에 아무런 관련성이 없다. 상관계수는 효과 크기의 또 다른 측정치로, 두 변인 간 관계가 얼마나 강한지를 나타낸다. 상관계수가 .30 이하면 관계의 강도가 약한 것으로 간주되며, .30~.50은 중간, .50 이상은 강하다고 여겨진다. 그러나 표준편차로 나타낸 효과의 크기와 마찬가지로, 두 변인 간 상관이 의미 있는지는 측정하는 변인에 따라 달라진다. 상관계수는 표준편차 단위로도 표현할 수 있다. 두 변인 간의 상관이 .25라는 것은 한 변인이 1 표준편차만큼 증가할 때 다른 변인이 .25 표준편차만큼 증가함을 의미한다. 상관이 .50이라는 것은 한 변인이 1 표준편차만큼 증가할 때 다른 변인이 .50 표준편차만큼 증가함을 의미한다. 따라서 학급 크기와 표준화된 시험에서 학생의 성취도 간의 상관이 −.25라면(학급 크기와 시험 점수가 순수하게 인과관계에 있다고 가정할 때), 학급 크기가 1 표준편차 감소할 때마다 시험 점수가 .25 표준편차씩 증가할 것이라고 기대할 수 있다.

다중회귀는 여러 독립변인 또는 예측변인과 어떤 목표변인 또는 결과변인의 상관을 동시에 구하는 방법이다. 예를 들어, 여러 변인이 부동산 시장에서 주택의 가치에 각각 어느 정도씩 영향을 미치는지 알고 싶다 하자. 우리는 주택의 면적, 방의 개수, 화장실 인테리어(세면대의 개수, 욕조 유무, 고급 자재를 사용했는지 등을 지표로 나타낸 것), 주택이 위치한 동네의 평균 소득, 잠재적 구매자들이 평가한 주택의 매력도를 측정할 수 있을 것이다. 그런 다음 이 변인들과 부동산 시장에서 매겨지는 가격으로 측정된 주택의 시장 가치, 즉 목표변인의 상관을 동시에 구할 수 있을 것이다. 여기서 구한 변인과 시장 가치의 상관의 크기를 통해, 다른 모든 변인이 일정하다고 가정했을 때 그 변인이 주택의 시장 가치를 예측하는 정도를 추정할 수 있다. 다른 모든 변인이 일정하다고 가정했을 때, 잠재적 구매자들이 평가한 주택의 매력도는 시장 가치와 .25만큼의 상관을, 화장실 인테리어는 .10만큼의 상관을 나타낸다고 하자. 그러나 여기서 모든 변인은 서로 상관이 있을 수 있고, 이중 어떤 변인은 다른 변인보다 더 정확하게 또는 부정확하게 측정될 수도 있으며, 어떤 변인은 다른 변인과 인과관계에 있을 수도 있고, 측정되지 않은 변인이 다른 변인들에 영향을 미칠 수도 있다. 결과적으로 다중회귀분석은 우리를 잘못된 결론으로 이끌 수 있다. 매력도가 시장 가격에 미치는 영향은 다중회귀에서 도출된 .25보다 훨씬 더 높거나 낮을 수도 있다.

다중회귀가 인과관계를 설명해주는 것처럼 보이거나 실제 실험 결과 같은 인상을 주는 사례는 수없이 많은데, 인과관계를 밝히는 데는 실험 연구가 다중회귀를 사용한 연구보다 더 좋은 방법이다. 예를 들어 나는 15년 전쯤에 미국 국립보건원National Institutes of Health

에서 열린 합의 도출 회의consensus development conference에 참석했다. 관상동맥 질환의 치료 방법 중 비수술적 의료 절차와 수술적 의료 절차에 관한 연구들을 개관하고 각 방법의 적절성에 대한 합의를 도출하기 위한 회의였다. 정부 연구비를 지원받아 많은 비용을 들여 수행된 미국 연구가 많았다. 이 연구에서 연구자들은 병력, 연령, 사회경제적 지위SES 등, 환자와 관련된 수많은 변인을 다중회귀식에 포함한 뒤, 모든 다른 요인을 통제했을 때의 치료 효과를 도출해냈다. 그러나 미국의 연구 정책을 관장하는 연구윤리위원회에서는 환자들이 원하는 치료 방법을 선택할 수 있도록 할 것을 요구하기 때문에(이것이 정말 환자에게 이익이 되는지 의문이다), 모든 미국 연구 결과는 자기선택의 오류라는 약점을 가지고 있었다. 이 회의에서 검토한 연구에는 미국 연구뿐만 아니라, 환자들을 각 치료법에 무선할당하는 방법에 기초한 유럽 연구 2건이 있었다. 토론자들은 비싼 연구비가 투입된 미국 연구들을 무시하고, 유럽 연구 결과만을 고려했다.

이 책의 주제와 관련된 사례로 학급의 크기가 학생의 수행에 중요한 요인인지 알아보는 경우를 생각해보자. 다중회귀분석 결과 학교의 크기, 학교가 위치한 동네의 평균 가계소득, 교사의 임금 수준, 자격증을 소유한 교사의 비율, 학교가 속한 학군에서 학생 한 사람당 지출하는 예산의 규모 등의 요인을 통제했을 때, 평균 학급 크기는 학생의 수행과 상관이 없었다(하누세크, 1986; 혹스비Hoxby, 2000; 젠크스 외, 1972). 그러나 무선할당법을 이용한 제대로 된 연구에서는 학급 크기를 크게(학급당 13~17명에서 22~25명까지) 변화시켰는데, 이 정도의 학급 크기 차이는 표준화된 시험에서의 수행을 .25 표준편차 이상 향상시키는 것으로 나타났다. 그리고 그 효과는 백인 아동보다는 흑인 아동에게서 더 컸다(크루거, 1999). 이는 단순히 다중회귀를 이용한 연구를 포함한 학급 크기에 관한 여러 연구 중 하나에 불과한 것이 아니다. 다중회귀를 이용한 모든 연구를 대체할 수 있을 만큼 중요하다.

나는 이 책에서 다중회귀를 이용한 연구를 인용하기도 했으나 매우 조심스러운 태도를 취했고, 항상 그 결과를 주의해서 받아들여야 한다고 경고했다.

자기선택은 상관 연구와 다중회귀 연구의 해석을 어렵게 하는 문제 중 하나다. 자기선택을 이해하는 것은 매우 중요하다. IQ가 직업적 성공과 일정하게 상관이 있고 그 값이 .40이라고 하자. 우리는 조건반사적으로 이 둘의 관계가 전적으로 인과적이라고 가정하는 경향이 있다. 즉 어떤 사람의 IQ가 높기 때문에 직장에서 일을 더 잘할 것이라고 가정한다. 그러나 IQ는 다른 요인들과도 상관이 있다. 예를 들어 아동의 높은 IQ는 부모의 높은 SES와 관련이 있고, 이는 IQ 수준과 관계없이 아동이 대학에 갈 확률을 높여준다. 그리고 대학 교육은 IQ 수준과 무관하게 더 높은 직위에 오를 수 있도록 해준다. 따라서 IQ와 직업적 성공의 상관은 부모의 SES와 대학 교육 같은, 아동이나 연구 대상 '자신이 선택한' 변인들의 영향으로 오염돼 있다. 부모의 SES같이 명백히 자신의 선택과 무관한 요인을 '자신이 선택'했다고 표현해서 의아해할 수도 있다. 그러나 여기서 '자기선택'은 연구자가 선택한 것인지 아닌지를 기준으로 한 것이다. 부모의 SES 같은 변인은 연구자가 결정할 수 없기 때문에, 연구 대상 자신이 결정하는 것으로 간주할 수 있다. 어떤 경우든, 연구자가 통제할 수 없는 속성은 연구자의 선택이나 사전 지식과 관계없는 자기선택적 속성이다.

어떤 연구에서 관심변인을 조작하지 않고 주어진 변인을 단순히 측정하기만 하는 경우, 우리는 그 변인을 결정하는 사람이 연구자가 아니라 피험자라는 사실을 인지하고 있어야 한다. 이는 통계의 추론력을 크게 감소시킨다. 학급 크기에 관한 연구 사례에서, 다중회귀를 이용한 연구의 경우 학급 크기가 자기선택적 속성을 지닌다. 즉 연구자가 학급 크기를 정한 것이 아니다. 그리고 여기서 학급 크기는 학급 크기가 학업 성취에 미치는 영향을 증폭시키거나 방해하는 각종 변인과 관련돼 있을 수 있다. 자기선택의 문제를 완전히 피하는 방법은 연구자가 독립변인 또는 예측변인의 값을 선택하고(예를 들어 큰 학급 대 작은 학급) 목표변인(예를 들어 성취도 평가에서의 수행)에 대한 효과를 관찰하는 것이다. 애석하게도 이것이 항상 가능한 일은 아니기에, 자기선택의 문제라는 위험 부담을 안고 상관분석과 다중회귀분석으로 만족할 수밖에 없을 때도 있다.

마지막으로 **통계적 유의도**는 어떤 결과, 예를 들어 학급 크기가 수행이 미치는 영향이 실제로는 발생하지 않았는데, 우연히 실제 발생한 것처럼 나타날 가능성이 어느 정도인지 보여준다. 관행적으로 통계적 유의도는 .05이며, 이것은 두 집단의 평균 차이 또는 두 변인 간의 상관계수가 동일한 설계를 이용한 실험을 반복했을 때 우연히 관찰될 확률이 100번 중 다섯 번, 또는 스무 번 중 한 번이라는 의미다. 통계적 유의도는 관찰 횟수에 따라 크게 달라진다. 실질적으로나 이론적으로 전혀 중요하지 않을 만큼 매우 작은 차이라도 관찰 횟수가 충분하면 통계적으로 유의할 수 있다. 이 책에서 내가 인용한 어떤 연구에 대해 '한계적으로 유의하다 marginally significant' 라고 표현했는데, 이것은 통계적 유의도 .10을 기준으로 한 것이며, 이 경우를 제외한 나머지는 최소한 .05 수준에서 통계적으로 유의미한 결과였다.

참고문헌

Aamodt, S., and Wang, S.(2007, November 8). Exercise on the brain. *New York Times*. Retrieved November 8, 2007, from http://www.nytimes.com/2007/11/08/opinion/08aamodt.html?ref=opinion

Adams, J., and Ward, R. H.(1973). Admixture studies and the detection of selection. *Science, 180*, 1137~43.

Allington, R. L., and McGill-Franzen, A.(2003). Summer loss. *Phi Delta Kappan, 85*, 68~75.

Anderson, J. W., Johnstone, B. M., and Remley, D. T.(1999). Breast-feeding and cognitive development: A meta-analysis. *American Journal of Clinical Nutrition, 70*, 525~535.

Ankney, C. D.(1992). Sex differences in relative brain size: The mismeasure of woman, too. *Intelligence, 16*, 329~336.

Anonymous.(2003, September). Assessing the Ashkenazic IQ. *La Griffe du Lion*, 5(2). Retrieved April 1, 2008, from http://www.

lagriffedulion.f2s.com/ashkenaz.htm

Anonymous.(2007). A record pool leads to record results. *Harvard University Gazette*. Retrieved May 27, 2008, from http://www.news. harvard.edu/gazette/2007/04.05/99-admissions.html

Anonymous.(2008a). Berkeley student protest to keep Asian study courses. *Sing Tao Daily*. Retrieved May 27, 2008, from http://news. newamericamedia.org/news/view_article.htmlarticle_id=56e1b7053b6dc 21ce223134d6e2531ed

Anonymous.(2008b). Jewish Turing Mathematics Prizes, Fields Medal and others. *Israel Times*. Retrieved May 28, 2008, from http://www.israeltimes.com/people/science-technology-nobels/ jewish-turing-mathematicsprizes-fields-medal-and-others/

Armor, D.(1976). *Analysis of the school preferred reading program in selected Los Angeles minority schools.*(Report No. R-2007-LAUSD). Santa Monica, CA: RAND.

Aronson, J., Fried, C. B., and Good, C.(2002). Reducing stereotype threat and boosting academic achievement of African-American students: The role of conceptions of intelligence. *Journal of Experimental Social Psychology, 38*, 113~125.

Aronson, J., and Steele, C. M.(2005). Stereotypes and the fragility of academic competence, motivation, and self-concept. In E. Elliot and C. Dweck(Eds.), *Handbook of competence and motivation*. New York:

Guilford.

Attewell, P., Domina, T., Lavin, D., and Levey, T.(2004). The black middle class: Progress, prospects and puzzles. *Journal of African American Studies, 8,* 6~19.

Ayduk, O., Downey, G., Testa, A., Yen, Y., and Shoda, Y.(1999). Does rejection elicit hostility in high rejection sensitive women? *Social Cognition, 17,* 245~271.

Backman, M. E.(1972). Patterns of mental abilities: Ethnic, socioeconomic, and sex differences. *American Educational Research Journal, 9,* 1~12.

Baddeley, A.(1986). *Working memory.* Oxford: Oxford University Press/ Clarendon Press.

Baghurst, P. A.(1992). Environmental exposure to lead and children's intelligence at the age of seven years: The Port Pirie cohort study. *New England Journal of Medicine, 327,* 1279~84.

Bakalar, N.(2007). Study points to genetics in disparities in preterm births. New York Times. Retrieved June 29, 2008, from http://query.nytimes.com/gst/fullpage.htmlres=9E01E5DC1E3EF934A15751C0A9619C8B63&sec=&spon=&pagewanted=all

Baltes, P. B., and Reinert, G.(1969). Cohort effects in cognitive development in children as revealed by cross sectional sequences. *Developmental Psychology, 1,* 169~177.

Barnett, W. S.(1992). Benefits of compensatory preschool education. *Journal of Human Resources, 27*, 279~312.

Barnett, W. S.(2007). Commentary: Benefit-cost analysis of early childhood programs. *Social Policy Report, 21*, 12~13.

Bazelon, E.(2008). The next kind of integration [Electronic Version]. *New York Times*. Retrieved July 21, 2008, from http://www.nytimes.com/2008/07/20/magazine/20integration-t.html?pagewanted=1&sq=wake%20county&st=cse&scp=1

Beals, K. L., Smith, C. L., and Dodd, S. M.(1984). Brain size, cranial morphology, climate and time machines. *Current Anthropology, 25*, 301~330.

Bergstrand, R., Vedin, A., Wilhelmsson, C., and Wilhelmsen, L.(1983). Bias due to non-participation and heterogeneous sub-groups in the population. *Journal of Chronic Diseases, 36*, 725~728.

Besharov, D. J.(2005). *Head Start s broken promise*. Washington, DC: American Enterprise Institute.

Besharov, D. J.(2007). *Testimony before the Joint Economic Committee, U.S. Congress. Investing in young children pays dividends: The economic case for early care and education*. Washington, DC: American Enterprise Institute for Public Policy Research.

Besharov, D. J., Germanis, P., and Higney, C.(2006). *Summaries of twenty early childhood evaluations*. College Park, MD: Maryland School of Public Affairs.

Bifulco, R., and Ladd, H. F.(2006). The impacts of charter schools on student achievement: Evidence from North Carolina. *Education Finance and Policy, 1,* 50~90.

Blackwell, L., Trzesniewski, K., and Dweck, C. S.(2007). Implicit theories of intelligence predict achievement across an adolescent transition: A longitudinal study and an intervention. *Child Development, 78,* 246~263.

Blair, C.(2006). How similar are fluid cognition and general intelligence? A developmental neuroscience perspective on fluid cognition as an aspect of human cognitive ability. *Behavioral and Brain Sciences, 29,* 109~160.

Blair, C., Gamson, D., Thorne, S., and Baker, D.(2005). Rising mean IQ: Cognitive demand of mathematics education for young children, population exposure to formal schooling, and the neurobiology of the prefrontal cortex. *Intelligence, 33,* 93~106.

Blair, C., and Razza, R. P.(2007). Relating effortful control, executive function, and false belief understanding to emerging math and literacy ability in kindergarten. *Child Development, 78,* 647~663.

Bohr, N.(1958). *Atomic physics and human knowledge.* New York: Wiley.

Borman, G. D., Hewes, G. M., Overman, L. T., and Brown, S.(2003).

Comprehensive school reform and achievement: A meta-analysis. *Review of Educational Research, 73*, 125~230.

Borman, G. D., Slavin, R. E., Cheung, A., Chamberlain, A., Madden, N., and Chambers, B.(2007). *Final reading outcomes of the national randomized field trial of Success for All.* Madison: University of Wisconsin.Madison.

Bouchard, T. J.(1983). Do environmental similarities explain the similarity in intelligence of identical twins reared apart? *Intelligence, 7*, 175~184.

Bouchard, T. J.(2004). Genetic influence on human psychological traits. *Current Directions in Psychological Science, 13*, 148~151.

Bouchard, T. J., and McGue, M.(2003). Genetic and environmental influences on human psychological differences. *Journal of Neurobiology, 54*, 4~45.

Braver, T. S., and Barch, D. M.(2002). A theory of cognitive control, aging cognition, and neuromodulation. *Neuroscience and Biobehavioral Reviews, 26*, 809~817.

Bronfenbrenner, U.(1986). Ecology of the family as a context for human development: Research perspectives. *Developmental Psychology, 22*, 723~742.

Bronfenbrenner, U.(1975/1999). Nature with nurture: A reinterpretation of the evidence. In A. Montagu(Ed.), *Race and IQ*(2nd ed.). New York: Oxford University Press.

Brooks-Gunn, J., and Markman, L. B.(2005). The contribution of parenting to ethnic and racial gaps in school readiness. *Future of Children, 15*, 139~168. Intelligence_4th pass.indd 259 11/21/08 4:01:53 PM 260 References

Brooks-Gunn, J., McCarton, C. M., Casey, P. H., McCormick, M. C., Bauer, C. R., Bernbaum, J. C., et al.(1994). Early intervention in low birthweight, premature infants: Results through age 5 years from the Infant Health and Development Program. *Journal of the American Medical Association, 272*, 1257~62.

Brown, P.(1992). Recent human evolution in East Asia and Australasia. *Philosophical Transaction of the Royal Society of London B, 337*, 235~242.

Brown, P., and Maeda, T.(2004). Post-Pleistocene diachronic change in East Asian facial skeletons: The size, shape and volume of the orbits. *Anthropological Science, 11*, 20~40.

Bruer, J. T.(1999). *The myth of the first three years: A new understanding of early brain development and lifelong learning.* New York: Free Press.

Burg, B., and Belmont, I.(1990). Mental abilities of children from different cultural backgrounds in Israel. *Journal of Cross-Cultural Psychology, 21*, 90~108.

Burkham, D. T., Ready, D. D., Lee, V. E., and LoGerfo, L. F.(2004). Socialclass differences in summer learning between kindergarten and first grade: Model specification and estimation. *Sociology of Education, 77,* 1~31.

Burrell, B.(2005). *Postcards from the brain museum: The improbable search for meaning in the matter of famous minds.* New York: Broadway/Random House.

Burt, C., Jones, E., Miller, E., and Moodie, W.(1934). *How the mind works.* New York: Appleton-Century-Crofts.

Cahan, S., and Cohen, N.(1989). Age vs. schooling effects on intelligence development. *Child Development, 60,* 1239~49.

Calder, B. J., and Staw, B. M.(1975). Self-perception of intrinsic and extrinsic motivation. *Journal of Personality and Social Psychology, 31,* 599~605.

Camarota, S. A.(2007). *Illegitimate nation: An examination of out-of-wedlock births across immigrants and natives.* Washington, DC: National Center for Health Statistics.

Campbell, F. A., Pungello, E. P., Miller-Johnson, S., Burchinal, M., et al.(2001). The development of cognitive and academic abilities: Growth curves from an early childhood educational experiment. *Developmental Psychology, 37,* 231~242.

Campbell, F. A., and Ramey, C. T.(1995). Cognitive and school outcomes for high-risk African-American students at middle adolescence: Positive effects of early intervention. *American Educational Research Journal, 32,* 743~772.

Caplan, N., Whitmore, J. K., and Choy, M. H.(1989). *The boat people and achievement in America: A study of economic and eductional success.* Ann Arbor: University of Michigan Press.

Capron, C., and Duyme, M.(1989). Assessment of the effects of socio-economic status on IQ in a full cross-fostering study. *Nature, 340,* 552~554. Intelligence_4th pass.indd 260 11/21/08 4:01:53 PM References 261

Carter, S. C.(2000). *No excuses. Lessons from 21 high—performing, highpoverty schools.* Washington, DC: Heritage Foundation.

Caspi, A., Williams, B., Kim-Cohen, J., Craig, I. W., et al.(2007). Moderation of breastfeeding effects on the IQ by genetic variation in fatty acid metabolism. *Proceedings of the National Academy of Sciences of the United States of America, 104,* 18860.

Cattell, R. B.(1987). *Intelligence: Its structure, growth and action.* Amsterdam: North-Holland.

Cavanaugh, J. C., and Blanchard-Fields, F.(2006). *Adult development and aging*(5th ed.). Belmont, CA: Thomson Wadsworth.

Ceci, S. J.(1991). How much does schooling influence general intelligence and its cognitive components? A reassessment of the evidence. *Developmental Psychology, 27,* 703~722.

Ceci, S. J.(2007). *Racial, ethnic and socioeconomic achievement gaps: A cross−disciplinary critical review.* Ithaca, NY: Cornell University.

Ceci, S. J., and Williams, W. M.(1997). Schooling, intelligence and income. *American Psychologist, 52,* 1051~58.

Centers for Disease Control and Prevention.(2007). Fetal alcohol spectrum disorders. Atlanta, GA. CDC. Retrieved January 19, 2008, from http://www.cdc.gov/ncbddd/fas/fasask.htm

Chase-Lansdale, P., Mott, F. L., Brooks-Gunn, J., Phillips, D. A., et al.(1991). Children of the NLSY: A unique research opportunity. *Developmental Psychology, 27,* 918~931.

Chen, C., and Stevenson, H. W.(1995). Motivation and mathematics achievement: A comparative study of Asian-American, Caucasian-American and East Asian high school students. *Child Development, 66,* 1215~34.

Choi, I., and Markus, H. R.(1998). *Implicit theories and causal attribution East and West.* Unpublished manuscript, Ann Arbor: University of Michigan.

Choi, I., and Nisbett, R. E.(1998). Situational salience and cultural differences in the correspondence bias and in the actor-observer bias. *Personality and Social Psychology Bulletin, 24,* 949~960.

Choi, I., Nisbett, R. E., and Norenzayan, A.(1999). Causal attribution across cultures: Variation and universality. *Psychological Bulletin, 125,* 47~63.

Chua, H. F., Boland, J. E., and Nisbett, R. E.(2005). Cultural variation in eye movements during scene perception. *Proceedings of the National Academy of Sciences of the United States of America, 102,* 12629~33.

Churchill, W.(1974). *A history of the English—speaking peoples.* New York: Bantam.

Clapp, J. F., Kim, H., Burciu, B., and Lopez, B.(2000). Beginning regular exercise in early pregnancy: Effect on fetoplacental growth. *American Journal of Obstetrics and Gynecology, 183,* 1484~88.

Cochran, G., Hardy, J., and Harpending, H.(2005). Natural history of Ashkenazi intelligence. *Journal of Biosocial Science, 38,* 1~35. Intelligence_4th pass.indd 261 11/21/08 4:01:53 PM 262 References

Cohen, G. D.(2005). *The mature mind: The positive power of the aging brain.* New York: Basic Books.

Cohen, G. L., Garcia, J., Apfel, N., and Master, A.(2006). Reducing the racial achievement gap: A social-psychological intervention. *Science, 313,* 1307~10.

Colcombe, S., and Kramer, A. F.(2003). Fitness effects on the cognitive function of older adults: A meta-analytic study. *Psychological Science, 14,* 125~130.

Connell, N.(1996). *Getting off the list: School improvement in New York City*. New York: Robert Sterling Clark Foundation.

Cook, T. D.(2003). Why have educational evaluators chosen not to do randomized experiments? *Annals, American Academy of Political and Social Science, 589*, 114~149.

Cook, T. D., Habib, F., Phillips, M., Settersen, R. A. et al.(1999). Comer s school development program in Prince George s County Maryland: A theorybased evaluation. *American Educational Research Journal, 36*, 543~597.

Cook, T. D., Hunt, H. D., and Murphy, R. F.(2000). Comer s school development program in Chicago: A theory-based evaluation. *American Educational Research Journal, 37*, 535~597.

Cooper, H., Nye, B., Charlton, K., Lindsay, J., and Greathouse, S.(1996). The effects of summer vacation on achievement test scores: A narrative and meta-analytic review. *Review of Educational Research, 66*, 227~268.

Daley, T. C., Whaley, S. E., Sigman, M. D., Espinosa, M. P., and Neumann, C.(2003). IQ on the rise: The Flynn effect in rural Kenyan children. *Psychological Science, 14*, 215~219.

Darity, W. A., Jr., and Mason, P. L.(1998). Evidence on discrimination in employment: Codes of color, codes of gender. *Journal of Economic Perspectives, 12*, 63~90.

Darley, J. M., and Berscheid, E.(1967). Increased liking as a result of the anticipation of personal contact. *Human Relations, 20*, 29~40.

Darlington, C.(1969). *The evolution of man and society*. London: Allen and Unwin.

David, J. L., Woodworth, K., Grant, E., Guha, R., Lopez-Torkos, A., and Young, V. M.(2006). *Bay Area KIPP Schools: A study of early implementation*. Menlo Park, CA: SRI International.

De Sander, M. K.(2000). Teacher evaluation and merit pay: Legal considerations, practical concerns. *Journal of Personnel Evaluation in Education, 14*, 301~317.

Deary, I. J.(2001). *Intelligence: A very short introduction*. New York: Oxford University Press.

DeGroot, A. D.(1948). The effects of war upon the intelligence of youth. *Journal of Abnormal and Social Psychology, 43*, 311~317.

Deming, D.(2008). *Early childhood intervention and life—cycle skill development*. Cambridge, MA: Harvard University.

Der, G., Batty, G. D., & Deary, I. J.(2006). Effect of breast feeding on Intelligence_4th pass.indd 262 11/21/08 4:01:53 PM References 263 intelligence in children: Prospective study, sibling pairs analysis, and metaanalysis. *British Medical Journal, 333*, 945~948.

Devlin, B., Daniels, M., and Roeder, K.(1997). The heritability of IQ. *Nature, 388*, 468~471.

Diamond, A., Barnett, W. S., Thomas, J., and Munro, S.(2007). Preschool program improves cognitive control. *Science, 318*, 1387~38.

Dickens, W. T., and Baschnagel, C.(2008). *Dynamic estimates of the fiscal effects of investing in early childhood programs.* Washington, DC: Brookings Institution.

Dickens, W. T., and Flynn, J. R.(2001). Heritability estimates versus large environmental effects: The IQ paradox resolved. *Psychological Review, 108*, 346~369.

Dickens, W. T., and Flynn, J. R.(2006). Black Americans reduce the racial IQ gap: Evidence from standardization samples. *Psychological Science, 17*, 913~920.

Dillman, D. A.(1978). *Mail and telephone surveys: The Total Design Method.* New York: John Wiley and Sons.

Dodge, K. A., Pettit, G., & Bates, J.(1994). Socialization mediators of the relation between socioeconomic status and child conduct problems. *Child Development, 62*, 583~599.

Dotinga, A., Schrijvers, C. T. M., Voorham, A. J. J., and Mackenbach, J. P.(2005). Correlates of stages of change of smoking among inhabitants of deprived neighborhoods. *European Journal of Health, 15*, 152~159.

Duckworth, A. L., and Seligman, M. E. P.(2005). Self-discipline outdoes IQ in predicting academic performance of adolescents.

Psychological Science, 16, 939~944.

Duncan, J., Burgess, P., and Emslie, H.(1995). Fluid intelligence after frontal lobe lesions. *Neuropsychologia, 33,* 261~268.

Duyme, M.(1981). *Les enfants abandonnes. Role des familles adoptives et des assistantes maternelles.* Paris: CNRS.

Duyme, M., Dumaret, A., and Tomkiewicz, S.(1999). How can we boost IQs of dull children? A late adoption study. *Proceedings of the National Academy of Sciences of the United States of America, 96,* 8790~94.

Eicholz, R.(1991). *Addison–Wesley Mathematics: Grade 2.* Atlanta: Pearson Education.

Evers, W. M., and Clopton, P.(2006). High-spending, low-performing school districts. In E. A. Hanushek(Ed.), *Courting failure: How school finance lawsuits exploit judges good intentions and harm our children.* Stanford, CA: Education Next Books.

Eyferth, K.(1961). Leistungern verschiedener Gruppen von Besatzungskidern in Hamburg-Wechsler Intelligenztest für Kinder(HAWIK). *Archiv für die gesamte Psychologie,* 113, 222.241.

Eysenck, H. J.(1971). *The IQ argument: Race, intelligence and education.* New York: Library Press. Intelligence_4th pass.indd 263 11/21/08 4:01:53 PM 264 References

Eysenck, H. J.(1973). *The inequality of man.* London: Temple Smith.

Fagan, J. F., and Holland, C. R.(2002). Equal opportunity and racial differences in IQ. *Intelligence, 30*, 361~387.

Fagan, J. F., and Holland, C. R.(2007). Racial equality in intelligence: Predictions from a theory of intelligence as processing. *Intelligence, 35*, 319~334.

Feldman, M. W., and Otto, S. P.(1997). Twin studies, heritability, and intelligence. *Science, 278*, 1384~85.

Finder, A.(2005, September 25). As test scores jump, Raleigh credits integration by income. *New York Times*, p. 1.

Fischbein, S.(1980). IQ and social class. *Intelligence, 4*, 51~63.

Flynn, J. R.(1980). *Race, IQ and Jensen.* London: Routledge and Kegan Paul.

Flynn, J. R.(1987). Massive IQ gains in 14 nations: What IQ tests really measure. *Psychological Bulletin, 101*, 171~191.

Flynn, J. R.(1991a). *Asian Americans: Achievement beyond IQ.* Hillsdale, NJ: Lawrence Erlbaum.

Flynn, J. R.(1991b). Reaction times show that both Chinese and British children are more intelligent than one another. *Perceptual and Motor Skills, 72*, 544~546.

Flynn, J. R.(1994). IQ gains over time. In R. J. Sternberg(Ed.), *The encyclopedia of human intelligence*(pp. 617~623). New York: Macmillan.

Flynn, J. R.(1998). IQ gains over time. In U. Neisser(Ed.), *The rising curve: Long term gains in IQ and related measures*(pp. 25~66). Washington, DC: American Psychological Association.

Flynn, J. R.(2000a). IQ gains, WISC subtests and fluid g: g theory and the relevance of Spearman s hypothesis to race. In G. R. Bock, J. Goode, and K. Webb(Eds.), *The nature of intelligence.* New York: Wiley.

Flynn, J. R.(2000b). IQ trends over time: Intelligence, race, and meritocracy. In K. Arrow, S. Bowles, and S. Durlauf(Eds.), *Meritocracy and economic inequality.* Princeton, NJ: Princeton University Press.

Flynn, J. R.(2007). *What is intelligence? Beyond the Flynn effect.* New York: Cambridge University Press.

Flynn, J. R.(2008). *Where have all the liberals gone? Race, class, and ideals in America.* New York: Cambridge University Press.

Folger, J. K., and Nam, C. B.(1967). *Education of the American population*(A 1960 U.S. Census monograph). Washington, DC: U.S. Department of Commerce.

Freedman, J. O.(2000). Ghosts of the past: Anti-Semitism at elite colleges. *Chronicle of Higher Education, 47*(4).

Freeman, F. S.(1934). *Individual differences: The nature and causes of variations in intelligence and special abilities.* New York: Holt.

Freeman, R. B.(2007). America works: The exceptional U.S. labor market. New York: Russell Sage Foundation.

French, H. W.(2001, August 7). Hypothesis: A scientific gap. Conclusion: Japanese custom. *New York Times*, p. A1. Intelligence_4th pass.indd 264 11/21/08 4:01:53 PM References 265 General Accounting Office.(1999). *Lead poisoning: Federal health—care programs are not effectively reaching at—risk children*. Washington, DC: General Accounting Office.

Garber, H. L.(1988). *The Milwaukee Project: Preventing mental retardation in children at risk*. Washington, DC: American Association on Mental Retardation.

Garces, E., Thomas, D., and Currie, J.(2002). Longer-term effects of Head Start. *American Economic Review, 92*, 999.1012.

Gardner, H.(1983/1993). *Frames of mind: The theory of multiple intelligences*. New York: Basic Books.

Good, C., Aronson, J., and Inzlicht, M.(2003). Improving adolescents standardized test performance: An intervention to reduce the effects of stereotype threat. *Applied Developmental Psychology, 24*, 645~662.

Gormley, W. T., Jr., Gayer, T., Phillips, D., and Dawson, B.(2005). The effects of universal pre-K on cognitive development. *Developmental Psychology, 41*, 872~884.

Gottfredson, L. S.(1997). Intelligence and social policy. *Intelligence, 24*, 1.320.

Gould, S. J.(1981). *The mismeasure of man.* New York: W. W. Norton.

Gray, J. R., and Thompson, P. M.(2004). Neurobiology of intelligence: Science and ethics. *Nature Reviews: Neuroscience, 5,* 471~482.

Green, C. S., and Bavelier, D.(2003). Action video game modifies visual selective attention. *Nature, 423,* 534~537.

Green, R. L., Hoffman, L. T., Morse, R., Hayes, M. E., and Morgan, R. F.(1964). *The educational status of children in a district without public schools*(Co-Operative Research Project No. 2321). Washington, DC: Office of Education, U.S. Department of Health, Education and Welfare.

Grissmer, D., Flanagan, A., and Williamson, S.(1998). Why did the blackwhite score gap narrow in the 1970s and 1980s? In C. Jencks and M. Phillips(Eds.), *The black—white test score gap.* Washington, DC: Brookings Institution Press.

Gross, M. B.(1978). Cultural concomitants of preschoolers preparation for learning. *Psychological Reports, 43,* 807~813.

Gross, R. T., Spiker, D., and Haynes, C. W.(1997). *Helping low birth weight, premature babies: The Infant Health and* Development Program. Stanford, CA: Stanford University Press.

Guevara-Aguire, J., Rosenbloom, A. L., Vaccarelo, M. A., Fielder, P. J., de la Vega, A., Diamond, F. B., et al.(1991). Growth hormone receptor deficiency(Laron syndrome): Clinical and genetic characteristics. *Acta Paediatrica Scandinavia, 377*(Suppl.), 96~103.

Gutchess, A. H., Welsh, R. C., Boduroglu, A., and Park, D. C.(2006). Cultural differences in neural function associated with object processing. *Cognitive, Affective and Behavioral Neuroscience, 6,* 102~109.

Hack, M., Klein, N., and Taylor, H. G.(1995). Long-term developmental outcomes of low birth weight infants. *Future of Children, 5,* 176~196. Intelligence_4th pass.indd 265 11/21/08 4:01:53 PM 266 References

Hamre, B. K., and Pianta, R. C.(2001). Early teacher-child relationships and the trajectory of children s school outcomes through eighth grade. *Child Development, 72,* 625~638.

Hamre, B. K., and Pianta, R. C.(2005). Can instructional and emotional support in the first-grade classroom make a difference for children at risk of school failure? *Child Development, 76,* 949~967.

Hanushek, E. A.(1986). The economics of schooling: Production and efficiency in public schools. *Journal of Economic Literature, 24,* 1141~77.

Hanushek, E. A.(2002). *The failure of input—based schooling policies*(Working Paper No. 9040). Cambridge, MA: National Bureau of Education Research.

Hanushek, E. A., Kain, J. F., O Brien, D. M., and Rivkin, S. G.(2005). *The market for teacher quality*(Working Paper No. 11154). Cambridge, MA: National Bureau of Economic Research.

Harden, K. P., Turkheimer, E., and Loehlin, J. C.(2006). Genotype by environment interaction in adolescents cognitive aptitude. *Behavior Genetics, 37*, 273~283.

Härnqvist, K.(1968). Changes in intelligence from 13 to 18. *Scandinavian Journal of Psychology, 9*, 50~82.

Harris, J. R.(1998). *The nurture assumption: Why children turn out the way they do.* New York: Touchstone.

Hart, B., and Risley, T.(1995). *Meaningful differences in the everyday experience of young American children.* Baltimore: Brookes.

Hayes, D., & Grether, J.(1983). The school year and vacations: When do students learn? *Cornell Journal of Social Relations, 17*, 56~71.

Heath, S. B.(1982). What no bedtime story means: Narrative skills at home and school. *Language in Society, 11*, 49~79.

Heath, S. B.(1983). *Ways with words: Language, life, and work in communities and classrooms.* Cambridge, England: Cambridge University Press.

Heath, S. B.(1990). The children of Trackton s children. In J. W. Stigler, R. A. Shweder, and G. Herdt(Eds.), *Cultural psychology: Essays on comparative human development.* Cambridge, England: Cambridge

University Press.

Heckman, J. J.(2006). Skill formation and the economics of investing in disadvantaged children. *Science, 312*, 1900~02.

Hedden, T., Ketay, S., Aron, A., Markus, H. R., and Gabrieli, J. D.(2008). Cultural influences on neural substrates of attentional control. *Psychological Science, 19*, 12~17.

Heine, S. J., Kitayama, S., Lehman, D. R., Takata, T., Ide, E., Leung, C., et al.(2001). Divergent consequences of success and failure in Japan and North America: An investigation of self-improving motivation. *Journal of Personality and Social Psychology, 81*, 599~615.

Henderson, V. L., and Dweck, C. S.(1990). Achievement and motivation in adolescence: A new model and data. In S. Feldman and G. Elliott(Eds.), *At the threshold: The developing adolescent.* Cambridge: Harvard University Press.

Henneberg, M.(1988). Brain size/body weight variability in modern Intelligence_4th pass.indd 266 11/21/08 4:01:53 PM References 267 humans: Consequences for interpretations of hominid evolution. *South African Journal of Science, 84*, 521~522.

Henneberg, M., and Steyn, M.(1993). Trends in cranial capacity and cranial index in subsaharan Africa during the Holocene. *American Journal of Human Biology, 5*, 473~479.

Henneberg, M., and Steyn, M.(1995). Diachronic variation of cranial size and shape in the Holocene: A manifestation of hormonal evolution? *Rivista di Anthropologia, 73*, 159~164.

Herrnstein, R. J., and Murray, C.(1994). *The bell curve: Intelligence and class structure in American life.* New York: Free Press.

Herrnstein, R. J., Nickerson, R. S., Sanchez, M., and Swets, J. A.(1986). Teaching thinking skills. *American Psychologist, 41*, 1279~89.

Hess, F. M.(2006). *Stimulant or slave? The politics of adequacy implementation.* Paper presented at annual meeting of the American Political Science Association, Philadelphia.

Hill, J. L., Brooks-Gunn, J., and Waldfogel, J.(2003). Sustained effects of high participation in an early intervention for low-birth-weight premature infants. *Developmental Psychology, 39*, 730~744.

Ho, K. C., Roessmann, U., Hause, L., and Monroe, G.(1981). Newborn brain weight in relation to maturity, sex, and race. *Annals of Neurology, 10*, 243~246.

Ho, K. C., Roessmann, U., Straumfjord, J. V., and Monroe, G.(1980). Analysis of brain weight: I and II. *Archives of Pathology and Laboratory Medicine, 104*, 635~645.

Holloway, S.(1988). Concepts of ability and effort in Japan and the United States. *Review of Educational Research, 58*, 327~345.

Hong, Y., Chiu, C., and Kung, T.(1997). Bringing culture out in front: Effects of cultural meaning system activation on social cognition. In K.

Leung, Y. Kashima, U. Kim, and S. Yamaguchi(Eds.), *Progress in Asian social psychology*(Vol. 1, pp. 135~146). Singapore: Wiley.

Howell, W., Wolf, P., Peterson, P., and Campbell, D.(2001, Winter). Reply to Krueger. *Education Next, 5.*

Hoxby, C. M.(2000). The effects of class size on student achievement: New evidence from population variation. *Quarterly Journal of Economics, 115*, 1239~85.

Hoxby, C. M.(2004). *Achievement in charter schools and regular public schools in the United States: Understanding the differences.* Cambridge: Harvard University Press.

Hoxby, C. M., and Murarka, S.(2007). *New York City s charter schools overall report.* Cambridge, MA: New York City Charter Schools Evaluation Project.

Hoxby, C. M., and Rockoff, J. E.(2004). *The impact of charter schools on student achievement.* Cambridge: Harvard University Press.

Husén, T.(1951). The influence of schooling upon IQ. *Theoria, 17*, 61~88. Ignatiev, N.(1995). *How the Irish became white.* New York: Routledge. Intelligence_4th pass.indd 267 11/21/08 4:01:53 PM 268 References Infant Health and Development Program.(1990). Enhancing the outcomes of low-birth-weight, premature infants: A multisite randomized trial. *Journal of the American Medical Association, 263*, 3035~42. Institute of Education Sciences.(2006). *Digest of Education*

Statistics: 2005. Retrieved August 1, 2007, from http://nces.ed.gov/programs/digest/d05/tables_2.asp#Ch2Sub9

Institute on Taxation and Economic Policy.(2007). *The Bush tax cuts: The latest CTJ data March 2007.* Washington, DC: Institute for Taxation and Economic Policy.

Jacob, B. A., and Lefgren, L.(2005). *Principals as agents: Subjective performance measurement in education*(Working Paper No. 11463). Cambridge, MA: National Bureau of Economic Research.

Jaeggi, S. M., Perrig, W. J., Jonides, J., and Buschkuehl, M.(2008). Improving fluid intelligence with training on working memory. *Proceedings of the National Academy of Science of the United States of America, 105,* 6829~33.

Jencks, C., Smith, M., Acland, H., Bane, M. J., Cohen, D., Gintis, H., et al.(1972). *Inequality: A reassessment of the effects of family and schooling in America.* New York: Harper and Row.

Jensen, A. R.(1969, Winter). How much can we boost I.Q. and scholastic achievement? *Harvard Educational Review,* 1~123.

Jensen, A. R.(1980). *Bias in mental testing.* New York: Free Press.

Jensen, A. R.(1997). Adoption data and two g-related hypotheses. *Intelligence, 25,* 1~6.

Jensen, A. R.(1998). *The g factor.* Westport, CT: Praeger.

Jensen, A. R., and Whang, P. A.(1993). Reaction times and

intelligence: A comparison of Chinese-American and Anglo-American children. *Journal of Biosocial Science, 25*, 397~410.

Jerald, C.(2001). *Dispelling the myth revisited: Preliminary findings from a nationwide analysis of high—flying schools.* Washington, DC: Education Trust.

Jessness, J.(2002). The untold story behind the famous rise.and shameful fall.of Jaime Escalante, America s master math teacher. *Reason.* Retrieved July 2, 2002, from http://www.reason.com/news /show/28479.html

Jester, J. M., Nigg, J. T., Zucker, R. A., Puttler, L. I., Long, J. C., and Fitzgerald, H. E.(2008). *Intergenerational transmission of neuropsychological executive functioning.* Unpublished manuscript, Ann Arbor: University of Michigan.

Jewish Virtual Library.(2007). *Mark Twain and the Jews.* Retrieved February 1, 2008, from http://www.jewishvirtuallibrary.org/jsource /US-Israel/twain.html

Ji, L.-J., Zhang, Z., and Nisbett, R. E.(2004). Is it culture or is it language? Examination of language effects in cross-cultural research on categorization. *Journal of Personality and Social Psychology, 87*, 57~65. Intelligence_4th pass.indd 268 11/21/08 4:01:53 PM References 269

JINFO.ORG.(2008). Retrieved April 1, 2008, from http://www.jinfo. org/Nobel_Prizes.html

Johnson, S.(2005). *Everything bad is good for you: How today s popular culture is actually making us smarter.* New York: Rimerhead Books.

Joiner, T. E.(in press). Head size as an explanation of the race-measured IQ relation: Negative evidence from child and adolescent samples. *Scientific Review of Mental Health Practice.*

Jooste, P. L., Yach, D., Steenkamp, H. J., and Rossouw, J. E.(1990). Dropout and newcomer bias in a community cardiovascular follow-up. *International Journal of Epidemiology, 19,* 284~289.

Juffer, F., Hoksbergen, R. A. C., Riksen-Walraven, J. M., and Kohnstamm, G. A.(1997). Early intervention in adoptive families: Supporting maternal sensitive responsiveness, infant-mother attachment, and infant competence. *Journal of Child Psychological Psychiatry, 38,* 1039~50.

Kane, M. J., and Engle, R. W.(2002). The role of prefrontal cortex in working memory capacity, executive attention, and general fluid intelligence. *Psychonomic Bulletin and Review, 9,* 637~671.

Kane, T.(2007, June). *New findings on the effectiveness of National Board certified teachers and some implications for equity.* Paper presented at the Achievement Gap Conference, Cambridge, MA.

Kazui, H., Kitagaki, H., and Mori, E.(2000). Cortical activation during retrieval of arithmetical facts and actual calculation: A functional magnetic resonance imaging study. *Psychiatry and Clinical Neurosciences, 54,* 485.

Klingberg, A. K., Keonig, J. I., and Bilbe, G.(2002). Training of working memory in children with ADHD. *Journal of Clinical and Experimental Neuropsychology, 24,* 781~791.

Knudsen, E. I., Heckman, J. J., Cameron, J. L., and Shonkoff, J. P.(2006). Economic, neurobiological, and behavioral perspectives on building America s future workforce. *Proceedings of the National Academy of Sciences of the United States of America, 103,* 10155~62.

Kramer, M. S.(2008). Breastfeeding and child cognitive development. *Archives of General Psychiatry, 65,* 578~584.

Kranzler, J. H., Rosenbloom, A. L., Martinez, V., and Guevara-Aguire, J.(1998). Normal intelligence with severe insulin-like growth factor I deficiency due to growth hormone receptor deficiency: A controlled study in a genetically homogenous population. *Journal of Clinical Endocrinology and Metabolism, 83,* 1953~58.

Krueger, A.(1999). Experimental estimates of education production functions. *Quarterly Journal of Economics, 114,* 497~532.

Krueger, A.(2001, Winter). Vouchers versus class size. *Education Next,* 4.5.

Krueger, A., and Zhu, P.(2004). Another look at the New York City School Voucher Experiment. *American Behavioral Scientist, 47,*

658~698.

Kulik, J.(2003). *Effects of using instructional technology in elementary and secondary schools: What controlled evaluation studies say*(SRI Project No. P10446.001). Arlington, VA: SRI International. Intelligence_ 4th pass.indd 269 11/21/08 4:01:53 PM 270 References

Ladd, H.(2002). School vouchers: a critical view. *Journal of Economics, 16*, 3~24.

Landry, S. H., Smith, K. E., and Swank, P. R.(2006). Responsive parenting: Establishing early foundations for social, communication, and independent problem-solving skills. *Developmental Psychology, 42*, 627~642.

Landry, S. H., Smith, K. E., Swank, P. R., and Guttentag, C.(2007). *A responsive parenting intervention: The optimal timing across early childhood for impacting maternal behaviors and child outcomes. Houston*: University of Texas Health Science Center.

Lareau, A.(2003). *Unequal childhoods: Class, race, and family life.* Berkeley: University of California Press.

Larrick, R. P., Morgan, J. N., and Nisbett, R. E.(1990). Teaching the use of cost-benefit reasoning in everyday life. *Psychological Science, 1*, 362~370.

Lavy, V.(2002). Evaluating the effect of teacher performance incentives on students achievements. *Journal of Political Economy, 110*,

1286~1317.

Lepper, M. R., Drake, M. F., and O Donnell-Johnson, T.(1997). Scaffolding techniques of expert human tutors. In K. Hogan and M. Pressley(Eds.), *Scaffolding student learning: Instructional approaches and issues*. Cambridge, MA: Brookline Books.

Lepper, M. R., Greene, D., and Nisbett, R. E.(1973). Undermining children s intrinsic interest with extrinsic reward: A test of the overjustification hypothesis. *Journal of Personality and Social Psychology, 28*, 129~137.

Lepper, M. R., Wolverton, M., Mumme, D. L., and Gurtner, J.-L.(1993). Motivational techniques of expert human tutors: Lessons for the design of computer-based tutors. In S. P. Lajoie and S. J. Derry(Eds.), *Computers as cognitive tools*. Hillsdale, NJ: Lawrence Erlbaum.

Lepper, M. R., and Wolverton, M.(2001). The wisdom of practice: Lessons learned from the study of highly effective tutors. In J. Aronson(Ed.), *Improving academic achievement: Contributions of social psychology*. Orlando, FL: Academic Press.

Lesser, G. S., Fifer, G., and Clark, D. H.(1965). Mental abilities of children from different social-class and cultural groups. *Monographs of the Society for Research in Child Development, 30*, 1~115.

Levinson, B.(1959). A comparison of the performance of

monolingual and bilingual native-born Jewish preschool children of traditional parentage on four intelligence tests. *Journal of Clinical Psychology, 15,* 74~76.

Levitt, S. D., and Dubner, S. J.(2006). *Freakonomics: A rogue economist explores the hidden side of everything.* New York: William Morrow.

Locurto, C.(1990). The malleability of IQ as judged from adoption studies. *Intelligence, 14,* 275~292.

Loehlin, J. C., Lindzey, G., and Spuhler, J. N.(1975). *Race differences in intelligence.* San Francisco: W. H. Freeman.

Loehlin, J. C., Vandenberg, S. G., and Osborne, R. T.(1973). Blood-group genes and Negro-white ability differences. *Behavior Genetics, 3,* 263~270. Intelligence_4th pass.indd 270 11/21/08 4:01:54 PM References 271

Lopes, P. N., Grewal, D., Kadis, J., Gall, M., and Salovey, P.(2006). Evidence that emotional intelligence is related to job performance and affect and attitudes at work. *Psicothema, 18,* 132~138.

Love, J. M., Kisker, E. E., Ross, C., Raikes, H., et al.(2005). The effectiveness of Early Head Start for 3-year-old children and their parents: Lessons for policy and programs. *Developmental Psychology, 41,* 885~901.

Loveland, K. K., and Olley, J. G.(1979). The effect of external reward on interest and quality of task performance in children of high and low intrinsic motivation. *Child Development, 50*, 1207~10.

Luca, A., Morley, R., Cole, T. J., Lister, G., and Leeson-Payne, C.(1992). Breast milk and subsequent intelligence quotient in children born preterm. *Lancet, 339*, 261~264.

Ludwig, J., and Miller, D. L.(2005). *Does Head Start improve children s life chances? Evidence from a regression discontinuity design*(Working Paper No. 11702). Cambridge, MA: National Bureau of Economic Research.

Ludwig, J., and Phillips, D. A.(2007). *The benefits and costs of Head Start*(Working Paper No. 12973). Cambridge, MA: National Bureau of Economic Research.

Lynn, R.(1987). The intelligence of the Mongoloids: A psychometric, evolutionary and neurological theory. *Personality and Individual Differences, 8*, 813~844.

Lynn, R., and Shighesia, T.(1991). Reaction times and intelligence: A comparison of Japanese and British children. *Journal of Biosocial Science, 23*, 409~416.

Lynn, R., and Vanhanen, T.(2002). *IQ and the wealth of nations.* Westport, CT: Praeger.

Macnamara, J.(1966). *Bilingualism and primary education: A study of Irish experience.* Edinburgh: Edinburgh University Press.

Majoribanks, K.(1972). Ethnic and environmental influences on mental abilities. *American Journal of Sociology, 78*, 323~337.

Marcus, J.(1983). *Social and political history of the Jews in Poland, 1919~1939.* Berlin: Mouton.

Masse, L. N., and Barnett, W. S.(2002). *A benefit cost analysis of the Abedcedarian Early Childhood intervention.* New Brunswick, NJ: National Institute for Early Education Research.

Massey, D. S., & Fischer, M. J.(2005). Stereotype threat and academic performance: New data from the national survey of freshmen. *The Dubois Review: Social Science Research on Race, 2,* 45~68.

Masuda, T., Ellsworth, P. C., Mesquita, B., Leu, J., Tanida, S., and van de Veerdonk, E.(2008). Placing the face in context: Cultural differences in the perception of facial emotion. *Journal of Personality and Social Psychology, 94,* 365~381.

Masuda, T., and Nisbett, R. E.(2001). Attending holistically vs. analytically: Comparing the context sensitivity of Japanese and Americans. *Journal of Personality and Social Psychology, 81,* 922~934. Intelligence_4th pass.indd 271 11/21/08 4:01:54 PM 272 References

Mathews, J.(2006, January 17). America s best schools? *Washington Post.*

Maughan, B., and Collishaw, S.(1998). School achievement and adult qualifications among adoptees: A longitudinal study. *Journal of Child*

Psychology and Psychiatry and Allied Disciplines, 39, 669~685.

McDaniel, M. A.(2005). Big-brained people are smarter: A meta-analysis of the relationship between in vivo brain volume and intelligence. *Intelligence, 33*, 337~346.

McFie, J.(1961). The effect of education on African performance on a group of intellectual tests. *British Journal of Educational Psychology, 31*, 232~240.

McGue, M., and Bouchard, T. J.(1998). Genetic and environmental influences on human behavioral differences. *Annual Review of Neuroscience, 21*, 1~24.

McGue, M., Bouchard, T. J., Iacono, W. G., and Lykken, D. T.(1993). Behavioral genetics of cognitive ability: A life-span perspective. In R. Plomin and G. E. McClearn(Eds.), *Nature, nurture and psychology*. Washington, DC: American Psychological Association.

McGue, M., Keyes, M., Sharma, A., Elkins, I., Legrand, L., Johnson, W., et al.(2007). The environments of adopted and non-adopted youth: Evidence on range restriction from the Sibling Interaction and Behavior Study(SIBS). *Behavior Genetics, 37*, 449~462.

McKey, R. H., Condelli, L., Ganson, B. B., McConkey, C., and Plantz, M.(1985). *The impact of Head Start on children, families and communities*(Final report of the Head Start Evaluation, Synthesis and Utilization Project.) Washington, DC: Department of Health and Human

Services.

McLoyd, V. C.(1979). The effects of extrinsic rewards of differential value on high and low intrinsic interest. *Child Development, 50,* 1010~19.

McLoyd, V. C.(1998). Socioeconomic disadvantage and child development. *American Psychologist, 53,* 185~204.

Meisenberg, G., Lawless, E., Lambert, E., and Newton, A.(2005). The Flynn effect in the Caribbean: Generational change in test performance in Dominica. *Mankind Quarterly, 46,* 29~70.

Mekel-Bobrov, N., et al.(2005). Ongoing adaptive evolution of ASPM, a brain size determinant in *Homo sapiens. Science, 309,* 1720~22.

Micklewright, J., and Schnepf, S. V.(2004). *Educational achievement in English—speaking countries: Do different surveys tell the same story?* Retrieved September 5, 2007, from ftp://repec.iza.org/RePEc/Discussion paper/dp1186.pdf

Mikulecky, L.(1996). *Family literacy: Parent and child interactions.* Washington, D.C: U.S. Department of Education. Retrieved October 25, 2005, from http://www.ed.gov/pubs/FamLit/parent.html

Mills, R. J., and Bhandari, S.(2003). *Health insurance coverage in the United States: 2002.* Washington, DC: U.S. Census Bureau.

Mischel, W.(1974). Processes in delay of gratification. In L.

Berkowitz(Ed.), *Advances in experimental social psychology*(Vol. 7, pp. 249~292). New York: Academic Press. Intelligence_4th pass.indd 272 11/21/08 4:01:54 PM References 273

Mischel, W., Shoda, Y., and Peake, P. K.(1988). The nature of adolescent competencies predicted by preschool delay of gratification. *Journal of Personality and Social Psychology, 54*, 687~696.

Mischel, W., Shoda, Y., and Rodriguez, M. L.(1989). Delay of gratification in children. *Science, 244*, 933~938.

Moore, E. G. J.(1986). Family socialization and the IQ test performance of traditionally and trans-racially adopted children. *Developmental Psychology, 22*, 317~326.

Mortensen, E. L., Michaelsen, K. M., Sanders, S. A., and Reinisch, J. M.(2002). The association between duration of breastfeeding and adult intelligence. *Journal of the American Medical Association, 287*, 2365~71.

Moss, P., and Tilly, C.(2001). *Stories employers tell: Race, skill and hiring in America.* New York: Russell Sage Foundation.

Mosteller, F., and Boruch, R.(2002). *Evidence matters: Randomized trials in educational research.* Washington, DC: Brookings Institution.

Moynihan, D. P.(1965). *The Negro family: The case for national action.* Washington, DC: Government Printing Office.

Mueller, C. W., and Dweck, C. S.(1998). Praise for intelligence can undermine children s motivation and performance. *Journal of Personality and Social Psychology, 75,* 33~52.

Muijs, D., Harris, A., Chapman, C., Stoll, L., and Russ, J.(2004). Improving schools in socioeconomically disadvantaged areas.A review of research evidence. *School Effectiveness and School Improvement, 15,* 149~175.

Munro, D. J.(1969). *The concept of man in early China.* Stanford, CA: Stanford University Press.

Murnane, R. J.(1975). *The impact of school resources on the learning of inner city children.* Cambridge, MA: Ballinger.

Murnane, R. J., Willett, J. B., Bub, K. L., and McCartney, K.(2006). Understanding trends in the black-white achievement gaps during the first years of school. In G. Burtless and J. G. Rothenberg(Eds.), *Brookings – Wharton papers on urban affairs.* Washington, DC: Brookings Institution Press.

Murray, C.(2002). *IQ and income inequality in a sample of sibling pairs from advantaged family backgrounds.* Paper presented at the 114th annual meeting of the American Economic Association, Atlanta, GA.

Murray, C.(2003). *Human accomplishment: The pursuit of excellence in the arts and sciences, 800 B.C. to 1950.* New York: HarperCollins.

Murray, C.(2007a). Intelligence in the classroom. *Wall Street Journal.*

Retrieved July 10, 2007, from http://www.opinionjournal.com /extra/?id=110009531

Murray, C.(2007b, April). Jewish genius. *Commentary.* Retrieved October 17, 2007, from http://www.commentarymagazine.com/ viewarticle.cfm?id=10855

Myerson, J., Rank, M. R., Raines, F. Q., and Schnitzler, M. A.(1998). Race and general cognitive ability: The myth of diminishing returns to education. *Psychological Science, 9,* 139~142. Intelligence_4th pass.indd 273 11/21/08 4:01:54 PM 274 References

Myrdahl, G.(1944). *An American dilemma: The Negro problem and modern democracy.* New York: Harper.

Nakamura, H.(1964/1985). *Ways of thinking of eastern peoples: India, China, Tibet and Japan.* Honolulu: University of Hawaii Press.

Nakanishi, N.(1982). A report on the how do people spend their time survey in 1980. *Studies of Broadcasting(An international annual of broadcasting science), 18,* 93~113.

National Aeronautics and Space Administration.(1978). Anthropometric source book: Volume I: *Anthropometry for Designers* (NASA Reference Publication 1024).

National Center for Education Statistics.(2000). *Pursuing excellence: Comparisons of international eighth—grade mathematics and science achievement from a U.S. perspective: 1995 and 1999.* Washington, DC:

U.S. Department of Education.

National Endowment for the Arts.(2007). *To read or not to read: A question of national consequence.* Washington, DC: National Endowment for the Arts.

Neisser, U.(1996). Intelligence: Knowns and unknowns. *American Psychologist, 51,* 77~101.

Nettelbeck, T.(1998). Jensen s chronometric research: Neither simple nor sufficient but a good place to start. *Intelligence, 6,* 233~241.

Neuman, S. B., and Celano, D.(2001). Access to print in low-income and middle-income communities: An ecological study in four neighborhoods. *Reading Research Quarterly, 36,* 8~26.

Nisbett, R. E.(Ed.),(1992). *Rules for reasoning.* Hillsdale, NJ: Lawrence Erlbaum.

Nisbett, R. E.(2003). *The geography of thought: How Asians and Westerners think differently ···and why.* New York: Free Press.

Nisbett, R. E., Fong, G. T., Lehman, D. R., and Cheng, P. W.(1987). Teaching reasoning. *Science, 238,* 625~631.

Norenzayan, A., Smith, E. E., Kim, B. J., and Nisbett, R. E.(2002). Cultural preferences for formal versus intuitive reasoning. *Cognitive Science, 26,* 653~684.

Nye, B., Jayne Zaharias, B. D., Fulton, C. M., Achilles, C. M., and Hooper, R.(1994). *The lasting benefits study: A continuing analysis of the effect of small class size in kindergarten through third grade on student achievement test scores in subsequent grade levels*(Seventh grade technical report). Nashville: Center of Excellence for Research in Basic Skills, Tennessee State University.

Ogbu, J. U.(1978). *Minority education and caste: The American system in cross−cultural perspective.* New York: Academic Press.

Ogbu, J. U.(1991a). Immigrant and involuntary minorities in perspective. In M. Gibson and J. Ogbu(Eds.), *Minority status and schooling: A comparative study of immigrant and involuntary minorities.* New York: Garland. Intelligence_4th pass.indd 274 11/21/08 4:01:54 PM References 275

Ogbu, J. U.(1991b). Low performance as an adaptation: The case of blacks in Stockton, California. In M. Gibson and J. Ogbu(Eds.), *Minority status and schooling: A comparative study of immigrant and involuntary minorities.* New York: Garland.

Ogbu, J. U.(1994). *Minority education and caste: The American system in cross−cultural perspective.* New York: Academic Press.

Ogbu, J. U.(2003). *Black American students in an affluent suburb: A study of academic disengagement.* Mahwah, NJ: Erlbaum Associates.

Oleson, P. J., Westerberg, H., and Klingberg, T.(2003). Increased prefrontaland parietal activity after training of working memory. *Nature Neuroscience, 7,* 75~79. Organisation for Economic Co-operation and

Development(OECD).(2000). *Knowledge and skills for life: First results from PISA 2000.* Paris: OECD.

Organisation for Economic Co-operation and Development (OECD).(2001). *Knowledge and skills for life: First results from the OECD Programme for International Student Assessment.* Paris: OECD.

Organisation for Economic Co-operation and Development (OECD).(2007). *Main science and technology indicators.* Retrieved August 20, 2007, from http://puck.sourceoecd.org/vl=4480226/cl=13/nw=1/rpsv/~3954/v207n1/s1/p1

Ortar, G.(1967). Educational achievement of primary school graduates in Israel as related to their socio-cultural background. *Comparative Education, 4,* 23~35.

Osborne, J. W.(1997). Race and academic disidentification. *Journal of Educational Psychology, 89,* 728~735.

Otto, S. P.(2001). Intelligence: Historical and conceptual perspectives. In *International encyclopedia of the social and behavioral sciences.* Oxford: Perganon.

Oyserman, D., Bybee, D., and Terry, K.(2006). Possible selves and academic outcomes: How and when possible selves impel action. *Journal of Personality and Social Psychology, 91,* 188~204.

Pager, D.(2003). The mark of a criminal record. *American Journal of Sociology, 108,* 937~975.

Parra, E. J., Marcini, A., Akey, J., Martinson, J., et al.(1998). Estimating African American admixture proportion by use of population-specific alleles. *American Journal of Human Genetics, 63*, 1839~51.

Parra, E. J., Kittles, R. A., and Shriver, M. D.(2004). Implications of correlations between skin color and genetic ancestry for biomedical research. *Nature Genetics, 36*, S54~S60.

Patai, R.(1977). *The Jewish mind.* New York: Scribners.

Patterson, O.(2006, March 26). A poverty of the mind. *New York Times.* Retrieved August 26, 2007, from http://select.nytimes.com /search/restricted/article?res=f30c1ef63c540c758eddaa0894de404482

Pedersen, E., Faucher, T. A., and Eaton, W. W.(1978). A new perspective Intelligence_4th pass.indd 275 11/21/08 4:01:54 PM 276 References on the effects of first-grade teachers on children s subsequent adult status. *Harvard Educational Review, 48*, 1~31.

Peng, K.(1997). *Naive dialecticism and its effects on reasoning and judgment about contradiction.* Unpublished doctoral dissertation, University of Michigan, Ann Arbor.

Peters, M.(1995). Does brain size matter? A reply to Rushton and Ankney. *Canadian Journal of Experimental Psychology, 49*, 570~576.

Phillips, H., and Ebrahimi, H.(1993). Equation for success: Project SEED. In G. Cuevas and M. Driscoll(Eds.), *Reaching all students with mathematics.* Reston, VA: National Council of Teachers of Mathematics.

Phillips, M.(2000). Understanding ethnic differences in academic achievement: Empirical lessons from national data. In D. Grissmer and J. M. Ross(Eds.), *Analytic issues in the assessment of student achievement*(NCES 2000-050.) Washington, DC: U.S. Department of Education.

Phillips, M., Brooks-Gunn, J., Duncan, G., Klebanov, P. K., and Crane, J.(1998). Family background, parenting practices, and the black-white test score gap. In C. Jencks and M. Phillips(Eds.), *The black—white test score gap*. Washington, DC: Brookings Institution.

Pinker, S.(2002). *The blank slate: The modern denial of human nature*. New York: Viking.

Plomin, R., and Petrill, S. A.(1997). Genetics and intelligence: What s new? *Intelligence, 24*, 53~57.

Plomin, R., and Spinath, F.(2002). Genetics and general cognitive ability(g). *Trends in Cognitive Sciences, 6*, 169~176.

Pollitt, E., Gorman, K. S., Engle, P. L., Martorell, R., and Rivera, J.(1993). Early supplementary feeding and cognition. *Monographs of the Society for Research in Child Development, 58*(Serial No. 235).

Prabhakaran, V., Rypma, B., and Gabrieli, J. D.(2001). Neural substrates of mathematical reasoning: A functional magnetic resonance imaging study of neocortical activation during performance of the Necessary Artihmetic Operations Test. *Neuropsychology, 15*, 115~127.

Quindlen, A.(2008, May 27). The drive to excel. *New York Times*. Retrieved May 27, 2008, from http://query.nytimes.com/gst/fullpage. html?res=9B0DE0DA1638F931A15751C0A961948260&sec=&spon=&pag ewanted=all

Ramey, C. T., Campbell, F. A., Burchinal, M., Skinner, M. L., Gardner, D. M., and Ramey, S. L.(2000). Persistent effects of early childhood education on high-risk children and their mothers. *Applied Developmental Science, 4*, 2~14.

Ramey, S. L., and Ramey, C. T.(1999). Early experience and early intervention for children at risk for developmental delay and mental retardation. *Mental Retardation and Developmental Disabilities Research Reviews, 5*, 1~10.

Ramphal, C.(1962). *A study of three current problems in education*. India: University of Natal. Intelligence_4th pass.indd 276 11/21/08 4:01:54 PM References 277

Raven, J. C., Court, J. H., and Raven, J.(1975). *Manual for Raven s Progressive Matrices and Vocabulary Scales*. London: Lewis.

Raz, N., Gunning, F. M., Head, D., Dupuis, J. H., McQuain, J., Briggs, S. D., et al.(1997). Selective aging of the human cerebral cortex observed in vivo: Differential vulnerability of the prefrontal gray matter. *Cerebral Cortex, 7*, 268~282.

Reeves, D. B.(2000). *Accountability in action: A blueprint for learning organizations*. Denver: Center for Performance Assessment.

Rockoff, R.(2004). The impact of individual teachers on student achievement: Evidence from panel data. *American Economic Review, 94*, 247~252.

Rosenholtz, S. J.(1985). Effective schools: Interpreting the evidence. *American Journal of Education, 93*, 352~388.

Ross, L.(1977). The intuitive psychologist and his shortcomings. In L. Berkowitz(Ed.), *Advances in experimental social psychology*(Vol. 10, pp. 173.220). New York: Academic Press.

Rothstein, R.(2004). *Class and schools: Using social, economic, and educational reform to close the black−white achievement gap.* Washington, DC: Economic Policy Institute.

Rouse, C., Brooks-Gunn, J., and McLanahan, S.(2005). Introducing the issue. *Future of Children, 15*, 5~13.

Rouse, C. E.(1998). Private school vouchers and educational achievement: An evaluation of the Milwaukee choice program. *Quarterly Journal of Economics, 113*, 553~602.

Rowe, D., Jacobsen, K., and Van den Oord, E.(1999). Genetic and environmental influences on vocabulary IQ: Parental education as a moderator. *Child Development, 70*, 1151~62.

Rueda, M. R., Rothbart, M. K., McCandliss, B. D., Saccomanno, L., and Posner, M. I.(2005). Training, maturation, and genetic influences on the development of executive attention. *Proceedings of the National Academy of Sciences of the United States of America, 102,* 14931~36.

Rushton, J. P.(1990). Race, brain size, and intelligence: A rejoinder to Cain and Vanderwolf. *Personality and Individual Differences, 11,* 785~794.

Rushton, J. P., and Jensen, A. R.(2005). Thirty years of research on race differences in cognitive ability. *Psychology, Public Policy and Law, 11,* 235~294.

Rushton, J. P., and Jensen, A. R.(2006). The totality of available evidence shows the race IQ gap still remains. *Psychological Science, 17,* 921~922.

Rutter, J. M.(2000). Comments in discussion on James R. Flynn. In G. R. Bock, J. Goode, and K. Webb(Eds.), *The nature of intelligence.* Novartis Foundation Symposium 233. New York: Wiley.

Sampson, R. J., Morenoff, J. D., and Raudenbush, S.(2005). Social anatomy of racial and ethnic disparities in violence. *American Journal of Public Health,* 95.

Sanders, W. L., and Horn, S. P.(1996). Research findings from the Tennes- Intelligence_4th pass.indd 277 11/21/08 4:01:54 PM 278 References see Value-Added Assessment Model(TVAAM) database: Implications for educational evaluation and research. *Journal of Personnel Evaluation in Education, 12,* 247~256.

Sarason, S. B.(1973). Jewishness, blackishness, and the nature-nurture controversy. *American Psychologist, 28*, 963~964.

Sarton, G.(1975). *Introduction to the history of science.* Huntington, NY: R. E. Krieger.

Scarr, S.(1981). *Race, social class, and individual differences in IQ: New studies of old issues.* Hillsdale, NJ: Lawrence Erlbaum.

Scarr, S.(1992). Developmental theories for the 1990s: Development and individual differences. *Child Development, 63*, 1~19.

Scarr, S., and McCartney, K.(1983). How people make their own environments: A theory of genotype.〉 environment effects. *Child Development, 54*, 424~435.

Scarr, S., Pakstis, A. J., Katz, S. H., and Barker, W. B.(1977). Absence of a relationship between degree of white ancestry and intellectual skills within a black population. *Human Genetics, 39*, 69~86.

Scarr, S., and Weinberg, R. A.(1976). IQ test performance of black children adopted by white families. *American Psychologist, 31*, 726~739.

Scarr, S., and Weinberg, R. A.(1983). The Minnesota adoption studies: Genetic differences and malleability. *Child Development, 54*, 260.267.

Scarr-Salapatek, S.(1971). Race, social class, and IQ. *Science, 174*, 1285~95.

Schiff, M., Duyme, M., Stewart, J., Tomkiewicz, S., and Feingold, J.(1978). Intellectual status of working-class children adopted early in upper-middle class families. *Science, 200*, 1503~04.

Schneider, D.(2006). Smart as we can get? *American Scientist, 94*, 311~312.

Schoenemann, P. T., Budinger, T. F., Sarich, V. M., and Wang, W. S.-Y.(1999). Brain size does not predict general cognitive ability within families. *Proceedings of the National Academy of Science, 97*, 4932~37.

Schoenthaler, S. J., Amos, S. P., Eysenck, H. J., Peritz, E., and Yudkin, J.(1991). Controlled trial of vitamin-mineral supplementation: Effects on intelligence and performance. *Personality and Individual Differences, 12*, 351~362.

Schweinhart, L. J., Montie, J., Xiang, Z., Barnett, W. S., Belfield, C. R., and Nores, M.(2005). *Lifetime effects: The High/Scope Perry Preschool Study through age 40.* Ypsilanti, MI: High/Scope Foundation.

Schweinhart, L. J., and Weikart, D. P.(1980). *Young children grow up: The effects of the Perry Preschool Program on youths through age 15*(No. 7). Ypsilanti, MI: High Scope Press.

Schweinhart, L. J., and Weikart, D. P.(1993, November). Success by empowerment: The High/Scope Perry Preschool Study through age 27. *Young Children, 48*, 54~58.

Schwidetsky, I.(1977). Postpleistocene evolution of the brain. *American Journal of Physical Anthropology, 45*, 605~611. Intelligence_ 4th pass.indd 278 11/21/08 4:01:54 PM References 279

Sherman, M., and Key, C. B.(1932). The intelligence of isolated mountain children. *Child Development, 3*, 279~290.

Shuey, A. M.(1966). *The testing of Negro intelligence*(2nd ed.). New York: Social Science Press.

Skuy, M., Gewer, A., Osrin, Y., Khunou, D., Fridjhon, P., and Rushton, J. P.(2002). Effects of mediated learning experience on Raven s matrices scores of African and non-African university students in South Africa. *Intelligence, 30*, 221~232.

Slavin, R. E.(1995). *Cooperative learning: Theory, research and practice*(2nd ed.). Boston: Allyn and Bacon.

Slavin, R. E.(2005). *Show me the evidence: Effective programs for elementary and secondary schools*. Baltimore, MD: Johns Hopkins University, Center for Data-Driven Reform in Education.

Snyderman, M., and Rothman, S.(1988). *The IQ controversy, the media and public policy*. New Brunswick: Transaction Books.

Sobel, M.(1987). *The world they made together: Black and white values in eighteenth—century Virginia*. Princeton: Princeton University Press.

Sonne-Holm, S., Sorensen, T. I., Jensen, G., and Schnohr, P.(1989). Influence of fatness, intelligence, education and sociodemographic factors on response rate in a health survey. *Journal of Epidemiology and Community Health, 43*, 369~374.

Sowell, T.(1978). Three black histories. In T. Sowell(Ed.), *Essays and data on American ethnic groups.* New York: Urban Institute.

Sowell, T.(1981). *Ethnic America: A history.* New York: Basic Books.

Sowell, T.(1994). *Race and culture: A world view.* New York: Basic Books.

Sowell, T.(2005). *Black rednecks and white liberals.* San Francisco: Encounter Books.

Steele, C. M.(1997). A threat in the air: How stereotypes shape intellectual identity and performance. *American Psychologist, 52,* 613~629.

Steele, C. M., and Aronson, J.(1995). Stereotype threat and the intellectual test performance of African Americans. *Journal of Personality and Social Psychology, 69,* 797~811.

Steele, C. M., Spencer, S., and Aronson, J.(2002). Contending with group image: The psychology of stereotype and social identity threat. In M. Zanna(Ed.), *Advances in Experimental Social Psychology, Vol. 37.* New York: Academic Press.

Sternberg, R. J.(1999). The theory of successful intelligence. *Review of General Psychology, 3,* 292~316.

Sternberg, R. J.(2006). The Rainbow Project: Enhancing the SAT through assessments of analytic, practical, and creative skills. *Intelligence, 34,* 321~350.

Sternberg, R. J.(2007a, July 6). Finding students who are wise, practical, and creative. *Chronicle of Higher Education.* Retrieved

October 19, 2007, from http://chronicle.com/subscribe/login?url=/weekly/v53/i44/44b01101.htm

Sternberg, R. J.(2007b). Intelligence and culture. In S. Kitayama and D. Cohen(Eds.), *Handbook of cultural psychology.* New York: Guilford Press. Intelligence_4th pass.indd 279 11/21/08 4:01:54 PM 280 References

Sternberg, R. J., Wagner, R. K., Williams, W. M., and Horvath, J. A.(1995). Testing common sense. *American Psychologist, 50,* 912~927.

Stevenson, H. W., Lee, S. Y., Chen, C., Stigler, J. W., Hsu, C. C., and Kitamura, S.(1990). Contexts of achievement: A study of American, Chinese and Japanese children. *Monographs for the Society for Research in Child Development, 5*(1-2, Serial No. 221).

Stevenson, H. W., and Stigler, J. W.(1992). *The learning gap: Why our schools are failing and what can we learn from Japanese and Chinese education.* New York: Summit Books.

Stoolmiller, M.(1999). Implications of the restricted range of family environments for estimates of heritability and nonshared environment in behavior-genetic adoption studies. *Psychological Bulletin, 125,* 392~409.

Streissguth, A. P., Barr, H. M., Sampson, P. D., Darby, B. L., and Martin, D. C.(1989). IQ at age 4 in relation to maternal alcohol use and smoking during pregancy. *Developmental Psychology, 25,* 3~11.

Sugar, B. R.(2006, February 19). Punching through. *New York Review of Books,* 19.

Tang, Y., Ma, Y., Wang, J., Fan, Y., et al.(2007). Short-term meditation training improves attention and self-regulation. *Proceedings of the National Academy of Sciences of the United States of America, 104,* 17152~56.

Taylor, H. F.(1980). *The IQ game: A methodological inquiry into the heredity—environment controversy.* New Brunswick, NJ: Rutgers University Press.

Thernstrom, S., and Thernstrom, A.(1997). *America in black and white: One nation indivisible.* New York: Simon and Schuster.

Tizard, B., Cooperman, A., and Tizard, J.(1972). Environmental effects on language development: A study of young children in long-stay residential nurseries. *Child Development, 43,* 342~343.

Tough, P.(2007, June 10). The class-consciousness raiser. *New York Times Magazine,* p. 52.

Turkheimer, E., Haley, A., Waldron, M., D Onofrio, B., and Gottesman, I. I.(2003). Socioeconomic status modifies heritability of IQ in young children. *Psychological Science, 14,* 623~628.

U.S. Census Bureau.(2006). Retrieved December 4, 2006, from http://www.census.gov/population/www/socdemo/education/cps2006.html

U.S. Department of Education.(1998). *TIMSS [Third International Mathematics and Science Study] 12th—grade report: Questions and answers.* Washington, DC: U.S. Department of Education.

U.S. Department of Education.(2008). What Works Clearinghouse. Retrieved May 25, 2008, from http://ies.ed.gov/ncee/wwc/

U.S. Department of Health and Human Services.(2005). *Head Start impact study: First year findings.* Washington, DC: Administration for Children and Families. Intelligence_4th pass.indd 280 11/21/08 4:01:54 PM References 281

U.S. Department of Health and Human Services.(2006). National Immunization Survey. Washington, DC: U.S. Department of Health and Human Services.

U.S. Office of Personnel Management.(2006). Retrieved December 8, 2006, from http://www.opm.gov/feddata/demograp/demograp.asp

van IJzendoorn, M. H., Juffer, F., and Klein Poelhuis, C. W.(2005). Adoption and cognitive development: A meta-analytic comparison of adopted and nonadopted children s IQ and school performance. *Psychological Bulletin, 131,* 301~316.

Van Loon, A. J. M., Tijhuis, M., Picavet, H. S. J., Surtees, P. G., and Ormel, J.(2003). Survey non-response in the Netherlands: Effects on prevalence estimates and associations. *Annals of Epidemiology, 13,* 105~110.

van Zeigl, J., Mesman, J., van IJzendoorn, M. H., Bakersman-Kranenburg, M. J., and Juffer, F.(2006). Attachment-based intervention for enhancing sensitive discipline in mothers of 1.3-year-old children at risk for externalizing behavior problems: A randomized controlled trial.

Journal of Consulting and Clinical Psychology, 74, 994~1005.

Verhulst, F. C., Althaus, M., and Versluis-den Bieman, H. J. M.(1990). Problem behavior in international adoptees: I. An epidemiological study. *Journal of American Academy of Child and Adolescent Psychiatry, 29*, 518~524.

Vernon, P. E.(1982). *The abilities and achievements of Orientals in North America.* New York: Academic Press.

Walton, G. M., and Cohen, G. L.(2007). A question of belonging: Race, social fit, and achievement. *Journal of Personality and Social Psychology, 92*, 82~96.

Wasik, B. H., Ramey, C. T., Bryant, D. M., and Sparling, J. J.(1990). A longitudinal study of two early intervention strategies: Project CARE. *Child Development, 61*, 1682~96.

Watanabe, M.(1998). *Styles of reasoning in Japan and the United States: Logic of education in two cultures.* Paper presented at the American Sociological Association, San Francisco, CA.

Waters, M. C.(1999). *Black identities: West Indian immigrant dreams and American realities.* Cambridge: Harvard University Press.

Webster, W. J., and Chadbourn, R. A.(1992). *The evaluation of Project SEED.* Dallas: Dallas Independent School District.

Weinberg, R. A., Scarr, S., and Waldman, I. D.(1992). The Minnesota Transracial Adoption Study: A follow-up of IQ test performance at adolescence. *Intelligence, 16*, 117~135.

Wicherts, J. M., Dolan, C. V., Carlson, J. S., and van der Maas, H. L. J.(2008). *IQ test performance of Africans: Mean level, psychometric properties, and the Flynn effect.* Unpublished manuscript, Amsterdam: University of Amsterdam.

Willerman, L., Naylore, A. F., and Myrianthopoulos, N. C.(1974). Intel-Intelligence_4th pass.indd 281 11/21/08 4:01:54 PM 282 References lectual development of children from interracial matings: Performance in infancy and at 4 years. *Behavior Genetics, 4*, 84~88.

Williams, W. M.(1998). Are we raising smarter children today? School- and home-related influences on IQ. In U. Neisser(Ed.), *The rising curve: Longterm changes in IQ and related measures.* Washington, DC: American Psychological Association.

Witty, P. A., and Jenkins, M. D.(1934). The educational achievement of a group of gifted Negro children. *Journal of Educational Psychology, 25*, 585~597.

Witty, P. A., and Jenkins, M. D.(1936). Inter-race testing and Negro intelligence. *Journal of Psychology, 1*, 188~191.

Woods, R. P., Freimer, N. B., De Young, J. A., Fears, S. C., et al.(2006). Normal variants of Microcephalin and ASPM do not account for brain size variability. *Human Molecular Genetics, 15*, 2025~29.

Zweig, S.(1943/1987). *The world of yesterday.* London: Cassell.